质与量的战争

全新修订【第3版】

The War of Quality and Quantity

"中国品质"的破局与良方

Discovering the truth and prescription about the "China Quality"

杨钢 著

中华工商联合出版社

图书在版编目（CIP）数据

质与量的战争："中国品质"的破局与良方 / 杨钢著. -- 北京：中华工商联合出版社，2024.10.
ISBN 978-7-5158-4121-2

Ⅰ.F279.23

中国国家版本馆 CIP 数据核字第 2024MY8820 号

质与量的战争："中国品质"的破局与良方

作　　者	杨　钢
出 品 人	刘　刚
责任编辑	吴建新
封面设计	钟莞青
责任审读	郭敬梅
责任印制	陈德松
出版发行	中华工商联合出版社有限责任公司
印　　刷	北京毅峰迅捷印刷有限公司
版　　次	2024 年 11 月第 1 版
印　　次	2024 年 11 月第 1 次印刷
开　　本	710mm×1000 mm　1/16
字　　数	301 千字
印　　张	19.25
书　　号	ISBN 978-7-5158-4121-2
定　　价	83.00 元

服务热线：010-58301130-0（前台）

销售热线：010-58301132（发行部）
　　　　　010-58302977（网络部）
　　　　　010-58302837（馆配部）
　　　　　010-58302813（团购部）

地址邮编：北京市西城区西环广场 A 座
　　　　　19-20 层，100044
　　　　　http://www.chgslcbs.cn

投稿热线：010-58302907（总编室）

投稿邮箱：1621239583@qq.com

工商联版图书

版权所有　盗版必究

凡本社图书出现印装质量问题，
请与印务部联系。

联系电话：010-58302915

· THE WAR OF QUALITY AND QUANTITY · 推荐语 ·

　　杨钢《质与量的战争》表明：克劳士比的"零缺陷"已在古老而又年轻的中国生根、开花、结果。"零缺陷"理论与中国品质实践的融合，成就了杨钢，成就了质量管理。只有学贯中西的思想家，才能引领风骚。

——蒋教平　解放军原总装备部某部副部长

　　创造"中国品质"是一个非常重要的历史命题，又十分紧迫地摆到了现实面前。在中国经济突飞猛进的今天，如何从观念和行动上坚守质量底线，尽力消除还存在的质与量的巨大落差，顺应"质量世纪"潮流，还质量以真实面目，本书以独特的视角进行了有益的探索，很值得一读。

——承文　中国航天科工集团副总经理

　　做了20多年的企业管理和质量管理工作，我从不怀疑朱兰大师"质量世纪"的著名论断，但行进的脚步却不自觉地印在十字路口。杨钢博士的新著《质与量的战争》，用丝丝入扣的笔触对"中国品质"的真相和未来进行了深刻透视。

——马智宏博士　中国远洋船务集团党委书记兼副总经理

　　杨钢博士的著作使我们深刻洞悉了数量思维的代价与质量成本的真谛，它的理论宛如中国企业质量革命的天火，必将引燃塑造诚信企业文化、创建中国品质未来的轰轰烈烈的中国质量革命!

——蒋锡培　江苏远东集团有限公司董事长

作为"中国零缺陷第一人",杨钢先生不仅用他独具的洞察力对中国企业进行了"庖丁解牛"式的质量解密,更用他深厚的中西文化涵养,饱含"古道热肠"的文字,滋润着每一位中国质量人的心田。

——王文京　用友软件股份有限公司董事长兼总裁

曾几何时,中国商品一度是"廉价低质、粗制滥造"的代名词,如今,中国经济已经开始从"数量经济"向"质量经济"转型。如何才能让"中国制造"成为全世界人人信任的"中国品质",可以从杨钢博士所著的《质与量的战争》一书中去探寻答案。

——陈军　上海外高桥造船有限公司副总经理

· THE WAR OF QUALITY AND QUANTITY · 第三版序言 ·

20多年前，当我初入国内"质量界"的时候，便被人们滔滔不绝地述说着的、层出不穷的"质量问题"所环绕，这些声音如同潮水般汹涌澎湃，既让人困惑又使人迷惘。那时的业内人士，忙忙碌碌，行色匆匆，面庞上刻满了疲惫的痕迹，终日奔波于解决各种突发问题之间，仿佛自身既是企业的守护者、裁判官，又充当着医生、教师的角色，甚至是一个无所不能的"全能者"。

然而，当我深入观察并从外部透视其内部玄机时，却发现他们似乎陷入了一个诡异的洞穴，并在里面习惯性地挥舞着各种工具盲目地打转。这情景令人联想到侯宝林大师在其相声《画扇屏》中所描述的那样：原本是画一个美人，却画成了张飞；而质量界的从业者们，则恰恰相反，他们正费尽心思地试图将张飞画成美人。换言之，他们是在不懈地努力，一次又一次把错误的事情做正确。这便是悲剧所在。

但我继续探究"质量问题"的起源与本质时，并未遵循常规的物理学或数学原理，而是采用了"归零"之法，回归事务的元点，用手术刀把所谓的"质量问题"进行条分缕析，逐一解构、还原，拆分了"质""量""问""题"四大要素。随后，再颠倒过来，从不同的视角重新审视，进行多维度的思考。

例如，"题"，应该是思考的题目、专题和课题。可是这些"题"究竟源自何处，是源于我们由内而外的观察，还是来自客户、员工及供应商的外部反馈？即便事物本身未发生变化，但一旦视角转变，视野也随之改变，思路自然会产生新的转折。当然，你还必须会"问"——是追问、拷问、逼问，抑或辩证地问，又或者是不假思索地发问，甚至默认不问？这一切都取决于你思考的深度：究竟是在用头脑分析、用心体悟，还是仅仅依赖经验、过去的常规做法，或是依据心目中那些既定的答案、天启式的洞见，或是圣贤的箴言呢？

克劳士比先生偏爱以"传统的智慧"来描述那被广泛称作的"旧质量"，而我，则更倾向于将其视为工业革命时期形成的一种"管理范式"。显而易见，无论从何种角度审视，这些理念对现代组织的影响及其引发的反响均是深远而巨大的。

若借用一个比喻来阐述这一观点，那就是人们往往如同被牵线的木偶，习惯性地在不假思索中，被眼前纷繁复杂的事务与问题所牵引，成了一名被动的反应者。他们努力地解决这些问题，就如同不断地寻找各种锤子去拔除钉子一般——因为你眼中所见尽是钉子，于是你每日都被卷入这场寻找锤子的无尽游戏之中，难以自拔；然而，却鲜少有人关注，这些事务和问题究竟是源于"量"的增加，还是"质"的转变。而这，恰恰是问题的关键所在。

当我将"质"与"量"这两个概念进行细致剖析，分别深入解读时，人们才惊讶地意识到：它们代表了两种截然不同的思考模式、思想维度，乃至于迥异的世界观和价值取向。更进一步地说，它们体现了完全不同的"组织隐喻"及管理哲学。

先来探讨"组织隐喻"。自20世纪80年代"质量革命"与"管理革命"以来，人们对一个组织的认知与意象经历了翻天覆地的变化：组织究竟是一部不断汲取资源、持续扩张，以期产出无穷结果的赚钱机器呢，还是一个生机勃勃、不断学习与成长，追求成为"百年老店"的生命体？因为，"量"的概念是从1到N的积累，而"质"则是从0到1的跃迁，由此孕育出了不同的智慧：一种是加法的累积，另一种则是减法的精炼，乃至于乘除法的变换。

质与量，一者源于生命之本源，另一者基于机械之根基。此中差异，不难窥见其背后思维模式之大异其趣。若以简单粗暴的比喻来阐述，便如同常人所说的西医与中医之间的对比：一方专注于病灶本身，强调科学诊断的重要性，进而施以抗生素治疗或手术干预；另一方则更侧重医患间的互动关系，秉承"望闻问切"的智慧，关注患者整体的生命健康状态。同时，也不难发现其所体现出来的两种不同的价值观和世界观：一种是主宰的、控制的、扩张的、零和游戏的生存竞争；而另一种则是伙伴的、协同的、内敛的、共创共赢的和谐共生。

在深入地比较与沉思之后，我们不仅能够更深层次地洞察质与量的根本差异，同时也得以反思在全球化浪潮中，多元文化和不同的思维模式如何塑造我们对世界的认知、理解与行动。正是基于这样的认识，当我提出质与量之间的博弈与战争时，必须为其指明方向、勾勒出一条明确的路径。因此，我的《质与量的未来》一书应运而生。

令人庆幸的是，几乎在同一时间，国家层面提出了转型升级的战略——从追求数量转向提升质量，从规模效率型向质量效益型转变，并进一步提出了"高质量发展"的理念，实施了"质量强国"战略以及构建"新质生产力"的蓝图。作为"质与量的战争"一词的首创者，我对此感到无比欣慰。自该概念提出以来，每当国际局势出现波动，总有洞察力强的人运用这一概念及其理论进行深度分析，发表了一系列新颖独到的文章。

许多年以来，我一直在重新定义质量，以期通过釜底抽薪的方法去颠覆旧的质量观，解决现有的质量管理方面所谓的疑难杂症与"常见病、多发病"。而正当人们若明若暗、犹豫不决的时候，国家又开始宣传"新质生产力"。于是，新旧对比，一切便豁然开朗。所谓质量变革或品质革命，就是要用"新质"价值观去革除"旧质"的病灶。

然而，要实现这一目标，首先必须深入理解"旧质"及其根本问题所在。只有这样，我们才能真诚地信仰"新质"的价值观，从而在知、行和果三个层面上彻底颠覆和打破"旧质"的束缚，进而塑造出以"新质"为驱动的生产力。

而更进一步地，必须调整、优化那些与"新质"生产力不适应的、不协调的"新质"生产关系，并用零缺陷工作哲学一以贯之，由此便可以一步一步踏上打造"新质"竞争力的康庄大道。这就是零缺陷的解决方案。显然，它是面向未来的，而非计较眼前的得失；是面向客户的，而非纠结于上司的意愿；是面向业务的，而非忙乱于职能的考量。而本书中"中国品质3.0"的课题以及《质与量的未来》里未来品质的"20字诀"，无疑是它提纲挈领式的纲领与路线、政策与方略。

因此，在本书第三次修订出版之际，我不得不引领大家直面一个不可回避的议题。本书的创作起步于2006年从那时起，克劳士比中国学院就开始对全国各地的航天、航空、汽车、铁路机车、工程机械、电子、电气、船舶以及软件和IT等十余个产业、近百家大中型企业进行了品质管理成熟度的评估。这一系列工作是通过问卷调查、数据分析、现场访谈以及综合对比分析研究等方式进行的。2011年，我们又联合北京大学质量竞争力中心，在美国克劳士比学院全球企业研究与实践的基础上，针对中国企业——尤其是那些处于行业领导地位的不同类型的企业——的品质管理成熟度进行了评估与研究。最终，发布了一份名为《中国品质绿皮书》的报告，揭示了中国企业质量管理成熟度的现状。报告指出，大部分中国企业仍处于第一阶段（不确定期）与第二阶段（觉醒期）之间，其"品质文化画像"呈现出以下特点：价值缺位、各自为政、执行乏力、一团和气、士气不振、质量老三、忙于救火、代价高昂。

时光荏苒，转眼就到了2022年9月，十年间，中国企业疾步迈入了数字化的新纪元。那么，相较于往昔，企业的品质管理成熟度又有何变化？其中涌现出哪些新的价值增长点？曾困扰我们的问题是否依旧存在？为了寻求答案，我们再度携手国内相关机构共同发布了《中国企业品质成熟度调研报告》。然而，结果依然令人深思：尽管十多年过去了，整体而言，中国企业仅仅踏入了"觉醒期"，其管理层的心态仍显示出对质量认知不足、缺乏政策支持、变革犹豫不决、想得多行动少以及默认并宽容问题的现象。

尽管十年恍若一梦，但觉醒之始，终归是令人欣慰的佳音。在全球经济普遍陷入衰退或通胀的阴霾之下，工业界萎靡不振，服务业也失去了往日的活力。在这样的大环境下，即便是中国的经济，尤其是外向型企业也不可能独善其身，残酷的现实打击着他们骄傲的心灵。正如德鲁克先生所说，只有在退潮的时候，人们才知道是谁在海滩上光着屁股游泳呢。于是，那些真正优秀企业的"品质意识"开始觉醒了。

于是，肩负重任的人们开始陷入深深的忧虑之中，他们忧心忡忡，不得不暂时停下匆忙的脚步，转而致力于聚焦品质。他们渴求通过零缺陷管理从"质"的层面重新激发"量"的增长。这一次，他们回归了正途——质量，是的，先质而后量，其理得矣。好比法律，先定性，这是质，然后才考虑量，只是量刑而已。中国企业几十年的"先量后质"发展模式，似乎努力地想通过量变、量的追求、量的扩张，从量中去筛选出一些"质"，如果还缺点"质"就会进一步用售后服务的量去弥补。如此这般，所带来的必然是生产需求的减少，客户抱怨的增多，内外成本的增加，PONC 的巨大以及盈利能力的减少。

由此，又衍生出另一深层次的议题。在享受了国家数十年经济腾飞带来的"红利"后，一些人抓住了历史的机遇，乘风而上，逐渐发展成业界乃至全球的巨头，赢得许多项数量第一的称号。然而，与行业内真正的巨擘相比，自己只是在中低端市场跑马圈地，高端市场依然把持在他人手中。自己仿佛是体态臃肿的巨人，"三高"缠身，气喘吁吁，浑身疾病，只不过是体积庞大、肥胖而已。

于是，有良知的人不禁紧锁眉头，深入反思：我们真的是依靠清晰的战略指引和系统化的管理方法走到今天吗？还是仅仅四处奔波追逐"风口"，凭借一时的得势，被吹捧成了如此模样？显然，并非通过强身健体，增加肌肉力量，提升心肺功能和免疫力来实现的健康状态，而是通过抓住机会，暴饮暴食催肥而成的。如此，这样的身体岂能长久维持的，这样的状态岂能持续存在的。

如今强调可持续发展，那就必然要"回归本源"，解答一个理论上的问题：为什么"管理学"已经成熟了，成熟的标志是在 20 世纪 60 年代，罗伯特孔兹就提出一个"管理的丛林"理论，他举出了 12 个学派，而到了 90 年代，亨利明茨伯格又提出了"战略的丛林"理论，他也提出了 10 个学派。但为什么质量管理从 80 年代一直到现在，一路上扬，成为中国的"质量强国"之策呢。其结论就是，质量管理是企业管理的纲；用克劳士比先生的话：质量管理是企业经营管理的本身。而用一个比喻来说，质量管理是管理学头上的皇冠，而零缺陷则是皇冠上的明珠。

所以，结论是显而易见的，零缺陷管理可以让我们走得更远，生命力更强壮。而所谓管理学的成熟，更多的是指那些管控组织内部事务学科的成熟，比如成本、会计、人事、行政、设备、生产、质检、开发、销售、金融等，而质量管理则是紧密地与组织外部的三大核心要素相连的，即客户、员工和供方，强调的是三方的共创共赢，强调的是组织的可持续发展、永续的成功。

可能有人要问了：且慢！"员工"怎么能说是组织外部的事情呢？自然是内部的事情嘛。这正是问题的所在。抛开理论探讨不谈，只要看看现实中沿海地区有些企业年复一年、愈演愈烈的一线员工极高的流失率，就不难理解为什么如今"员工"还不是组织自己人的原因。

所以，当我们进行思想"归零"并作更深刻的思考时，就会发现另一个零缺陷的核心原则，即成功是偶然的，是无法模仿的，而失败是必然的。就好比人生苦短，你必须学会如何去生，才知道如何去死，或者说只有知道怎样去死，才知道怎样去生。所谓"未知生，焉知死"，知死方知生，向死而生。

这时，你眼睛盯着"赢"字，就不难觉悟：原来生死就在一线之间，唯有充满危机意识，以平常心对待财富，以异常思看待时间，方可面向未来，知道如何有效地规划你自己以及整个组织的活法，然后一步一步朝着既定目标走去。"回首向来萧瑟处，归去，也无风雨也无晴。"

这就是十几年来《质与量的战争》带给我们的思想启迪与管理的真谛。

是为序。

杨　钢
2024.09.10 北京

· THE WAR OF QUALITY AND QUANTITY · 再版序 ·

我盯着这本书，心中无限感慨。

我是一个不愿"走老路"的人，也不想"回头看"，什么事过了也就渐渐淡忘了；总喜欢向前看，因为未来有太多的可能性了。所以，这些年，我一直在实践里和理论中探求未来的管理，尤其是"中国品质"的未来之道。但是，正如优秀的司机开车要时不时地看后视镜那样，我总是被那些拿着本书高兴地让我签名的读者提醒着，被那些热情地跟我谈论书中的内容以及他们的所思所感的读者提示着，我便不得不时不时地去"回头看"。

这一看，却看出不少名堂出来，也促使我要静下心来修订此书。

五年过去了，书中谈及的许多事情变得更加突出，特点更加鲜明，也就看得更清楚了。虽然那时的丰田、三鹿事件有些老旧，但其意义犹在，且此类事件至今依然不绝于耳，甚至一度愈演愈烈，已经远远超出了质量范畴而进入了道德拷问和法律制裁的领地。书中的许多命题也变得越来越能够引发大家的共鸣了，比如，"质与量的精神分裂症""零缺陷缺失症""中国企业的长生不死药""物理学与心理学的分野""质量的高压线""管理两张皮——都是月亮惹的祸""红绿灯现象""蚊蝇策略""中国品质3.0时代"，等等。或者用德鲁克老人的话说，退潮了，那些光屁股游泳的人不得不尴尬地待在沙滩上。再者，也是因为这些年那些领先的企业都是不缺"忧患意识"的，他们当然也知道问题出在哪里，只是身处浩荡的洪流之中倍感势单力薄，便努力寻找些快速见效的创可贴式的方法和工具来解决企业"基因突变"的问题，结果只是折腾、遮掩、再折腾、再遮掩。

好消息是，这种自欺欺人的"皇帝新衣"式的梦游终被决策层和主流媒体的声音惊醒了：这是一场"质与量的战争"，我们要从追求数量与效率的发展、管理方式转变成追求质量与效益的发展、管理模式。

我将 2014 年叫作"中国品质元年"①。其中有一个重要的理由是：那一年，在金秋十月的北京召开了中国的首届质量大会，李克强总理亲临并作了"追求质量发展，建设质量强国"的主旨报告，明确地给出了破局的思路。随后，有关"美国工业互联网"和"德国工业 4.0"的概念开始传播。2015 年国家正式推出了"中国制造 2025"国家战略，到 2016 年，更加明确地提出了"供给侧改革"，以期让企业断了"望洋兴叹"的念头，彻底明白产能过剩的本质不是没有需求，而恰恰是不能满足需求；质量的定义即满足需求而非好或坏，所以，只有从质量上寻求突破方可激发中等收入阶层的购买欲望，破除产能过剩的怪圈，方可用"质量解药"医治"数量病毒"，也方可打造永续成功或可持续发展的全球竞争优势。

基于上述种种语境的情景，我重新梳理了原书的逻辑和脉络，详情见后。我以书中那个影响颇大的"一道划痕的故事"作为引子，一步步展开对其的反应、对策与后果，进而分析造成种种"迷思"的深层原因——思想与文化心理结构方面的，而非技术和功能方面的；接着带领读者窥视品质之"真相"，寻找"破局"之法；然后基于企业的面向未来的品质开出一些"良方"；这些良方不是凭空想象的，而是基于对中外优秀企业的实践——从中发现那些"已经发生和正在发生的未来"。

为此，我做了大量的修订工作，以期本书能够像"品质花园"随着故事的主题的展开，像拼图一样，呈现出一幅色彩缤纷、寓意深长的中国品质图卷。如是，则当遂愿矣，便可以放开手脚去完成下一本书——《质与量的未来》。

---

① 关于"品质"与"质量"的使用，作者更倾向于用具有人文色彩的"品质"表达对"做人做事"及其价值体现的含义，而用本身就是物理概念的且充满历史沉淀的"质量"表述"传统的质量智慧"（克劳士比语）；换句话说，前者多是体现价值、面向未来的，而后者则多是与问题相关联的、纠结过去的。当然，由于诸多原因，许多时候是混用的，特此说明。

最后，我要再次借此机会感谢我的家人对我"不做家务"的宽容，感谢克劳士比学院的同事们不断地创新与实践，感谢出版社编辑们的辛勤劳作。当然，更要感谢那些一遍遍阅读、分享心得、学以致用的广大读者！

杨　钢

2016 年 4 月 19 日于北京

· THE WAR OF QUALITY AND QUANTITY · 自　序 ·

今天，所有的管理者都面临着同样的"质量问题"——无论你是政府官员或公务员、医院院长或科室主任、大学校长或院系主任，还是科研机构的负责人、电台电视台的负责人、会计师事务所负责人，甚至公园和博物馆的负责人，作为管理者，你都必须去思考如何提升自己的工作质量、组织的管理质量以及个人和家庭的生活质量的问题。无论你是否了解质量，是否愿意理解质量，它都时时刻刻地在影响着你的言行和思维，尤其是你的重大决策！

管理无处不在，但管理的质量才是关键。毕竟，中国的发展已经进入了由"数量经济"向"质量经济"跨越的阶段，迫切地需要正确的概念、适宜的方法和工具，以及卓有成效的行动。这必将极大地改变人们的思维模式、行为方式，尤其是全球经济与政治力量发展的战略格局。历史上从来没有这么多人在思考与实践着质量，也似乎表明所谓"质量世纪"并非虚构。

这些对于我们唱着《东方红》和《红星照我去战斗》而成长，又听着《春天的故事》和《走进新时代》而成熟的这代人，在近30年的学习与工作的历练之后，已经把它们视为理所应当之事，或像中山先生所说的："世界大势，浩浩荡荡，顺我者昌，逆我者亡。"这也就不难理解，为什么我们会如此憎恨各类"汉奸""伪君子"和"江湖骗子"。我们可以在黎明前的黑暗忍辱负重，但我们不能再容忍那些卖假药的、走江湖的摇身变为"管理大师"，用"时尚催眠术"和"精神按摩术"在贩卖各类知识垃圾、制造伪科学甚至愚民的文化鸦片！

因此，**本书的第一个写作目的就是提供"有用"和"可信赖"的质量原则和方法，从而帮助读者辨别是非、正本清源，走出质量的误区。

面对互联网上信息爆炸的烟雾，良莠不辨无所适从，难以取舍的境况，有的企业或单位在管理会议上"百家争鸣"，莫衷一是，最后的结果却是管理上的偏差和迷思，甚至出现所谓"执行力问题"。所以，如何拨乱反正、返璞归真，回到正确的方向和轨道上来，成为本书写作的第二个目的。

本书的第三个写作目的则是帮助读者摒弃两种走向极端的观点——其一，西方的管理理论完全不适合中国企业的实际情况；其二，认为中国人DNA里天生就缺失一种质量基因——从而走出一条融合与创新的质量管理道路。

本书原本应该是在2008年面市的，但因为刚刚过去的时光太波澜壮阔、太不平凡了，我的心情一直无法平静下来。从事质量工作十几年来，我也没有忘记使用"呈现本质"的剥洋葱式的思维，一直在思考源于美国的"零缺陷管理"如何在为中国人输入新鲜血液的同时不会出现排异现象；当年输入到德国时发生了什么事情，输入到日本之后又产生了哪些后果；同时，我也始终在教学与咨询的过程中，跟踪观察与解析它在不同企业类型和文化氛围里所遇到的情景，尤其是人们对它的各种不同的反应和丰富多彩的解释……这些，都在丰满着我的心得，完善着我的视角，充实着我的生活。

子曰："无所不备则无所不寡。"我并无构建某种"体系"或"系统工程"的冲动与野心，只不过是经过了这么多年所谓"中西文化"的思考、探究与实践之后，私下以为找到了"质量"这个融合东西思想、创新管理技法的突破点。

我很认同朱兰先生[①]在《质量管理史》中的那个著名的推断，也认同德鲁克先生关于20世纪（生产力时代）最大的管理贡献是"财务"的论断[②]，因此，我大胆断言：21世纪作为"质量世纪"，在管理上的成果必定是"质量"。

因此，揭露"质"与"量"的"真实谎言"，透视"品质"的真相，展示"质"

---

① 约瑟夫·M.朱兰（Joseph M. Juran），著名的现代质量管理领军人物。协助创建了美国马尔科姆·鲍得里奇国家质量奖，他的工作为20世纪和21世纪的很多质量运动奠定了良好的基础——从全面质量管理到六西格玛。其著作《朱兰质量手册》被誉为"质量管理的圣经"，是一个全球范围内的参考标准。

② Joseph M. Juran. A History of Managing for Quality（质量管理史）. ASQC Quality Press, 1995.

与"量"的博弈，不仅仅是本书的主题，也是关乎"中国品质"未来的大问题，更是一场决定"中国制造"命运的大决战。

为此，我领导着克劳士比中国学院在前一个十年以"传道与启蒙"为己任，不遗余力且满怀激情地走遍了祖国的大江南北；而在下一个十年，我们将会更加全力以赴，以"全球质量竞争力的实践专家"的战略定位，与各类中外优秀组织紧密合作，以中国企业的成功实践为样板，用全球的视野、历史的立场和现实的态度，去探索与发现一条新的且具有指导意义的质量竞争力大道。

在此，我要向所有优秀的企业高管和"质量人"呼吁——中国品质时代的序幕已经拉开！就像当年美国人教日本人质量管理，而后来美国反过来向日本人学质量管理一样；如今我们向世界学质量管理，必定有一天，全世界也会向我们学质量管理。这正是需要我们上下同心、携手同行的行动方向！

我真诚希望本书能够聚集那些怀抱着"中国品质"复兴之志的同道，呼唤那些正在踏踏实实地从事着品质工作以及正在默默地为品质事业呕心沥血的同仁，让我们在有生之年以对人类有所贡献为期许，通过持续地实践、创造和尝试，勇敢地扛起"中国品质"这面大旗！

最后，我要感谢我的家人和同事们，更要感谢那些与克劳士比携手合作的各类组织中的领导和管理者，感谢你们所给予我的精神上的支持和实践中的帮助，我将继续为提升中国品质而不断前进、不断探索！

杨　钢

fyg@zdchina.com.cn

2010 年 1 月 13 日于北京

· THE WAR OF QUALITY AND QUANTITY · 目 录 ·

导言　质与量的"精神分裂症" //001

引子　一道划痕的故事 //007

第一部分　博弈篇

01　"不就是小小的一道划痕嘛" //013

不同公司对故事的不同反应 //014

经理主管应该在胸前戴一个什么牌子 //015

根本就没有所谓的"质量问题" //018

02　为何新工厂却是老习惯 //022

琼斯的故事 //023

小王学徒记 //025

英雄亚科卡的起伏 //028

03　人们为什么热衷于"快乐返工" //031

说"NO"的三种后果 //032

一支笔的现场试验 //038

神秘的"检验工厂" //040

第二部分　迷思篇

04 如果孔子来经营"三鹿" //047

是谁害死了"三鹿" //048

"达芬奇家具"对"中国制造"的伤害 //049

普遍的"零缺陷缺失症" //054

"质量管理"的先天缺失症 //056

05 为什么大家总是"熟视无睹" //061

走出思维定式之迷途 //062

"化友为敌":怎么成了"三等公民" //067

"化简为繁":"易经"在血液里流淌 //077

"以控为管":罚与奖的奥秘 //085

"以刚克柔":"阴阳五行"图式与 PDCA 循环 //090

06 神奇的质量"解药" //094

找到我们的"质量基因" //095

克劳士比大师的诘难 //098

商人为什么需要哲学 //104

变革——"中国制造"的质量主张 //108

第三部分　破局篇

07 质与量之战的本质 //115

数学或物理学与心理学的分野 //116

被长期误解的泰勒 //118

从"质量革命"到"管理革命" //121

08 "有生命"的组织意味着什么 //129

如何定义有生命的公司 //130

零缺无限春满园 //135

寻找企业的"长生不死药" //139

第四部分　真相篇

09 企业的"人中"在哪里 //151

"质量链"与产品价值的奥秘 //152

你公司的"人中"到底在哪里 //154

管理的"堰塞湖现象" //157

10 如何让每个人把握好自己的"方向盘" //159

怎么成了"梦游的质量" //160

"红绿灯现象"的背后 //165

"开车理论"与责任到位 //169

11 耶鲁大学引发的思考 //174

"一把火"能否烧出"铁营盘" //175

组织健康从源头抓起 //179

中国优秀企业到底缺什么 //187

第五部分　良方篇

12 华为：教室里的零缺陷风暴 //193

"高培楼101号"：华为管理者的承诺 //194

卢萨卡的中日形象 //197

成为"福布斯"的明星 //199

一份"推行零缺陷管理的建议"//201

13 如何画一条"品质竞争力曲线"//203

与美国小伙谈"品"论"质"//204

汽车大战中的"珍珠港事件"//208

"蚊蝇策略"：品质决定价值//211

谁才是你的客户//215

14 当质量意识遇到质量成本//217

毕竟"P"即利润//218

为什么高管会"叶公好龙"//223

"质量成本"项目为什么很难成功//227

"质量意识"的背后是什么//232

宝马螺丝钉的故事//234

形成"人人会算PONC值"的氛围//237

让人人成为克劳士比//240

第六部分　未来篇

15 质量世纪将进入"中国时代"//247

"美国品质"的1.0时代//248

"日美品质"的2.0时代//248

"中国品质"的3.0时代//253

16 "中国品质3.0"实践者的画像//255

新的竞争者的"画像"//256

"不可能完成的任务"//257

四方机车厂：从"破落地主"到行业标杆//261

一个银行家的觉醒 //265

如何成为真正的质量人 //270

上汽集团的零缺陷之路 //274

17 未来之战：上演历史最动人的一幕 //278

丰田的"质"与"量"之战 //279

结语　欢迎进入"中国品质3.0时代"！ //283

· THE WAR OF QUALITY AND QUANTITY · 导　言·
质与量的"精神分裂症"

在写内参时，我思考许久，竟不知从何下笔。

因为许多现实的问题在我的脑海里一个个地闪现，不断地向我逼问，并触动着我的心绪，引发了我的许多思考……

在2009年的赞比亚，一个非洲小伙子告诉我，他们喜欢中国，但不喜欢中国人；喜欢日本人，但不喜欢日本。这让我非常吃惊。问其缘由，却得到了这样的答案："你们中国人已经不像以前的中国人了，你们现在只知道跟我们做生意；而日本人则不然，他们先教我们插花与茶道，然后再卖给我们东西。"

在佛罗里达州奥兰多市，从事医疗健康事业（Healthcare）的合作伙伴专程从南卡罗来纳州驱车来看我，畅谈如何为中国的"医改"做些事情。回国后，我却被业内的"资深人士"的反应所困扰，第一反应就是中国的医院"水太深了"，美国人基本上不可能搞明白；最后往往又会补充道："当然，外来的和尚好念经嘛！"这又是什么心态？

丰田公司坚持了几十年且作为成功秘诀之一的质控圈[①]，为什么在国内的企业却成了成果倒装的"发布秀"，并被戏称为"去吃吃"和"苦兮兮"呢？

---

① 质控圈：（Quality Control Circles，QCC）：由相同、相近或互补之工作场所的人们自动自发组成数人一圈的小圈团体（又称QC小组，一般六人左右），全体合作、集思广益，按照一定的活动程序来解决工作现场、管理、文化等方面所发生的问题及课题，目的在于提高产品质量和提高工作效率。

为什么杰克·韦尔奇时代似乎全中国都在"言必称六西格玛"①,可是为何随着他的黯然失色而日益变得雷声大雨点小了,甚至有些人变得"谈六色变"了呢?

通用汽车和花旗银行等昔日的企业帝国以及华尔街的宠儿们一个个倒下,是否预示着一个旧的生产力时代或"数量时代"的终结和一个新的"质量世纪"的来临?

为什么北京北四环路南边的那排小商铺前都会赫然挂出一个醒目的广告牌——"德国品质,绝对放心,日本原装,品质保障",却不敢大声地说出"中国品质"这四个字?

为什么北京某知名汽车公司的中方负责人认为中国人的基因里缺少"质量",更没有这种文化传统?难道日本人和德国人天生就具有这样的基因吗?为什么中国颇为著名的软件公司居然不敢提"质量"一词?某油田的质量高管也对我说:"不敢谈质量,现在基本上是用'质量奖'和'卓越绩效模式'来替代质量。"

为什么空军副司令员要带领将军们学习"零缺陷",而且要求多讲讲"外面的东西",并在系统内要求各单位组织学习会议录像?

为什么奥组委专家们在进行项目流程设计时,首先考虑的是先做项目的变更流程,而不是考虑如果不变更流程该如何运行?

一些大企业勇敢地高举起"零缺陷"大旗,喊了十多年,但仍然流于表面、不见落地,甚至许多管理人员起到了负面影响,这其中到底缺少了什么呢?

华为在从国内硬实力向国际软实力转变的过程中为什么要向"零缺陷"取真经?

一汽大众为什么要在合资18年之后开始从"质量技术"转向"质量文化"?

为什么以质量赢得世界的丰田公司在取得全球数量第一的"宝座"后,却深陷"召回门"的危机?

为什么曾经使中国乳制品企业几乎一夜之间"全军覆没"的"三聚氰胺",却

---

① 六西格玛(Six Sigma):最早由摩托罗拉公司的比尔·史密斯于1986年提出,其目的是设计一个目标——在生产过程中降低产品及流程的缺陷次数,防止产品变异,从而提升产品品质。20世纪90年代中期,通过通用电气公司的实践,从一种全面质量管理方法演变成为一个高度有效的企业流程设计、改善和优化的技术,成为追求管理卓越性的企业一种重要的战略举措。

在行业刚刚复苏、恢复信誉不久又死灰复燃？

无人否认艾滋病防治工作是全社会的事，但为什么在实际的操作过程中却成了"疾病预防控制中心"牵头去做的事情了？

为什么翻开一些有影响力的商界领袖和经济学家们的字典，"质量"一词并没有排在优先且核心的位置？

国内一些组织都已经运行了十余年的各种质量体系，而且每年都要经过开销不菲的内部和外部的评审，可为什么始终是"两张皮"？

……

于是，我在接受新华社等媒体的采访以及在中央人民广播电台、北京人民广播电台和阿里巴巴网站做直播时，提出了"中国质与量的精神分裂症"以及"先天的质量缺陷"等概念，引起了许多读者和听众的共鸣。

而要回答上面那一连串的问题，我们则必须从思想深处正本清源。如果说30年来我们一直在实践着"白猫黑猫"理论，踏踏实实抓生产，雄心勃勃赶学超的话，那么，一场金融风暴的到来，让我们一下子看清楚了许多一直模模糊糊的景象。我们不得不发出这样的感叹——疾风知劲草，板荡识诚臣！

原本，日本人是靠制造业起家的，但十余年来他们努力向高科技和服务业转型，至今仍不见起色；以英、法、德为代表的老牌制造业强国，已经成功地放弃价值链中下游（制造）而稳执上游（研发与营销），理论上似乎赢得轻松无比、风光无限，实际却走上了下坡路；20世纪的制造业大国美国走得更远，不仅比欧盟做得漂亮，而且在管理创新方面，尤其是金融服务创新方面让全球"望其项背"。

而我们中国，则像牛一样地专注于制造业，虽然受到欧美价值链两头的挤压，却仍旧勤勤恳恳工作，踏踏实实生活，一点一滴地积聚着财富，走向"牛市"。

如今，随着华尔街圣殿的轰然倒塌，欧、美、日突然发现他们的好日子是建立在"虚拟经济"之上的，而"实体经济"的机能已经快要丧失殆尽——原来他们一直在练就着在价值链两端"多吃、快跑"的本领，却忽视了中端的"消化系统"，"循环系统"早已经功能紊乱。

从日本长达十年的经济低迷、"西门子贿赂事件"到美国围绕是否拯救"三大汽车"的拉锯战，都让世人感叹：他们想重拾旧河山，却发现自己早已自废武功，已经不会或不能"制造"了。只要随便谷歌或百度一下，就不难发现大量诸如《日本制造业的衰退和大企业的破产》《美国制造业陷入28年来的最低水平》《欧元区制造业指数写下欧元启用11年以来的新低》的文章，以及各种证实制造业大衰退的指数。

用诺贝尔经济学奖得主、芝加哥大学经济学教授罗伯特·卢卡斯①的话说，美国的制造业已经死了。所以他反对政府援助，宁可让美国三大汽车公司破产。于是，克莱斯勒公司在庆祝自己的85岁生日之后，宣布破产重组，而连续70年来雄居全球霸主地位的通用汽车公司，则在庆祝完自己的百年华诞之后，选择了在"六一儿童节"这天宣告了生命的终结。

反观中国，作为仅次于美国的全球第二大经济体，"中国制造"以实体经济的典范，不仅续写了国富民强的神话，而且提升了全球民众的生活品质。于是，世界惊叹：中国是真正的制造大国，不仅"控制"着发达国家的"消化系统"和"循环系统"，而且随着其自身向制造强国转型，也必将制约着发达国家的"呼吸系统"和"神经系统"——这是我们自己选择的正确道路，也是历史赋予我们的巨大机遇。

然而，这个时候西方发达国家G7②的成员们开始给我们中国"下套"了，他们分工明确、配合默契，通过各种方式进行"忽悠"。

实体经济方面，由欧洲国家主打，作为以贩卖标准为生的他们，宣称"一流企业做标准"，未来谁拥有标准谁就拥有世界——这一论调实际上是他们自己给自己打气的，却也正中了那些缺乏自信又急着与"国际标准"接轨的政府和企业的下怀。于是，这些以贩卖标准为生的欧洲佬们赚得盆满钵满；而美国佬们也不会闲着，他们晃动着硅谷和纳斯达克这两张王牌，推出诸如"经济全球化""产业价值链""国际分工"等各种理论，不断地告诉我们国际经济秩序早已经固定，中国就是要安于做那些"手脚经济"的事，而让欧洲人去从事"知识经济"，让美国人去享受"创意经济"的乐趣。

---

① 罗伯特·卢卡斯 Robert E. Lucas，Jr.：美国著名经济学家、芝加哥经济学派代表人物之一、芝加哥大学教授，1995年为表彰他对"理性预期假说的应用和发展"所作的贡献而被授予诺贝尔经济学奖。

② G7：七国集团（Group of Seven），成员国包括美、英、德、法、日、意、加七个发达国家。

在服务经济方面，以华尔街为首的全球金融势力在呼风唤雨，稍微拷贝一下"胡萝卜加大棒"的策略，就足以让想发家致富的国家和机构俯首听命。这三股势力加在一起，实际上就是一句话——要安贫乐道，不要图谋不轨，否则就没有你赚钱的机会！

所以，我们不应该，也不能再听从西方发达国家代言人们的摇旗呐喊了，不管他们身穿何种光鲜的外衣，也不管他们有多大的名头，更不用管他们是不是"上头有人"！

显然，当全球都不会制造了，我们一定要清醒地认识到——制造能力是一种综合国力的体现，绝不是某些"经济学家们"所谓的简单装配。在实际的顾问工作中，各类企事业单位的省思与行动，使我始终坚信："中国品质"将会是中国在21世纪对这个世界最重大的理论突破和最美丽的礼物。

只有坚守"中国制造"的兴国之策，并不失时机从"制造大国"向"制造强国"蜕变，方可承担起中华崛起之使命，而蜕变成功的关键就在于从"制造数量"向"制造质量"的跨越，也就是实现从"中国制造"向"中国品质"的跨越。

然而，面对一个需要被重新定义的世界，历史把"质量复兴"的重任给了中国，而我们真的准备好了吗？

THE WAR OF QUALITY AND QUANTITY · 引 子 ·
一道划痕的故事

统计就像比基尼——你所看见的就是真实显露的，但隐藏起来的才是至关重要的。

——无名氏

"很精彩嘛，你把我们日常工作的面纱给揭掉了啊！"景副司令在茶歇时间跟我握手时说。跟随他一起的装备部魏部长也感慨地说："是啊，我们的工作中这种'一道划痕的故事'无处不在啊！"

这时，那几个在会议开始时进来拍照而被景副司令"轰走"的记者围过来了，景副司令临走时对围上来的其他几个将军说要跟我多交流交流。

这一幕发生在北京西南郊某地的某次空军装备会议上。我那时也是感慨颇多。因为我围绕着"质"与"量"讲的只是一家距他们千里之遥、没有一点儿关系的家具公司，但大家的反应如出一辙，像一面镜子放在那里，无情地照着自己。

颇有意味的是，我几乎每到一家公司，无论是小到生产我们吃喝穿用的商品，还是大到大型装备，甚至于航天航空、船舶、汽车、火车等，都在讲这个"划痕的故事"，而听者都认为我有"内幕消息"，那是根据他们的现状"改编"的故事。可见，它还是有"普世性"的。

故事经过是这样的：广东某家具公司对一批即将发货的椅子进行最后的检查，终检人员发现：在一张椅子背面一个不起眼的地方，有一块木板的纹理似乎和其他的有所不同。因为其他木板的纹理都是竖着的,而这块木板的纹理有些斜,感觉像一道划痕一样,但显然不是物理划痕,而是木料用错了。

接下来该怎么办呢?按理说,这时候检查人员是一定要喊"停"、喊"NO"的。但是如果这样喊了,按照公司产品不能报废的规则,如果产品在第一次交付的时候没有合格,可以在某些情况下经检查人员上面专设的质量专员或者专家的认可之后,让生产部门作第二次提交。但是产品如果做报废处理的话,那么按照KPI考核要求,所有相关人员都要一同承担责任。

但是,检查人员还是喊了一声"NO"。这样,生产人员就不得不出来了。当然,他们是极不愿意出来的。因为,在他们看来,这点问题实在算不了什么,睁一只眼闭一只眼也就过去了,何必让大家的绩效都跟着"倒霉"呢?

于是,生产人员就和检查人员商量,希望能够允许他们作第二次提交。检查人员就让他们按照规则去和质量专家讨论。经过一番讨论后,质量专家允许他们作第二次提交。

可是,当产品第二次提交过来之后,终检人员又按照流程进行了一次检查,结果发现,原来出现问题的地方已经改过了,但是在另外一个地方又有了一道划痕。如果说第一道"划痕"只是看上去像一个划痕的话,那么第二道划痕完全是一道物理划痕,显然是在修复过程中新增的一道划伤。

这个时候,检查人员再次喊"停"了,而生产人员肯定是会跟检查人员"博弈"的。他们说:"这没什么大不了的,何必这么较真呢?不就是小小的一道划痕嘛!"可是,检查人员依然要坚持原则。

这么说吧,无论如何,当你要面对一个坚持原则的、正直的检查人员时,一切说辞都是借口,显得很苍白。所以,生产人员无可奈何地走了,但他们气不过,总感觉这件事很"窝火",于是他们搬来了"救兵"——技术人员、研发人员,或者说设计人员。设计人员过来后,看到被检查人员扣发下来的产品,本想认真地研究一番,却突然哈哈大笑起来,并对检查人员说:"嗨,你们真是的,都说你们一根筋、方脑袋,原来真是如此。这不就是一道划痕嘛,我可以向你拍一百个胸脯保证,你就放吧,它绝不会影响功能,就过了吧!"

往往在这个时候,一个"聪明"的检查人员会笑着说:"是呀,是呀,你说的很对，那就过了吧！"可是这一次，他们偏偏碰上了一个"认死理"的检查人员，他毫不客气地说："你说得没错，不过就是一道小小的划痕，但是你别忘了，我们整个公司倡导的是满足客户的需要，如果你们设计部门认为它不算什么大事，那么很好，你拿图纸来，如果图纸上有这个划痕，非常简单，马上交付，马上就给你盖章，而且要把所有的产品都做一道划痕然后交付出去。但是有一个条件，你必须让客户在图纸上签字，能做到吗？"这当然是不可能的事啦！所以，技术人员非常生气，但是也没有办法，只得气冲冲地摔门而去。但他们着实不服气，有什么大不了的呀，真是拿着鸡毛当令箭！

各位读者可以想想看，接下来又该谁来了呢？没错，销售人员来了。这些销售人员一般都是非常热情的。他们见了检查人员马上握手、拍肩膀，跟着再来一个拥抱："小伙子，放心好啦，这个客户是我的，他们绝不会投诉的，你就赶快放行吧，你知道对方最大的要求就是赶紧拿到货，时间比一切都宝贵啊！交付之后一切都OK！否则就便宜了竞争对手，公司受损，我们也就没有饭吃了啊！"

看检查人员略有沉思，便再加一把火，说："你听说过'机会之窗'吗？这就好比你们家里装修，不可能同时用两家装修公司吧？也就是说，不管我们的东西如何，只要先放进去，竞争对手就没有机会了。之后我们再调换就好了。否则，我们就不会有机会了。怎么样？就这么定了。事后我请你吃饭。"

如果这时，这位检查人员说"好吧"、"YES"，那么，我想这件事，包括整个公司到这里也就被"噎死"了。但是，这个小伙子最后还是说了"NO"、"不行"！

好了，大家想想吧，这个时候应该到哪儿了？没错，该到老总那里了。那位老总一听到这件事，当然是火冒三丈，气得直拍桌子，对着那些负责人大声骂道："你们这帮家伙，平日里我天天跟你们强调质量第一、质量就是生命，怎么样，露馅了吧，关键时刻全都给我玩命。来！全部过来开会。"

不愧是老总呀，就是有"魄力"！那就开会去吧！于是大家就一个个都来到了会议室。老总对质量经理说："来，这事交给你了，你好好批评批评他们，骂骂他们，真的不像话，我给你撑腰！"那位质量经理说："老总，骂就算了，不过我想把这件事从头到尾来说说，您看怎么处理。"然后，质量经理就开始把事情的经过一五一十地陈述。

正说着，突然被老总打断："等等，怎么回事？你说的不是那件事？"然后，老总站起来，走到那张椅子面前仔细打量一番，说："哦，就这件事啊！"他眼睛看着质量经理，"质量嘛，绝对是我们的生命，我们非常非常重视，任何人不许给我打折扣。你看今天我特意让你主持会议，来骂骂他们，也表明了我的态度。不过，我们好像是处在一个微利的行业，是不是？我们的行业竞争很激烈，我们好像不赚钱了，对不对？财务经理还在那里等着我们开一个重要的会议呢。"

这时候，大家都会心地笑了。老总态度非常诚恳地说："这样吧，你来做主，今天所有的经理都在，你说怎么办，你说了算。"一下子所有的眼光都盯着那位质量经理，他有些不知所措，眼睛看着地板。气氛有些凝固。

这时，"验证奇迹的时刻"到来了。下面有一个声音说："老板，我们应该启动一项机制了。"大家全都笑了，气氛一下子变得友好了。"对对，'让步接收'，快签吧！我们忙着呢，好多事情还都等着处理呢！"大家七嘴八舌地说着。

这时候，质量经理再坚持就基本上等于"不识相"，"做人"有问题了。于是，故事的结局往往就是在快乐的气氛中大家"会签"了事。当然，最后那位老总没有忘记大声地补上一句："请大家一定要记住，下不为例啊！"

……

故事如果就此讲完了，那将会十分无趣。只有透过"一道划痕"的博弈，窥视出其背后的"质"与"量"的种种表征与迷思，并进一步破解其导致企业被"质量问题"所困扰的"基因缺陷"，才能帮助企业走出困局寻良方，励精图治谋未来。

这也正是本书的意图所在。

• THE WAR OF QUALITY AND QUANTITY •

·第一部分· 博弈篇·

THE WAR OF QUALITY AND QUANTITY

在这些无能为力或不愿意变革的背后,我发现了成功的公司在走向成功的道路上所养成的自我毁灭的习惯。

——Jagdish N. Sheth教授《优秀公司自我毁灭的习惯》

大多数企业陷入困境不是因为犯了世界级的大错,而是由于作出了一系列善意但有瑕疵的决策,积累起来,最终导致了非常棘手的问题。

——詹姆斯·基尔茨(前卡夫、吉利、纳贝斯克CEO)

01 "不就是小小的一道划痕嘛"

导读：如果我们能够真的透过一道小划痕窥视其背后更本质的问题，就会发现：用"数量思维"来解决"质量问题"的习惯，不仅具有数学和物理学的相对主义和"工业理性"思维，而且极易滑入中国人古已有之的"思维黑洞"，所以根本没有所谓的"质量问题"。质量的本意不在于博弈、折腾与妥协，而在于找出根本原因，以预防问题的发生。

核心话题：为什么人们往往只是单纯地把质量当作"问题"，或当作一种就事论事的事而忽视了它背后所透射出的更加本质的问题？用"数量思维"去解决"质量问题"会塑造我们的心理模式，还是我们固有的"文化—心理"结构强化的结果？为什么悲剧在于我们选择了错误，却不知道我们到底错在哪里？

不同公司对故事的不同反应

我每次在讲"一道划痕的故事"的时候,都会发现听众的反应是不一样的。在许多外企,他们这时便会热烈地鼓掌;而在部分国企,则有一些人,一边使劲地鼓掌,一边还不由自主地说:"太精彩了!太精彩了!"中间休息的时候,他们还过来跟我沟通,而且显得非常兴奋:"杨老师,讲得太好了、太好了!这就是我们身边的现实嘛,我们天天就是这样干的。"还有一次在苏州,不知道是因为我说对了,还是受到了我的话的"打击",有两位女性质量经理在跟我谈起她们天天在做这些事情的时候,眼睛里还闪着激动的泪花。

有的时候,还会出现另外一种场面——大家都陷入了沉思,现场非常安静,仿佛空气都凝结了,这时候,就是有一根针掉在地上,也能够听得一清二楚!

还有一些人,就是那次在空军装备部的高层研讨会上的将军们,留给我的印象非常深。听到"一道划痕的故事"时,那些将军们都陷入了沉思,然后在休息的时候将军们告诉我:"是啊,是时候了。我们不能再漠视这些问题了。从这个故事里,我们仿佛看到了一面镜子,并透过这面镜子看到了自己。我们知道接下来应该怎么做了!"

还有一位将军很激动地对我说:"以前我们都自发地、本能地认为这样做是不对的,我们应该那么做、这么做,到现在我明白了:我们是对的,而且我坚信你给了我们一种理论上的支撑。接下来,我们将会坚定地推行这些正确的做法。"

当然,对于这个故事也有另外一种很有趣的反应,那就是在某家公司,一位主管质量的副总在茶歇休息时间,私下里找到我,很诚恳地对我说:"杨老师,你讲的这件事似乎说的是我们老总,这让我很担忧。你看我一直在陪着你,刚才我们老总在听您讲这个故事的时候,已经瞪我三眼了。我想他一定认为我向您提供了什么信息,大家一起合谋来骂他的。您可要给我证明,我绝对没有干这种事情啊!"

我哈哈大笑，对他说："放心吧，你想得太多了！"于是，我便在接下来的研讨中，对大家，尤其对他们的老总说："大家千万不要想太多，我只是讲一个我所知道的一个切切实实的小案例，非常小，但是对你们机构来说，我只能说此事纯属他人的，请勿对号入座，如果非要对号入座，只能后果自负。"

大家都乐了。我说："换句话说，绝对是没有什么人事先告诉我你们机构的任何事情，关于你们机构我是不清楚的。"这时候，那位副总也会心地笑了。

那么，这些不同的反应，到底给了我们一些什么样的启示呢？换句话说，我们真的能透过这个小小的案例，来映照我们自己的日常行为和处世风格吗？我们真的可以透过这个小故事以小见大、举一反三吗？

这些不同的反应其实透射出了这样一个道理——我们总是忙于处理一些现象而忽视了对这件事情本质或它背后原因的思考。我们有太多的管理者就是这样，只是单纯地把质量问题当作一件就事论事的事情来处理，而忽视了它背后所映照出的一个更加本质的问题。

那么，这个背后的原因，或者说这个更本质的问题到底是什么呢？很显然，如果我们谈的是质量问题，我们一定要知道一个最为基本的道理——质量的本意绝不在于我们如何宽容问题，也不在于我们如何妥协、如何折腾，更不在于我们如何不断地博弈。质量的本意，在于我们如何想办法去更好地根除问题产生的原因，想办法去预防问题的产生。当然，我相信许多人都认可这一点，但是，非常遗憾，大家往往没有认真地去思考这个问题，便作出了错误的选择，悲剧就在于：我们选择了错误，却不知道我们到底错在哪里。

经理主管应该在胸前戴一个什么牌子

我经常问一些企业的经理主管，甚至于高管："假如在我们的胸前戴一个牌子，上面只能写两个字——中文或者英文正好都是两个字，那么这两个字应该是什么？"

很多人都会脱口而出："当然是些头衔了——经理、主管、主任，要不就是写名字。"这时我就会反问："那要是总经理、董事长呢？或者三个字的名字该怎么写，四个字的呢？"

有的人思考了一下，告诉我："写控制、管理……"还有许多答案，可谓是五花八门。

就在这些经理主管绞尽脑汁地想答案时，我也会给他们一些启发："你们不要想得太复杂了，咱们返璞归真。作为一名经理或者一名主管，你是不是经常遇到下属拿着问题来找你，问你该怎么办。情况好一点的话，他们会给出一两个解决方案，问你到底该用哪个。这个时候面对问题，你要给他什么答案？"

启发到这里，经理主管们大多都会很快地给出答案——决策！对，就是决策，英文叫Decision-Making。那么，请各位读者思考一下，我们每一个决策，它背后有什么样的机理呢？其实，我们天天都在决策，但是我们很多时候都是在就事论事，而忽视了对决策背后机理的认知，对一个事物背后玄机的思考和把握。

确切地说，我们每一个经理、主管天天都做着许多事情，都在进行着大大小小的决策，而决策所遵循的两个基本的机理，第一个就是质量，第二个则是数量。数量是什么？1、2、3、4、5、6、7、8、9、10……，从1到n，而质量呢？它就是0和1。这是两种非常不同和基本的思维，而其思维背后的逻辑就决定了我们到底该怎么去看一件事情和怎么去做一件事情。

我们经常说，大事讲原则、小事讲风格。那么，原则是什么？就是"是"和"非"，就是"黑"和"白"，就是"善"和"恶"，就是"YES"和"NO"，也就是"0"和"1"。而风格呢？很显然，1、2、3、4、5、6、7、8、9、10……n，就是一种数字的排列组合。

有了这样的前提，我想大家就比较清楚了：当我们在处理一件事情的时候，到底应该遵循着一种什么样的机理。我有时候也非常郁闷，因为所到之处，我听到了很多人在诉苦、抱怨，其实这一切都是因为我们经常用数量思维去解决质量的问题造成的。大家想想，用数量的思维来解决质量的问题，结论只有一个，那就是"会签"和妥协，那就是一种"这不就是一道小小的划痕嘛"的心理模式。

进一步说，当我们用数量去思考一个问题的时候，它背后所用的基本的原理和思维模型是基于数学和物理学的，是一种相对主义和"工具理性"①的思维。而这样一来，就很自然地杜绝和摒弃了绝对主义和"价值理性"的思考。

这也难怪，现代质量管理的产生就是因为引入了数学，把统计学作为了它的基石。而我们知道，数学告诉我们：没有绝对值的零，只有无限趋近于零；物理学则告诉我们：任何事物都有波动，没有波动的事物是不存在的，我们能做的只是减少它的波动而已，给它一个区间、一个公差范围而已。

这种数学和物理学的思维引发的最大弊端，就是我们在做任何事的时候都预先假定第一次就做对是不可能的，都预先假定一定会出现折腾、返工、重复劳动和修修补补这类事情。换句话说，如果我们只是单纯地用数学和物理学的思维，也就是数量思维来思考和衡量问题，就会很自然地认为，出了质量问题是正常的、应该的，第一次不可能不出问题，因为它是有科学依据的。

显然，如果我们只是用这种数量思维看待质量问题，我们看到的就只能是一些大啊小啊、严重程度啊、符合程度啊，等等，我不知道在各位读者的单位或企业里头，是否把"质量问题"分了不同的等级，像什么严重问题、中等问题和不严重问题等，假如你们划分了等级、划分了程度，那么不用问，在你们的组织里一定会充满着博弈和争论，充满了各种不同的会议和争吵，充满了妥协和让步。

让我们再看看质量思维。这种思维非常简单，要么有要么无，要么符合要求要么不符合要求，要么合格要么不合格。一切问题在它眼里是非常清晰的，有一条清晰的准则、清晰的要求和标准，来不得任何模糊不清的东西，一旦我们清楚了作为经理、主管背后的两个基本的决策机理，那么就不难理解为什么我们常说，所谓质量，实际上就是你对待它的一种态度。我们必须对它有一种清晰的态度，不过，这时候再来看质量，实际上就更清楚地认识到：一种态度的养成是一定需要一种环境的，而这种环境就是如何努力去营造一种"说到做到"的诚实信用的

---

① 工具理性（Instrumental Reason）：是法兰克福学派批判理论中的一个重要概念，其最直接、最重要的渊源是马克斯·韦伯所提出的"合理性"概念。韦伯把理性分为价值（合）理性和工具（合）理性：前者强调的是动机的纯正和选择正确的手段去实现欲达之目的，而不管其结果如何；后者则是通过精确计算功利的方法最有效达至目的之理性，是一种以工具崇拜和技术主义为生存目标的价值观，所以又叫"功效理性"或"效率理性"。

软环境。否则在数量的思维里面去做质量，我们必定会遭遇数量的博弈和打击。于是，所谓的"质量问题"往往就会被大家用诸多的借口给搪塞和"化解"过去了。

根本就没有所谓的"质量问题"

质量成为一个问题，实际上是因为我们把质量和数量作了一个分离，是因为我们把它变成一个和交付、成本相对立的东西。我们放大了它的对立的一面，是因为我们有一支专门负责质量的队伍，是因为我们在表面上总是发现大家往往在质量上放手博弈。那么这一切就使得我们往往把许多的事情都当成了质量的问题。而面对质量的问题，大家又往往自觉不自觉地把它变成了一种是否有责任、知荣辱、讲道德的分野。从而使大家不敢去面对它，只有躲着它。

有这么一家大型造船企业，那些老员工们在长期的"质"与"量"的争斗中逐渐学会了如何推卸责任、如何"打游击"。比如说，本来按照流程规定，他们应该把活儿做好之后，叫检查人员过来检查，通过检查人员的检查后，再把船东的代表叫过来；有些时候，检查人员是要把船东的代表人员一起叫过来检查验收的。但是，这些员工实际上并没有做完自己的工作，一旦查到他们，就忙着推卸责任，说自己早就做完了。上面追究下来，他们会得意洋洋地说："我们早就做完了，只是都过了两天了，那些检查人员还没有把船东叫过来。所以，问题不在我们这里，是检查人员的效率太低、水平太差了！"

诸君不妨思考一下，为什么面对"质量问题"每个员工都本能地学会了做三件事：第一，推卸责任；第二，开始指责我们的质检人员；第三，再一次推卸责任。

经过思考后，你会发现，当我们的数量和质量产生矛盾的时候，带来的就是把一切都以数量的理由和"科学"的借口推到质量的问题上。有趣的是，我们恰恰有一支负责解决"质量问题"的质量队伍。于是，这个问题就变得更加复杂、更加扑朔迷离。

那么，到底有没有"质量问题"呢？你们想想，假如说面对组织里天天存在的所谓的"质量问题"，存在着所谓的质量博弈或者战争的话，要想把这个问题解决掉，把"质"与"量"的战争结束掉，我们可能要做的很重要的一件事，就是要认真地去理解和思考质量问题的本源到底是什么。也许，只有用釜底抽薪的方式才有可能解决这个问题。

这是克劳士比先生亲身经历的故事，或许能够给诸位读者一些启迪和思考，这要从当年克劳士比先生担任ITT（国际电报电话公司）全球副总裁的时候说起。在20世纪六七十年代，ITT公司可是赫赫有名、红极一时的，排名最高时位居世界500强的第9位，排在它前面的都是一些石油大亨、钢铁大王，排在它后面的，也都是我们大家非常熟悉的，诸如通用电气公司（GE）、IBM公司等。也许提ITT公司大家可能不熟悉，因为ITT公司太庞大了，它是第一个被美国《反垄断法》肢解的公司，但是如果我说到另外几家公司，比如，喜来登（Sheraton）酒店与度假村集团、哈特福特（Hartford）保险公司、安飞士（AVIS）汽车租赁公司等，恐怕大家都不会觉得陌生，正因为如此，当年克劳士比先生认为这么一家举足轻重的机构在质量管理方面一定有它的独到之处，可让他大失所望的是，它竟然"不懂质量"，一直在梦游，亟须被唤醒和启蒙。

有一次集团召开高管会议，出席的79个人都是赫赫有名的大总裁、大经理。曾因提出并实践"多元化集团公司"概念，而被誉为"美国第一CEO"的哈罗德·吉宁先生（Harold Geneen）首先发言："我们今天先开个务虚会吧，总结过去，放眼未来，看看我们到底还有什么需要改进的。"

他的话音刚落，负责销售的老总就开始说："是啊，国防部又在大力地表彰我们了，我们也确实值得表扬。不过，要命的是，我们的质量还很差，还有很多投诉啊！"

他的声音并不大，可听到他小声地说了一声质量之后，78颗脑袋就"刷"地一下看向了一个人，没错，他们看的就是克劳士比，谁让他负责质量呢？

其实跟这个故事相类似的事在摩托罗拉公司也发生过。也是在一次高管会议上，他们的销售经理也是说了一句类似的话："我们的业务不错，但是我们的质量还很差。"就这么一句话，引发了高管们的沉思，进而引发了摩托罗拉的一场轰轰烈烈的质量革命。

现在，我们再来对照一下ITT。当78颗脑袋突然转向克劳士比的时候，克劳士比心想:"是时候了,我一定要敲打敲打大家!"

克劳士比先生说的"是时候了",是什么意思呢?因为克劳士比先生有一个自己的格言:"当你嘴里含着珍珠的时候,千万不要随便吐出来,那样没有什么效果。你一定要在正确的时间、正确的场合,当着正确的人的面把它吐出来,它才会闪闪发光。"所以,克劳士比认为到了该吐珍珠的时候了。

于是,他不慌不忙地站起来。平时他都是笑容可掬的,不过这个时候,他摆出了一副十分严肃的表情,他说:"你们都不要看我!我可以告诉你们,根本没有所谓的'质量问题'。你们知道,我们质量人员从来不去设计一件产品,对吗?"他指着主抓设计的老总,设计老总点了点头。

"我们从来不去采购一个产品!"他指着采购老总,采购老总点了点头。

"我们也从来不去销售一件产品!"他指着销售老总,销售老总也点了点头。

"当然,我们也从来不去制造一件产品,从来不去做售后服务。那么,我们是干什么的呢?我们只是帮助你们解决问题的。千万不要指望我们一出手就能够帮你们把一切问题全部解决,更不要奢望我们每个人会点金术,所到之处手到病除,解决所有的问题。"

他停了一下,看到大家都瞪大了眼睛看着他,似乎是在揣测他葫芦里面到底卖的什么药,于是,他接着说道:"我可以清楚地告诉各位,根本就没有所谓的'质量问题'!我们应该学会一种方法,一种新的思维,就是不要笼统地把一切问题都叫作'质量问题',把什么乱七八糟的东西都往'质量问题'的筐里扔,而是要从问题的出处和来源为它命名。换一句话说,我们有的只是销售问题、市场问题、设计问题、制造问题、安装问题、采购问题、物流问题和服务问题,等等。"他环视了在场的各位高管,接着说道:"所以,我们集团真正的质量杀手,不是我们,而是在座的各位,负责销售的、负责设计的、负责采购的、负责物流的、负责安装的、负责制造的、负责服务的,等等。我说完了!"

在场的人都全神贯注地盯着克劳士比先生,直到他"啪"的一下,坐回到位子上。所有人一下子全都愣住了,然后,每一个人都若有所思地低下了头,不说话了。

从此以后,ITT公司开始有了一种全新的思考模式,也开始一步一步踏上了革"传统质量智慧"之命的征程,并一举成为全球的质量标杆。我们知道,前些年大家都崇尚 GE 和杰克·韦尔奇（Jack Welch）。但是在六七十年代，ITT 和哈罗德·吉宁可是风光无限的啊！因为他们真正认识到了质量的本质，并从质量的本质出发，完成了洗心革面、励精图治的历程。

02 为何新工厂却是老习惯

导读：依然有超过八成的企业在新工厂中采用了基于"传统的智慧"的 AQL 政策，理所应当地内置了返工区相关流程，并视"让步接收"为基本的工作标准，不仅产品直通率不高，带坏了新员工，而且会误导决策者用这种"主流思想"把企业引向自我毁灭的深渊。

核心话题：公司决策者必须清楚地知道：谁才是真正的经营和管理者，是他们还是那些普普通通的质量工程师。在面临"质"与"量"的抉择时，高管们为什么会对常识性的问题视而不见，反而用貌似科学的数据"自我欺骗"呢？

琼斯的故事

很多人听到我讲这些事情的时候，都认为我把问题想得太复杂了。在他们看来，他们的企业早已经在运用现代的质量观做事情了，不可能出现像我说的这种情况，因为他们拥有一大批高素质、高学历的员工及研发人员，使用的都是最先进的设备、最先进的技术。

还有一些组织，尤其是以总体设计或软件设计为主的组织，他们往往会说，我们的员工中有大量的"海归"，他们大多数都是毕业于世界名牌大学的博士、硕士，而且有美国硅谷和世界著名的IT企业中丰富的工作和管理经验，素质都非常高，质量根本不是他们的问题。是的，我承认他们的员工都是一流的或顶级的人才，但还是先听我讲一个故事吧。

在美国，有一家很有名的企业在新工业园区里面建了一座新工厂，工厂建得非常气派，使用的也都是当时最为尖端的全自动化设备及领先的技术。他们还邀请了克劳士比大师进行指导。

一天，公司管理层陪同克劳士比大师对工厂进行考察，转过一圈后，大家一起到餐厅用餐。刚坐下，克劳士比就问这家工厂的老板："请问，你们的琼斯来了吗？我怎么没有看到他呢？"听他这么一问，在场的每个人都面面相觑："琼斯？琼斯是谁？"

克劳士比说："琼斯是你们的真正经营管理者啊！"

这位老板说："大师，今天在这里的个个都是公司的高层管理者，那么请问，你说的那个琼斯先生是谁呢？"这个时候，他们负责生产的一位主管悄悄地对老板说："琼斯是我们生产线的一位质量工程师。"

如此一来，这位老板更是不解了，便问道："大师，您在开玩笑吧？您说的那个琼斯并不是什么管理者，他只是一个普普通通的质量工程师，而我们这些人才是真正的管理者呀！您为什么要说琼斯是真正的管理者呢？我真的不能理解啊！"

克劳士比微微地一笑说："你们都错了，我可以这么告诉你们，我把整个公司都看过了，虽然你们的工厂现代化程度非常高，但是我发现，虽然你们的整条生产线都有严密的电子监控系统，而且生成了许多文档和记录，可发现异常是否停下来、改正后如何运行，这个权力是在琼斯手上。所有的关于产品是否合格的决定都是由这位琼斯先生作出的。我注意到，他在每一张记录卡片上都签下这样一句话——'Go With Risk'（带伤放行或让步接受）。所以，我认为，真正在经营和打理你们公司的人，不是在座的诸位，而是琼斯。"大家默然。

高管们回到工厂后，便集体去现场验证，来到克劳士比描述的岗位上时，他们果然发现那个叫作琼斯的工程师依然在那里忙碌着，继续在签发"Go With Risk"的单子。老板上前问道："你是琼斯？"

"是的。"

"是谁让你这么签的？"

"哦，是我的主管让我这么做的。"

然后老板又问琼斯的主管："谁让你这么做的？"

主管回答说："是我的经理让我这么做的。"

老板接着又问他的经理："谁让你这么做的？"

"老板，我们公司的政策不就是这么定的吗？"

这个时候，他们才惊奇地发现，原来整个公司虽然是现代化的新工厂，却采用了一种传统的运作模式，一种基于"传统的智慧"的AQL[①]政策在大行其道，也难怪他们的自动化生产线仅仅达到16%的直通率。

克劳士比对他们说："一旦采取了这样的政策，就一定会在设计新工厂的

[①] AQL: Acceptable Quality Level 的缩写，即"可接受质量水平"。AQL 抽样标准是一种基于数学概率原理的随机抽样检验方式，可根据货物总量计算出抽样量，同时提供了不同货物量中允收或拒收不合格品的标准。

时候，把返工区给设计进去了。"

老板点了点头，"那里就是我们新工厂的返工区。"

大家回头一望，发现一个偌大的返工区里，密密麻麻的工人还在那里快乐地进行着返工。

"这是一定的，因为你们整个工厂在设计理念上就自然而然地认为第一次做对是不可能的，所以你们才产生了我们今天所看到的恶果。"

"那我们该怎么办？"老板问。

"很简单，"克劳士比说，"首先要真正地明白，所有的问题都是因为管理不当引起的。所以，一定要修改你们的质量政策。当然，前提是你们的高管团队一定要达成共识，有统一的思想、统一的语言。然后，所有人要谨记，只有符合工作要求，才能进行下一个流程；一旦出现了问题，不管大小，都必须立刻停下来，改正后再继续下一步。接着，取消返工区。然后，取消产品分等级的做法。最后，建立'零缺陷'的执行标准……"

此时，高管们才开始真正地认识到自己的问题。为了使新工厂能够重新焕发出活力，于是他们开始着手修订质量政策，执行"零缺陷"的工作标准，取消返工区，提升系统协同能力，信守客户承诺，既没有增加人员，也没有添置新的设备。

在此后不到一个月的时间里，其直通率从 16% 提高到了 85%！半年后，直通率已经达到了 95%。同时，"质量代价"从原来占销售额的 18% 降到了 13%，节省了 1200 万美元。

小王学徒记

我们可以再回过头来，思考一下这些前面曾经反复提到的问题：为什么我们总是在修修补补？为什么我们总是认为不返工是不可能的？为什么我们总是对我们的失误找寻借口？为什么我们总是处在"质"与"量"的博弈之中呢？

我曾应邀为国内的一家著名的汽车企业作辅导，当管理层陪我到他们的生产车间去考察时，我感到非常的震惊：他们的产品线竟然和返修线同样长，甚至于返修的车辆是其正在生产的车辆的一倍。我深入细致地进行了一番核查，发现真正能一次性合格下线的车辆，所占比例小得令人难以置信。因为国内80%的汽车生产线都留下过我的足迹，这其中既有世界上最先进的"数字车间"，也有本土厂家"土洋结合"的生产线，所以对于各项关键的技术指标，我还是能够说出子丑寅卯的。我把其他规模和实力相当的厂家与他们进行对比后，不解地向他们的管理者求证。

一位管理者告诉我："我们的技术没有任何问题，只是这些都是新车型，自然有许多可改进的地方。"

我问："那为什么不等所有条件都成熟后再投产呢？"

他笑答道："杨老师，看来您没有做过市场吧！这些车其实卖得非常好，您不是倡导质量就是满足需求吗？对我们来说，只要能够生产出来，就能够满足消费者的需求。"

我继续问："那么，你们怎样保证消费者没有抱怨呢？"

"没有抱怨是不可能的。不过，我们有自己的优势，人工成本低，所以可以靠加强修补和检验来减少抱怨。"

我又问道："是吗？那么你自己开的是这种车吗？"

"我才不会……"他突然停下来，然后对着我有些尴尬地笑了。

我们又来到成熟车型的总装线，查一下各项指标，依然看不到明显的变化。

一位管理者说："不应该啊，也许是最近老加班，工人太疲劳了，也许是最近供应商老出问题吧，也许……"

我说："也许，你们该认真地考虑如何取消返工线了。"

几位管理者先是一愣，随即哈哈大笑："绝不可能，杨老师，你别开玩笑了！"

我又想到在另外一家著名的本土汽车公司的经历。他们虽然地处边陲，却锐意进取，最令我感动的还是他们身上体现出来的勇于反省的意识。他们曾经给我寄过员工的"零缺陷感悟"，其中，有一篇车身附件厂员工李建强写的《习惯》，被我评为上品，广为推荐。这里摘录下来，与读者一起分享：

02·为何新工厂却是老习惯

第一天上班的小王很兴奋,他下定决心做一名优秀的员工。他幸运地被分在一个车间,带他的是一位40多岁的师傅,小王虚心地向师傅学习,问了很多问题。老师傅也很耐心地教小王,但小王对师傅的一些做法感到奇怪,禁不住问:"师傅,这零件怎么拿来垫桌子底,这样零件不会被压坏吗?"

"不会的,如果坏了我们把它敲回原形不就得了。"师傅轻松地说。"那不会影响外观啊?这样我们的客户会要吗?"小王疑惑地问。"刮伤一点算什么,我们做这么多零件,哪这么容易发现啊!"

小王觉得师傅说得有道理,我们每天做这么多的零件,要想从中找出一件有刮伤的,简直就是大海捞针。一天下来,小王仍然对师傅的有些做法感到不解。趁休息时,小王跟师傅闲聊了起来:"师傅,我今天看到你把一个有缺角的零件也装进去了,这样可以吗?""哈……那个零件装的地方是谁都检查不到的地方。""那我们不可以重新领一个合格的来装吗?""重新领很麻烦的,需要重新写领料单,又要叫检验人员过来写报废单,这样下来我都可以多做一百件了。""哦,我明白了。师傅,那我们铆接时这么快,有没有铆不到位的时候啊?""有,但是这也很正常啊!你想想一天你的脚要踩几千下,失误一两次也很正常。""那不可以慢点吗?""可以,但谁不想早点回家啊!你慢了下道工序就会骂你,说你影响他们提前下班。""那我们这样不就是做出不合格品了,客户要是退货,我们该怎么办?""那我们赔一件合格的给他啊!"

一天下来小王学会了很多工作"道理",这也让他很快融入了工作环境。不到两个月,小王已经成为一名熟练的工人。

……

周日的人才市场是那么拥挤,很多人为了找一份理想的工作来到这里。在人才市场的门口,两个很熟的朋友也在那里聊天。"现在工作真难找啊,找了一个上午没有合适的。""对了,小王,你不是在××厂干得好好的,为啥不做了?""那个厂的产品质量太差了,产量降下来了,厂子就要裁员,结果我被裁掉了,这次我一定要找个竞争力强的企业。"

我还曾经在一家电子行业的研究机构帮助管理层统一认识，作出管理承诺。有意思的是，当他们准备作出"第一次做对"的承诺时，技术主管很坚决地提出了反对意见："如果要我承诺让客户满意，绝对没有问题。因为无论如何，无论我怎么样努力，我采取什么样的补救行动，我一定可以让客户满意。但是，要让我承诺'第一次就做对'，我实在不敢，因为那是不可能的事嘛！"

好了，让我们再一次回到"一道划痕"的故事。当我们在会议室中谈到"下不为例"的时候，当我们用各种博弈扰乱了员工心态的时候，那么请思考，这将会产生什么样的情况呢？往往这个时候，我都会让大家重温一下对中国国民性有深刻理解和批判意识的鲁迅先生说过的那句简单而深刻的话——"地上本没有路，走的人多了，也便成了路"。

我想，这句话一定早已在每个人的心里扎下根了，只要我说出上半句，几乎所有的人都能够不假思索地说出下半句。但是，当我接下来再问他们："你们公司有多少路是这么走过来的？你们有没有绿色通道？"往往是我的话音刚落，下面便爆发出一阵笑声。

为什么我们总是如此呢？这的确是值得我们认真思考的问题。

英雄亚科卡的起伏

有许多管理者告诉我，他们公司有一家和世界500强合资的工厂，许多员工都是从老工厂抽调出去的。在那里做事真是不一样，眼里揉不得半点沙子；可是一调回到老厂，马上就变回原形了，张口就说"差不多就行了"。还有些企业，有军品也有民品，在军品工厂干活就和干民品不一样。原因何在？并非标准高低问题，而是对管理的假设不同。一个基于"数量"，一个则基于"质量"。

福特汽车曾经有过一个经典的基于"数量"决策的故事，已经被广泛地当作笑话来讲了，但他们自己笑不出来，而且现在更没有机会笑了。

1968年，福特为了应对日、德汽车的挑战，决定生产一款"斑马"汽车。原计划三年半下线，后来被强行压缩成两年。这就意味着以前可以在生产之前进行的设计改动,都要变成边生产边变更了。在批量生产前,厂里对十一台样车进行了撞击测试,结果有八台没有达到国家高速公路安全管理局(NHTSA)的安全标准,另外三台都是由于油箱经过了部分改动才通过测试的。于是,福特面临着一种"质"与"量"的抉择——要么更改油箱设计,推迟生产时间,一年后上市;要么继续生产,按规定时间上市销售。

如果事情到此为止,许多人都会不自觉地支持福特的决定。所以,我想展现一下福特公司当时貌似科学的决策与量化分析过程,在你们面前放一面镜子,让你们自己去发现问题的所在。为此,我从目前美国大学本科及 MBA 教学中比较流行的一本《现代财务管理基础》[①] 教材中找到了福特的决策思路——令我吃惊的是,它竟然是支配华尔街的金融投资者们的"主流思想"。

为了确定是否应该继续使用原有的油箱设计,福特公司决定使用资本预算方法来检验重新设计之后将会产生什么样的预期成本和社会收益。为此,他们对相关变量进行了估值,甚至假设如果发生车祸死亡,则人均死亡成本为 20 万美元。他们的计算明细如下:

社会收益	
节省	180 人死亡,180 人重伤,2100 辆车报废
单位成本	死亡:人均 20 万美元;重伤:人均 6.7 万美元;报废:每辆车 700 美元
总收益	(180×$200000)+(180×$67000)+(2100×$700)=4950 万美元
改善成本	
销售	1100 万辆微型车,150 万辆轻型卡车
单位成本	每辆微型车 11 美元,每辆轻型卡车 11 美元
总成本	11000000×11+1500000×11=13750 万美元

结论是什么?显然,进行安全设计改善的成本要远远大于它所带来的社会收益,因此,福特决定保持原来的设计,按期投放市场。直到 1977 年才满足了 NHSTA 的标准,设计出一种防破裂油箱,并于第二年被迫召回 1971 年至 1976

---

① 斯科特(DF. Scott)等.现代财务管理基础[M].金马译,北京:清华大学出版社,2004.

年间生产的所有"斑马"进行油箱更换。

而这期间，共有700~2500人由于"斑马"的问题死于车祸；由于斑马质量问题导致事故而对福特起诉的，高达50起。其中，著名的"詹姆斯诉福特汽车公司案"，判决被告福特公司赔偿受害人惩罚性赔偿金1.25亿美元；"理查德诉福特汽车公司案"，判决被告福特公司除赔偿受害人300万美元之外，并处罚金1.25亿美元；"朱迪姐妹诉福特汽车公司案"，福特公司被指控犯有刑事杀人罪……

故事的悲剧结局是：福特公司由此陷入低谷，总裁李·亚科卡在45岁生日那天被一脚踢出门外——他成了替罪羊。当然，还有一个喜剧结局：亚科卡当上了克莱斯勒公司的总裁，他卧薪尝胆，哪里跌倒就在哪里站起来。据时任全美汽车工业联合会克莱斯勒分部国际副总裁马克·斯特普，在为时任克莱斯勒全球执行副总裁迪克·道奇出版的《情定制造业》① 一书撰写的前言记载："当包括我在内的几个人到李·亚科卡的办公室和他会面时，要面对三个严肃的问题：下一步该做什么？如何才能盈利？如何报答美国人民？我们一致同意质量就是这三个问题的答案，于是公司的产品质量改进合作计划诞生了。公司高管和工会的领导人维系并指导着这个计划，他们到克莱斯勒的工厂和办公室直接向员工传递质量至上的信息，给员工们留下了深刻的印象。我同迪克及其他克莱斯勒高管一起对经理和工人宣讲：**没有质量，就意味着没有销售；而没有销售，就意味着没有工作。**"

不到五年的时间，亚科卡就把克莱斯勒从死亡的坟墓中拯救了出来。1983年净赚9亿美元，1984年赚了24亿美元。公司的市场占有率越来越高，公司的市场形象也越来越好，1983年该公司向社会发行2600万股公众股，仅仅几个小时就被抢购一空。他自己也赢得了"第一位企业界的英雄"的美誉。1984年12月亚科卡的《反败为胜》一书在美国问世，发行量高达260万册，成为美国历史上最畅销的非小说书籍。亚科卡也因此成为美国人心目中的民族英雄，甚至有人恳请他参加美国总统竞选。

---

① 迪克·道奇，杰克·特罗亚诺维奇.情定制造业[M].金毅译,上海：上海交通大学出版社，2011.

03 人们为什么热衷于"快乐返工"

导读：如果我们没有勇气进行"是与非"的抉择，就意味着我们放弃了所要担负的责任，变得得过且过、患得患失，从而助长自卑、懒惰和不负责任的心态与行为，最后只好企图依靠大量的检验、不停的返工返修达到预期的"合格率"。

核心话题：数量思维的风险就在于往往陷进财物指标的"黑洞"而漠视事物整体性的变化与"质变"，或精于对"小概率事件"的算计，而忽视了对技术背后心理学甚至伦理学规律的认知与把握。

说"NO"的三种后果

我们前面谈到,质量的思维就是进行"YES"和"NO"、"是"和"非"抉择的思维。当然,每次当我说完这句话的时候,许多人的反应是不一样的,但我每次都会请所有的人伸出手来,毫不吝啬地为我们的质量人员鼓掌。很简单,在一种"数量"的环境里,要想说"NO",不仅仅意味着要有巨大的勇气,还要能够忍辱负重,并且能够承担巨大的责任。换言之,做正确的事是需要有巨大勇气的。所以,我们要为他们鼓掌。往往在鼓完掌之后,我会举一个我个人的例子来说一说我为什么要求他们鼓掌。

有一年的国庆放假期间,我们学院的几个同事结伴去天津游玩。一天,我们去逛洋货市场,在大街上,一个乞讨的老太太朝我走来。那个时候,我还不知道有"丐帮"之说,而她看上去,的确像一个真正的乞丐,我隐约记得口袋里还有五元钱的零钱,就非常坦然地把手伸到口袋里去。老太太很"职业",一眼就看出我的意思了,就快步走了过来。我也就直接从裤袋里把钱掏了出来,可我突然发现,我拿出来的不是五块而是二十块钱。我迟疑了一下,就不想给她了,准备收回手来。正在这个时候,老太太说了一句话,让我哭笑不得:"你别收回去,我找给你钱。"哈!我当时真的不知道该说什么。我一直找案例,这次得来全不费工夫。大家想,我用的是一个YES和NO的思维,可是老太太非常巧妙地把它转化成了讨价还价的数量思维了。这时,我还是喊了一声"NO"。好了,这只是第一幕。

第二幕,当我喊"NO"之后,老太太不干了,她气鼓鼓地对我说:"你怎么就不给我了呢?你明明是想给我的,你怎么又收回去了?你这不是骗我老太太吗?你怎么能骗人呢?"你看,喊"NO"的第一种后果,是我成了一个骗子。令我尴尬的是,我看上去也算是个体面的人吧,而且在人来人往的大街上,一个乞讨的老太太跟我在那拉拉扯扯,而且大声地说我骗她,当时的情况,相信每一位读者都可以想象得到。很多围观者在那就说了："啧啧，这个世道变了，你们看这个骗子都这么高档啦！真是世风日下啊！"

所以，这第二种结果，没有别的，只能是妥协。我当时就对她说"YES"，我给你。而第三种结果呢，面对被很多人指指点点的窘迫，我就像犯了什么错误受到惩罚的小学生，三十六计，只能走为上了。

当你说"NO"的时候，会产生三种令人不悦的结果。因此，在大家习惯于做"和事佬"和"老好人"，不愿意得罪人的氛围里，敢于坚持原则、固守标准，的确需要一种"舍得一身剐"的无畏精神啊！在多数人做事以趋利为原则、工于数量算计的环境里，做质量、谈质量，的确是需要勇气、智慧和忍辱负重的啊！这也因此彰显出质量工作的可贵之处，因为它像试金石一样，很容易就能测试出一个人的品行和潜质。

可以这么说，做不好质量的人，正常情况下，基本上不会有太大的出息了；而反过来，能够做好质量工作，将会极大地帮助一个人走向成功之路。这一点可以帮助我们理解——为什么有些组织的一把手都必须从质量负责人中选，为什么有些组织要求所有高管必须要有管理质量的经验。

每当我讲完这个故事的时候，我都发现一种现象——那些情绪激动的都是我们的质量工作者，有些女性质量工作者甚至会为此掉泪。

记得有一次，在苏州举办的一个沙龙里，我给大家放了一段根据张瑞敏砸冰箱的故事为蓝本而改编的电影《首席执行官》[①]的片段。影片生动而翔实地为我们本章的主题提供了注释，也使得我们之前所说的话变得真实和鲜活起来。在此，我特地摘录几个片段与大家分享：

（片段1）

凌敏觉得该统一一下干部的思想了，他召开了厂中层干部会议……
向华把几封信放在凌敏面前："机械厂的几个领导想买咱们的冰箱，后门

---

① 吴天明，罗雪莹，胡建新. 首席执行官 [J]. 电影创作，2002（5）：4-32.

走到我爱人那儿去了。"

龙建平道:"我那儿也有不少呢!"说着走出去拿东西。

李大茂接着道:"凌厂长,我表妹在中山百货大楼工作,她说现在冰箱是紧俏货,他们已经发现有人倒卖冰箱票,像冰花牌冰箱、雪霸牌冰箱,一张票都卖到一千多元了。"

在座的干部们谈论起来:

"看来咱们也得加把油,增加产量了!"

"是啊,有一点小毛病就别卡了……"

龙建平拿着一厚沓信件进来,往桌上一放:"看,都是想买咱们冰箱的,大部分是领导同志写的,还有些关系户……"

凌敏翻了翻桌上的信件。

龙建平说:"凌厂长,咱们是不是在质量上灵活一点,不然产量上不去,各方面压力太大……"

凌敏抬起头:"今天的会,就是要研究这个问题……"

这时,一位跑得满头大汗的中年男人推开了会议室的门,开口问道:"你们谁是厂长?"

凌敏看着他:"你有什么事?"

中年男人抹着头上的汗水:"我买了一台你们的冰箱,我要退货!"

自海尔冰箱投产以来,不合格产品时有出现,但用户上门退货这可是第一次。所有的干部几乎都站了起来,看着这位"不速之客"!

凌敏说:"别急,有话慢慢说!哪儿有毛病?"

中年男人说:"外壳上有两道划痕,买的时候我没看清。"

李大茂不以为然地说:"不就是两道划痕吗?又不影响使用。"

中年男人急了:"你们一台冰箱卖一千多元,是我两年多的工资啊!做产品的谁不先求个外面光,要是外观上的毛病你们都不在乎,谁知道里面会出什么问题呢?还是退了吧,看着它我心里堵得慌!"

凌敏对龙建平说:"你带他到仓库去挑一台。"

龙建平还没答话,中年男人抢着说:"不挑啦!没有一台没毛病的!"

凌敏眼睛看着常立夏，常立夏低下头去。凌敏遂对孟晓洁说："给他退货！"孟晓洁带中年男人走出会议室。

中年男人出门的时候还在埋怨："退个货还得厂长说了算！"

（片段2）

从上午到下午，向华、龙建平和常立夏都在仓库检查冰箱。凌敏见一直没有回话，便径自来到仓库，进门见仓库里堆满了检查完的冰箱，都裸在包装箱外，不免心中一沉。

他问向华："多少台有毛病？"

向华没有回答，叹了一口气。

龙建平说："一共七十六台，大部分是二等品，还有两台三等品。"

凌敏走到冰箱前面，察看起来："都是什么毛病？"

向华说："我都看了，磕磕碰碰的最多，有二十几台不是螺丝没拧紧，就是线路接头没焊牢，经不住碰。"

凌敏抬起身子，环顾着仓库里的冰箱，感到非常难过："我们比德国人少了什么呢？同样的生产线，同样的零部件，我们也去德国学习了技术，回来后又一直在培训，为什么我们就干不过德国人？"

"培训的时候，只要你在旁边盯着，他们也能干得好。"向华指指自己的脑袋，"我看问题出在这儿。"

凌敏道："对，问题出在我们的观念上。为消费者负责的观念，在质量上无懈可击的观念，我们缺的就是这个东西。"

……

（片段3）

七十六台质量有问题的崭新的电冰箱摆放在厂区院子里，每个冰箱上都贴了责任人的姓名，新崭崭的磁漆外壳在阳光下亮成一片。

……

凌敏沉重地站了起来，看了看冰箱，又看了看围在院里的数百员工。

人们鸦雀无声。

凌敏走到一个个冰箱前，指点着道道划痕、不合缝的柜门、没上紧的螺丝和没焊牢的电源线头，语调不由得激昂起来："看看咱们这些产品，看看，看看，这里磕掉一块，那里划上一道，不是螺丝上不紧，就是电源线接头没焊死……"他用手指头轻轻一扯，一个冰箱后面焊接的电源线头就断开了，"一共七十六台，都是这类的毛病。质量上就差这么一点点，可就是这一点点，却总也引不起我们的重视！这些不合格的冰箱是最近半个月生产的，占我们半个月产量的 40% 还要多！同样的生产线，同样的零部件，在德国人手里做出的都是合格品，为什么到了我们手里就弄成这个样子？"

员工们听着。

凌敏说："我们这些人怎么了？我们比德国人少了什么？我看，不缺胳膊不少腿，就少了一样东西。"他指指自己的脑袋，"质量意识！质量！质量！质量！我们不是天天在讲、天天在练吗？怎么就是引不起大家的重视呢？我看没别的办法了，只有把这些冰箱都砸了。"

围观的员工哗然："砸？这么多都砸了？"

"那怎么行，这些冰箱都能用啊！"

"砸！"凌敏决然地挥了挥手，"每台冰箱上都贴了责任人的名字，谁出的问题谁砸！龙厂长，你带几个人去拿锤子，多拿几把来。"

……

一个工人忽然大喊："不能砸！"

李大茂哀求道："凌厂长，不能砸呀！"

工人们都炸了锅。

"不能砸，我们三年辛苦钱都买不来一台冰箱啊！"

向华心疼地对凌敏说："你应该冷静一点，这七十六台冰箱，值十几万元哪！"

一个工人喊："我们自己买了吧，谁的责任谁买，钱从每月工资里扣。"

"对，我们自己买下来。"

李大茂恳求道："厂长，这都是咱的血汗，砸了心疼啊！"

凌敏看着李大茂，沉痛地道："你心疼……难道我就不心疼？几个月了，大家没日没夜地干，这些冰箱不就像我们的孩子一样吗？可是，大家都问问自己，既然是我们的孩子，我们是怎么对待它们的？把它弄得坑坑洼洼、遍体鳞伤，难道就不心疼？这么多年来，我们一直有个荒唐的观念，把产品分成合格品、二等品、三等品，还有等外品，好东西卖给外国人，劣等品出口转内销自己用。难道中国人天生比外国人低一等，只配用残次品？这种观念，只能助长我们的自卑、懒惰和不负责任，也难怪外国人看不起我们……从今往后，海尔厂的产品不能再分等级了，有缺陷的产品就是废品！不把这些废品全砸了，我们就不能面对中国人！只有砸得大伙儿心疼，才能长记性！都过来，干部带头，砸！"说着自己抡起了铁锤。

李大茂一把架住了凌敏的手臂，话音里已带着哭腔："厂长，都是我的错，你撤我的职，扣我的工资，就是别砸这些冰箱！"

凌敏语重心长地对李大茂说："大茂，今天不砸了这些冰箱，明天被砸的就是咱们厂！"说着挣脱李大茂，高高举起铁锤，猛地砸下去，随着"砰"的一声那震击人们心灵的一锤，一扇冰箱门掉了下来。

向华、龙建平等七八个干部见状，纷纷走上前去拿起铁锤。

……

锤声如雷震耳，一台台冰箱在铁锤下破裂毁坏……

在场的人都哭了……

我觉得故事拍得很到位，而且认识也很深刻，再加上电影的艺术渲染、演员的表演和音乐的煽情效果，我发现有许多女性在不断地以手拭泪，甚至有些满脸胡子的家伙们也都眼睛湿润了。是啊，这恐怕就是质量带给我们的一种思想上的震撼和精神上的洗礼吧！

但是，反过来他们也会思考另一个问题——作为质量人，我们坚守着我们的原则，我们坚守着我们的真理，我们坚守着我们的真诚，可是为什么在很多的组织里面，受伤的总是我们呢？难道这就是这场"质"与"量"战争的意义？如果以我们的牺牲能够换来全社会的觉醒，我们也会无怨无悔。

一支笔的现场试验

质量的问题就在于每个人都认为知道，因为它太简单了，简单到每个人都自以为知道它。当然，潜台词是"大家其实对它并不了解"。

我曾经在许多大大小小的场合随手拿起一支笔对大家说："假如我们是生产这支笔的一家公司，我们一天能生产一万支。好，现在我是你们公司里面一个最最基层的检查人员，我突然发现有一支笔的标签打错了，对你们来说是不是出现质量问题了？"

大家说："是！"

我说："好，然后我开始喊，报，发现一支笔出现质量问题。请问，你们这时候有什么样的反应？"

大家直瞪瞪地看着我。

"你们会说，唉，你报什么报，你没看我们大家正忙着吗？要报就报废，把它扔了。"

大家开始发出会心的笑声。

"那么，接下来我接着喊：报，发现十支。你们会怎么想？你们会想，唉，不就十支吗，扔了，继续扔，我们还有这么多呢，顶多派个人过去看看，其他的认真一点就是了。"

"报，五十支。"

大家都不说话了。

"报，一百支。"

这时候有人说："让主管和质量人员下去看看吧，是不是批量问题。"

我继续喊："报，两百支。"

这时候人群中许多人面面相觑，交头接耳。

"报，五百支。"

这时听到有人小声地说："该停了吧！"

在很多的情况下，我报到"一千支"时，有些人还是漠然地坐在那里。空气似乎凝固了。当我说我依然没有听到我想听到的声音时，这时有人会怯怯地说："该停了吧！"一下子就引发大家的哄堂大笑。

是啊，这不是在讲故事，只不过是一个简单而真实的测试。不过，我相信你这时已经能够解读出来我的那个有趣的问题——你是用什么样的思维在思考质量呢？答案显而易见，我们依然是在用数量的思维在思考。现在，我倒希望你们接着来思考另外一个问题——假如你们的组织确实如此，那么将会发生什么？

有一家日企的老总，她在日本读了两个博士学位，非常优秀。她的企业是由日本的四家公司合资成立的，共同委托她在中国管理其下面的四个工厂。

有一次，她深有感触地给我讲了她自己的故事，并说她因为一句话而后悔了三个月。因为他们的产品原来全部是销往日本的，而且一直在东京热卖。我们也知道日本人是把自己的产品分为三六九等的，一流的产品卖到欧美，二流的产品卖到其他的国家，三流的产品卖到中国。请注意，我们都认为日本的产品非常不错了，但那仅仅是三流的。那么，超一流的产品卖到哪儿呢？卖到日本本土。所以有一段时间，他们开始进行市场策略的调整，准备不失时机地来打开中国市场。因此，在那段时间他们思考了很多关于内销市场的问题。

有一天，这位总裁告诉我，那段时间，可能是女性生理上的原因，她在工作中有时候会有一些烦躁情绪。在这个时候，有一位下面的厂长来找她，说："总裁，最近我发现有一些产品，都是在一个不起眼的地方有一个小小的划痕，你看我该怎么办？"当时，她不假思索地就对厂长说："哎呀，好了，我以为出了什么大事了呢，别烦我了。这样吧，你们多去考虑考虑内销的问题。"

她就这么不经意地说了一句话，接下来为此后悔了三个月。原因很简单，当日本开始要货的时候，她竟然发现，走遍了所有的工厂，再也没有满足日本客户需求的产品了，而全部都是符合"内销"要求的产品，因为每一个产品都带着一点点小小的划痕！这又一次印证了一句话，也就是著名的"墨菲法则"（Murphy's

Law）①——如果一件事你想让它错，它一定错。

想想福特公司那个经典的基于"数量"决策的故事，我们就不会再轻视这个"一支笔的试验"了，因为它道出了一个铁的事实——技术风险能够由可能性变为突发性的事实。换言之，数量思维的风险就在于往往陷进财务指标的"黑洞"而漠视事物整体性的变化与"质变"，或精于对"小概率事件"的算计，而忽视了对技术背后心理学甚至伦理学规律的认知与把握。

神秘的"检验工厂"

我们依然拿一支铅笔来说事。我曾为美国某著名的铅笔企业做过辅导，这家公司的某个产品已经基本上独占了全球市场，就是在这一过程中，我发现所谓"一支笔的试验"绝不是一种实验，而是一种实实在在的现实。

这家公司在中国有一家独资企业，当我第一次去辅导他们的时候，我惊奇地发现，他们都认为他们在中国生产的产品质量是高于世界其他地方的产品的，所以他们的管理非常优秀。可是，当我提出要看看他们的管理报告时，他们拿给我的是一本厚厚的、用美式的规格和彩色打印的报告书。但是，这不是我想看到的管理报告，而是全部产品的统计图表。我便对他们的质量总监说："我要的不是这个，我要的是你们平时的管理报告。"

这位质量总监闪烁着大眼睛，不解地问我："这不就是吗？"

我笑着说："我要看你们的管理报告，而不是技术指标。"

她看看我，又看看眼前的报告说："就是这个呀，杨老师，您到底还要什么呢？"

我说："不对，你的定位和你的职责是对整个公司负责，对不对？"

---

① 爱德华·墨菲（Edward A. Murphy），美国爱德华兹空军基地的上尉工程师，1949年他同上司斯塔普少校参加美国空军进行了MX981火箭减速超重实验，并得出了一个著名的论断：凡是可能出错的事有很大概率会出错。在事后的一次记者招待会上，斯塔普少校将其称为"墨菲法则"，之后被广为引用，并被称为20世纪西方文化三大发现之一。

"是！"

"那你们一定是已经通过了很多的体系认证，是不是？"

"是！"

"这些认证体系一定会要求你们自我评审，对不对？"

她点了点头。

我说："好，我想看的就是你的评审报告。"

她说："这就是呀！"

我说："不可能。我在其中怎么没有看到销售部门的、财务部门的、行政部门的、设计部门的……"

我还没有说完，她的眼睛瞪得更大了，对我说："那些也属于我管吗？不对吧，怎么会归我呢？我只是负责质量啊！"

"那你到底负责管理什么呢？"我问，"你的职责范围到底在哪里呢？"

她突然笑出声来，然后很干脆地站了起来："嗨，杨老师，原来你问的是这个呀！这样吧，请您跟我来。"

于是，我跟着她穿过办公区，绕过几个走廊和一道又一道的门，来到他们的生产车间。她带着我来到一扇大门前，告诉我："杨老师，我们到了，就是这里！"

她推开大门，带着我走了进去。我一下子就被机器的轰鸣声包围了。她指着生产线上那些一个个穿红衣服、戴红帽子的人对我说："杨老师，您看，那些就是我的人。走，我带你去看看我们到底在干什么。"

见我们走过去，一位主管迎过来打招呼。总监把我介绍给他，他便陪同我们，边走边做介绍。我发现，他们每一个戴着红帽子的人员都在认真地做着两件事——一是在不断地挑挑拣拣；二是把挑选出来的不好的产品进行修补。我注意到，戴红帽子的和戴蓝帽子的人数基本上一样多。他们特别地对我说："这些人可都是我们挑选出来的骨干啊，眼睛很毒，没有什么能够骗过他们的眼睛，而且他们的技术出众，修补能力非常强，绝对是我们公司质量的保障啊！"

我特意站在那里观察了一段时间。没错，他们态度认真，表情严肃，手法娴熟，确实值得公司为他们自豪。不过，那么多挑出来的东西在等待着他们的返工和修补，我真担心他们的身体是否能够吃得消。总监看出了我的顾虑，笑着对我说："这个根本不需要担心。他们很愿意加班呢，可以多挣钱嘛。而且，最重要的是，他们很有成就感啊！"

是啊，看到这些年轻的女孩子们每天都把青春花费在快乐的返工上，我一时也不知该说什么了。

这让我又想到了在那家非常有名的本土手机公司的经历。他们原本是生产BP机的，后来转为生产手机，发展势头非常强劲，也真有点"手机中的战斗机"的味道。我曾经去辅导过他们几次。记得有一次，我在他们的现场，看到各个班组标示出的某个百分比的"合格率"指标的时候，就问他们："为什么要用这种比例来表示呢？难道不能取消吗？"他们说不行，整个行业都是按照这个比例来的。我问："能提高吗？"他们回答说："基本上很难再提高了。"我又问："好统计吗？"得到的答案是——难度不小。

走着走着，我看到厂区的一角被隔离出来，还有两条生产线，近百人在那里忙碌着。便问陪同我的高管："那是一个什么工厂？"他告诉我："那是我们的返修工厂。"

"返修什么？"我问。

他说："很简单，就是客户到我们的维修点维修手机，维修点不能维修的，全部都拿过来，在这里集中返修。"

我问："你们为什么要这么做？"

他说："这没有办法，因为质量问题嘛。你知道，质量总是要经过挑拣、检查才能产生的，况且我们是不可能完全检查出问题来的，所以就等着返修吧。"

我又问他："如果你是消费者，你在什么情况下才会把你的手机拿到工厂来返修呢？"

他说："基本上不可能，除非我实在不得已了。"

"即使是经过了所谓优质返修之后，你对这家企业会有什么样的一种感知呢？"我问。

"那基本没有下一次了，也就是一锤子买卖。"

我说："好了，那你知道了，这个巨大的返修工厂对你们企业意味着什么呢？"

这时候，他们往往很无奈地摇摇头，说："唉，杨老师，我们非常感谢你。不过，没有办法啊！这是我们老板决定的，我们只能去执行。"

但我对他们说："如果再这样下去的话，最后的结果，我可以告诉你们：你们一定是飞不起来的。"

当然，这句话他们是不爱听的，但是，几年过去了，回过头来看，你基本上看不到这架"战斗机"了。

不过，也有一件让我没有想通的事，那就是我在八九年前去过一家国内著名的空调生产企业。当时，他们的高管们对未来的市场竞争充满期待，而且雄心勃勃。

我关心的当然是他们如何对待质量以及如何管理质量的。但事实上，我很失望。因为他们对于质量的认知，基本上还停留在我们前面所说的"生产力时代"，不仅以成本和产量为导向，而且完全依靠检验来满足"质量标准"。记得他们曾经带我去过他们所谓的"秘密武器"，我当时也十分好奇。那是一座独立的工厂，基本上不许外人进出。几百人在那里忙碌，一派繁忙的景象。而当我得知这是一家"检验工厂"时，我简直目瞪口呆！

我说："你们将会因此付出代价。"他们哈哈大笑，说："杨老师，这一次你可说错了，正是因为我们有如此规模的检验工厂，我们的质量才更有保障，我们才会赢得市场呀！"

几年过去了，他们的市场霸主地位似乎依然稳定，而且他们的领军人物也因此收获了许多的荣誉。虽然，当年与我对话的人们已经不知去向，也许他们曾在暗中嘲笑我"小题大做"，笑我一身"书生气"，但是，历史是一面镜子，有些事在某年某月的某一天一定会重演！

诚然，"检验"可以帮助我们固守阵地，而且"检验工厂"在短期内的确可以支持企业的发展，但从长远看，这无非是当年法国"马其诺防线"（Maginot Line）[①]的翻版，终将会破坏企业的管理基础。我坚信，"快乐返工"一定会失去快乐，收获痛苦。

[①] "马其诺防线"的名称来自法国陆军部长 A.L. 马其诺的姓氏，自 1929 年始建，至 1940 年基本完成，造价高昂，防线主体有数百公里，主要部分在法国东部的蒂永维尔，防线内部拥有各式大炮、壕沟、堡垒、厨房、发电站、医院、工厂等，通道四通八达，较大的工事中还有有轨电车通道。于 1940 年 5 月被德军轻易突破。

• THE WAR OF QUALITY AND QUANTITY •

•第二部分• 迷思篇•

THE WAR OF QUALITY AND QUANTITY

  一个人如果总是先吃那些开始烂的苹果，而将好苹果留着不吃，那么，他极有可能吃一辈子烂苹果。

——卢克斯·布鲁夫班德《质量大震撼》

  我最近看到一些材料，说有多少国防工厂完成产值多少，产品质量好的和比较好的达到百分之九十五以上。你们切不可满足于这些数目字，这个话以后少讲为好。说产品质量大多数是好的，这不解决问题，有时恰恰在百分之一甚至百分之零点五里面，关键产品、关键零件出了问题。

——邓小平《邓小平文选》

04 如果孔子来经营"三鹿"

导读：如果我们不能解开是谁害死了"三鹿"之谜，那么"中国制造"的"癌变"将会不间断地进入多发期，企业依然走在舍本求末、杀鸡取卵的经营之路上。如果孔子来经营"三鹿"，他一定会告诉我们真相："三鹿"是一面镜子，映射出企业在管理思想上存在着迷恋数量的 DNA 缺陷，表现在质量管理上呈现出普遍的"理想缺失症"和四大先天的缺失症。

核心话题：品质价值的缺失是否必然导致质量管理上的"理想缺失"甚至"迷失时期"？如果我们的质量管理存在着四大先天的缺失，那么使用"零缺陷基因疗法"改变人们做人做事的方式才是正章。

是谁害死了"三鹿"

我曾经应邀在中央电视台经济频道,围绕"红心蛋"与"苏丹红"等一系列食品安全问题做过一档名为《明天我们还能吃什么》的节目,也许是因为主题过于沉重,在节目现场,大家都显得比较严肃。尽管主持人马斌一直在劝我要放松,我自己也尽量地调整情绪,以配合节目的氛围,但是,那种无法用语言来形容的压抑情绪仍旧一直陪伴着我,无法摆脱。

虽然节目播出后反响很大,我也接到不少人打来的电话和发来的短信,但是我心中的那根弦始终紧绷着,并且在节目播出后的很长一段时间里,我的心情都被这种郁闷的情绪缠绕着。这绝不是因为自己在节目中一些"令人遗憾的"表现,而是因为作为一名"中国品质"的从业者,面对这种种不堪入目的食品安全问题对社会民生所造成的恶劣影响,除了诉诸情感与道德谴责,我竟不知道自己究竟还能做些什么!

然而,在那个全球金融危机席卷而来的严冬里,居然又有一个叫作"三聚氰胺"的"病毒"再一次让我们悲愤而又无奈地发问——今天,我们还能吃什么?

那段日子,我的心情一直在随着中央电视台和相关媒体对"三鹿事件"真相披露及其处理的报道而波动,不管是在飞机上、酒店里,抑或是在餐厅里和家里,很长一段时间,我竟然不知道该说些什么了——套用那句老话,真是千言万语不知从何说起啊!

下面是我当时写的博客,在这篇博文中,我不仅谈了是谁害死了"三鹿"的问题,更在试着思考全球逐鹿的"中国品质"将会鹿死谁手的大问题。

闻听"三鹿"公司出事,初感震惊,继而愤怒,最后只有悲哀!原因何在?诸君恐怕不会忘却几年前举世聚焦的安徽阜阳"大头娃娃"事件吧?那一次,"三鹿"公司不仅成功地"金蝉脱壳",而且长期沉浸在被MBA们广泛学习的"经典"的危机公关事件的自豪之中。明眼人早已看清它必将遗留下来的后遗症——背后的树太大,遇事难起波澜,唯夜郎自大也!如果套用一句话,那就是——都是"搞定"惹的祸!凡事上面有人给护着,出了事就找政府解决,因此,成功是必然的,不成功就"搞定"它们,直到成功!

我认为,以后再也不会有"三鹿"品牌了。此次三鹿必死!即便能得以死里逃生,那也将会是苟延残喘、生不如死。所以,还不如像传说中的"燕赵汉子"般死去,然后为中国的商学院留下一笔宝贵的"财富"。不过,它何时死、如何死,都没有悬念,唯一的事情——是谁害死了它?这才是一个问题!咦,我也一下子被弄糊涂了。而且,我也不认为哈姆雷特更清楚!

是啊,"生存还是死亡",这的确是一个问题。但被谁害死——这才是问题的所在!

可要解答这个问题,我们不妨把眼光从食品业转到另一个有代表性的行业去观察一番,也许对"中国制造"和"中国品质"的理解会更深刻些。

"达芬奇家具"对"中国制造"的伤害

记得十几年前,同事雷契从罗马回到北京,我们照例坐在一起喝咖啡,他刚在罗马买了一套有着200年历史的宅子。我问他有什么趣闻,老雷提及他不久前遇到的一件颇感郁闷的事。

老雷的太太家经营着祖上传下来的皮具企业,在当地颇有名气。当年圣诞节推出了一款耗费了很多设计经费与心血的新品,售价约两万元人民币,投放市场后销量不俗。

但不到两个月,市场上就出现了大量售价约2000元乃至200元的仿制品,对他们的业务冲击很大。

调查发现:所有的仿制品都来自一个设在半地下室的隐蔽小工厂,而工厂的主人则是当地赫赫有名的"温州商人"。

故事还没有完。老雷说，他回来后竟然发现这些仿制品起了个意大利名字、打上"意大利制造"的标签、以三万元人民币的价格在商厦里热卖。

我无语。老雷耸了耸肩，说他姐姐也曾讲过类似的故事，当地人对"中国人"都没什么好印象。老雷是德国人，是我院的质量文化变革专家，他认为，如果中国的企业再不老老实实做事，靠这样一种所谓的"商业运作模式"在国际间进行竞争的话，迟早会搬起石头砸自己的脚，甚至可能给"中国制造"带来极其恶劣的影响。

杀鸡取卵的自杀之路

此事过去不久，我去广东出差，一些身处家具行业的学生告诉我：现在没有人对做产品、做品质感兴趣了，大部分企业都热衷于快速的品牌营销，尤其是商业模式的变换。比如，许多老板都在采用一种"好厉害"的商业模式：先在欧美注册一个家具公司，然后向自己的工厂下订单，或在国内设立专卖店；国内工厂生产出的产品运到国外，接着再进口回来。这样，地道的国产家具就摇身一变成为高端进口产品了，而且还有一个好处，此种模式可以在保税区运作，有许多便利之处。

我说："是啊，看起来不错，不过世事总是福祸相依，你们看那些看上去很'美'的东西，总是无法长久。所以，还是建议你们踏踏实实抓好品质吧！"大家听完都笑了。

后来，他们告诉了我一家叫"达芬奇家具"的企业。我专门就此请教了老雷。他大笑，反问："你认为中国人会用李白、郑板桥的名字开家具店吗？"我笑着摇头。于是，我俩的结论是：开此店者一定是一个西方文化盲。

不过，无知者无畏。这才是我们担心的。他们很可能会迷失做企业的根本，怀着侥幸、自欺欺人的心理走上一条杀鸡取卵的自杀性经营之路。

果不其然。2011年5月11日，瑞士的韦尔涅公开举行了一次中国假冒奢侈品牌家具的销毁仪式。这批假冒瑞士著名设计师勒·柯布西耶的品牌家具，是上个月从来自中国的货柜中查获的。勒·柯布西耶的家具作品堪称设计史上经典之作，其品牌由意大利家具制造商卡西纳独家享有。外电报道称，这次的家具公开销毁事件，对"中国制造"无疑是一次泄愤式的嘲弄与公开谴责。

果不其然，仅仅事隔两个月，以价格昂贵著称的"国内最具影响力的家具高端品牌"达芬奇家具因涉嫌造假被推上了舆论的风口浪尖，消费者骂声一片，整个行业都面临着诚信的考验。这种打击，几乎可以与"三鹿"事件对乳制品行业的打击、"双汇"事件对肉制品行业的打击相提并论。

"达芬奇"居然实实在在地践行着家具"一日游"的商业模式，将原本3万元的东西卖到30万元，这种暴利的经营模式差点就成为诸多中国企业的学习典范，如果不是因为媒体的曝光。

世间怕就怕"如果"二字，所以，如果没有"如果"……

七八月份，本应是一年中阳光最灿烂的季节，但2011年的夏天，中国的企业界电闪雷鸣，五六月出现塑化剂风波，动车在温州出了事故，质量问题成了众矢之的……

这一系列本不应发生的悲剧，我把它们看作上天对相关企业与责任人的灵魂大清算。但是，这种清算牵连进了太多的无辜者，怎能不让人痛心疾首？

"中国制造"的突破口在哪里？

"中国制造"必须跃升为"中国品质"，但如何突破，令人纠结。我的答案是从"完整性品质"入手，聚焦在三大要点上：品质（Q，企业的骨骼）、财务（F，企业的血液）和关系（R，企业的灵魂）。这是全球优秀企业的经营管理基础。

然而，绝大多数的"专家"们不这么想，他们建议从"中国智造""中国创造"入手，从品牌营销上路，从商业模式开始，从上市融资起步……

我们企业很纠结，因为当今跨国公司这头巨兽已经在全球布好阵势、配好资源、织好网络，留给"中国制造"的想象空间几近枯竭，仿佛时空倒流，"中国制造"只能走"农村包围城市"的突围路线，或凭借巨头们阴影下的狭窄空间野蛮成长。从这个角度来看，"达芬奇"们能够完成"奢侈品"突围，的确使"中国制造"看到了自身的潜能。

然而，"中国制造"未来的力量取决于你是否愿意告别那种过去的"野蛮生长"的惯性，取决于你是否按照上述Q-F-R的国际惯例去实践。同时，要控制欲望，杜绝受到富人炫富心态的伤害，更不能用广告去迎合这种心态，或把品牌建立在国人崇洋媚外以及向往、艳羡欧美文明与贵族生活的基础上。这样做，是害人害己的。

原因很简单：没有品质，何来品牌？面子是别人给的，里子绝对是你自己挣的。好面子，没错；错就错在徒有其表，所谓金玉其外、败絮其中。

所以，每位有良知的企业人必须用放大镜找出自己身上"生意人"的影子，把它放到"企业家"的阳光下暴晒；像电视剧《一代大商孟洛川》那样，摒弃鸡零狗碎式的生意经，转而潜心研读基于六对珠子（"**道**"与"**术**"，"**取**"与"**予**"，"**利**"与"**害**"，"**常**"与"**变**"，"**方**"与"**圆**"，"**生**"与"**死**"）的大商之道，最终成就"登泰山而小天下"的企业家境界。

反之，想以最小的代价、最快的速度获取最大的利润，这是很多"中国制造"出现产品质量问题的根本原因。投机取巧的心理不去，"中国制造"的地位永远岌岌可危。而一些"中国制造"一旦在市场上站住脚，稍微作出点成绩，就开始忽视品质，转而把更多的精力放在商业模式与资本运作上。这无异于一种危险的赌博。

但正如"达芬奇"创始人所哭诉的，企业初创时是非常艰难的，一开始的投机或许是不得已而为之，但成名之后就应该回归正轨。遗憾的是，人在富裕之后往往会垂涎于暴富，习惯于投机取巧、以小搏大这种经营方式的企业而难以回头。

把全部精力都放在资本运作与投资投机上，这样的企业就是在舍本逐末。舍掉了"品质"这个"本"，企业很难有大的发展。

当然，我们不能否认现在很多制造型企业确实融资困难，经营环境不够理想，再加上社会上资本推手的煽动，企业想踏踏实实地做事，按部就班地发展确实不易。这是环境使然，也可以说是"中国制造"的困境。

然而，这一切，不幸地被一些企业视为"商机"，于是纷纷在营销专家、资本专家和成功学导师的指引下暗设"密码"，最终成为"中国制造"癌变后产生的一颗颗"毒瘤"。

所有伟大的品牌都是熬出来的

做企业的正确逻辑永远应是：**没有品质就没有品牌。所有伟大的品牌都是**

"熬"出来的——耐得住性子、忍得住寂寞、扛得住诱惑，历经风雨、方现彩虹，老天自然会还你一个"金字招牌"。

品牌需要策划，但品牌不是策划出来的；品牌需要明星，但品牌不是明星代言出来的；品牌需要资本，但品牌不是资本运作出来的；品牌需要公关，但品牌不是公关出来的。

IBM 经历了多次大起大落，100 多年的风风雨雨才造就了一个世界级品牌，可口可乐是用了 130 余年时间成就的经典，LV 更是历经了一个半世纪的岁月洗礼……

反观我们"中国品牌"，羽翼未丰就开始肆无忌惮地圈钱，争先恐后地做着"拿今天利润换企业明天"的营生。

历数世界知名品牌，几乎都不是一帆风顺地走到今天的，但为何它们能够历风雨而不变色，而我们只要一出事就立刻兵败如山倒，甚至还成为影响整个行业的第一个多米诺骨牌？这体现出脆弱性，很多中国品牌都不够坚韧。

原因很简单，大家关心的总是代表了企业面子的品牌，视而不见的总是代表了企业里子的品质。一些"中国品牌"只顾面子、不要里子，往往被媒体揭开那层遮羞布后，大众看到的是早已腐烂的里子。此时，再多的辩解与反省也难掩消费者的愤怒与失望。失去消费者的企业，又将如何在市场上立足？做企业就像盖大楼，盖的时候一砖一瓦都来之不易，付出的艰辛不必多言，但毁掉一栋房子只需要一瞬间。

品牌是一个企业的招牌，在消费者心中树立起一个品牌谈何容易，但毁掉一个品牌可能只需要一件事。2011 年，冠生园蜂蜜、中粮悦活枸杞蜂蜜在蜂蜜中掺入大米糖浆作假，涉嫌欺诈消费者的事在网上传得沸沸扬扬，很多忠实的客户大感伤心，更有网友直言以后再也不会相信所谓的"百年老店"。

显然，那些在行业内已经有一定口碑的企业倒下，不仅是自毁长城，更可能给整个行业带来损伤。尤其在经济全球化的经营环境下，"城门失火，殃及池鱼"的事时有发生。我们完全可以从"丰田召回"事件对日本制造业带来的打击中窥见真貌。

企业草创之初，想必创建者想得最多的是如何让企业生存下去，在市场上站稳脚跟后，就会思考怎么发展壮大，而让企业永续成功，应该是每一个中国企业追求的目标。

企业生存，只需要用血汗换订单，企业成功，则需要血汗与机会；而企业永续成功，需要的只是Q-F-R（质量—财务—关系）啊！如果你卖奶制品，就盯好你的奶牛；你做猪肉制品，就管好你的猪；你做家具，就看好你的厂；你做高铁，就认好你的路……做老实人，说老实话，办老实事，这样的企业即使遇上风浪，也往往能安然度过——心安才能理得啊！

普遍的"零缺陷缺失症"

我一直认为，中国有相当数量的企业患上了普遍的"质量思想缺失症"。每当我与企业的管理者们谈及质量，他们总会笑曰："当然，质量是我们的生命嘛！"我说："可你们总是在玩命啊！"他们一般都会笑出声来，然后接着说："毕竟，这个命又不是美金，不是吗？"

当时，我特别理解鲁迅先生说出"哀其不幸、怒其不争"时的心境。中国有巨大的机会市场，加上企业领导们骨子里的"普天之下、莫非王土"的情结，以及华尔街打开的"贪婪与邪恶"的潘多拉之盒，从而使有些人只想着拼命地"做大""做快"，游走于政府、市场、企业和消费者之间，用"红顶商人之心"和"兵家阴柔之术"追求着"财富500强"的帝国梦想。做企业只是手段，包装上市去圈钱也是技巧，而目的，似乎只是为了证明自己"很大""很强"！

我见过不少"著名企业家"实际上就是这么复杂而又单纯的。虽然用场面话说，他们是在"做企业"，号称"企业家"。但事实上，他们仍是在"跑江湖"，还是生意人，其本质上就是在"赌人生"，如果用我的话说，那就是——"玩命"！

因为他们唯独在关键时刻对质量"失去记忆"，因此要了消费者的"命"，结果消费者就会联起手来，向你"索命"！这样的例子举不胜举，但抱持"赌徒心态"者们对此不以为然——即使是在日本乳制品业的百年老店雪印公司轰然倒下，阜阳"大头娃娃"事件还历历在目的时候！

失忆源于"缺失症"

人们不禁要问,我们企业的"黑名单"如此之长,到底怎么了?我的答案是——"质量失忆"源于"理想缺失",更源于"零缺陷缺失症"。

实际上,在人们的调侃中,早已经描绘出了这种叫作"缺失症"的表征:

"从大米里,我们认识了石蜡;从火腿里,我们认识了敌敌畏;从咸鸭蛋、辣椒酱里,我们认识了苏丹红;从火锅里,我们认识了福尔马林;从银耳、蜜枣里,我们认识了硫黄;从木耳里,我们认识了硫酸铜;今天"三鹿"又让我们知道了三聚氰胺的化学作用……"

如果我们再把其中提到的每一件事情标上时间和企业的名称,将会更加让人们目瞪口呆、无言以对!

几乎每年都有一些知名企业在质量上翻车,而消费者似乎也表现得很宽容或健忘,从而使得媒体的报道就像上演一出相同主题、不同人物的冗长的电视连续剧。

这些事件,整体来说实际上就是我们"中国制造"的质量管理水平的真实写照和缩影。我这么说是负责任的,而且是有实证依据的。起码,目前可能还没有谁比我更加了解各类企业的质量管理状况。简单地说,这种缩影与2008年华尔街风暴颇为类似,都是因"价值观缺失"和"结构性缺陷"而引发的。

所谓"中国制造"在质量管理方面的"结构性缺陷",说的是企业及其利益相关者、政府监管部门对质量的低层次的思考、支离破碎的运作以及机能失调式的"战争心态",尤其是对"零缺陷"的幼稚病使然。

所以,"三鹿事件"对于我们"中国制造"和"中国质量"来说未必是件坏事。这绝不是说反话,它的确对于政府、企业和消费者来说是一次警示和震撼,只是代价太大了!因为它看上去像一出活生生的"中国知名企业历险记",所有与企业关联的利益相关方和政府监管部门的通病都在此——呈现,并被不断放大,直至彻底把其让大众失望的一面暴露在太阳底下。

后来,我又应邀到中央人民广播电台做了一次网络直播,不同的是:这一次,我既谈到了食品的质量问题，更谈到了"中国品质"的典范——航天品质。这次节目播出后，同样收到了颇大的反响。

"质量管理"的先天缺失症

新华社《高管内参》主任记者王金湘女士是我尊敬的一位老大姐，她曾对我进行了一次专访，她希望我能够结合"三鹿事件"，从加强食品安全、提升质量竞争力的视角谈一谈如何从根本上解决中国食品安全、塑造"中国品质"新形象的问题。这个题目虽然很大，但很直接，我便借着那个机会重新梳理了一下自己的思路。我们的对话进行得非常顺利，涉及的问题也远比事前拟定的采访提纲多得多；从"中国制造"谈到质量，谈到乳制品企业，谈到农业企业，谈到商业伦理，谈到政府监管……后来这篇以《杨钢：加强食品安全提升质量竞争力》为题的文章刊登出来后，引起广泛的共鸣。但过了大半年，金湘大姐生病了，没多久便离开了我们。每念及此，我都感到伤痛不已。在这里，我特别将这篇文章摘录出来，与读者分享，既为了怀念，更为了能够借此引发大家的思考和批判——那时我们的"中国制造"到底怎么了？

> 新华社信息北京电（记者王金湘）面对目前我国食品安全中出现的问题及其恶劣影响，美国克劳士比中国学院院长、北京大学质量与竞争力研究中心副主任杨钢博士近日在接受新华社记者的采访中，从加强食品安全，提升质量竞争力、打造中国品质的视角，呼吁"质量立国、强国"，提出用"第一次把正确的事做正确"的零缺陷管理思想，改变我们做人做事的思维方式，从根本上解决中国食品安全问题，提升企业的国际质量竞争力，塑造"中国品质"新形象。

质量管理存在四大先天的缺失

> 杨钢博士认为，食品安全问题像一面镜子，映射出我国质量管理的深层问

题。透过这些问题，可以看到我国质量管理上存在着的四大先天的缺失。

（1）认识上的缺失。许多领导干部与企业管理者们对质量管理的认识依然停留在传统的"质量是检验出来的"的质量控制（QC）状态，对"全面质量管理"（TQM）的认识也习惯性地等同于"全面质量控制"（TQC），并错误地认为质量是质检人员的事情；随着ISO9000的推广与普及，又片面地以"质量保证"（QA）体系取代质量管理（QM），因此，造成现实中产品大量依赖检验与控制，用解决问题及其工具替代质量管理的"两张皮"现象。甚至迷信检验，造成被检出来一定有问题，没被检出来就没有问题的误导。

（2）结构性的缺陷。质量原本包含三个层面——物理层面、事理层面和人理层面；分别对应着质量控制（QC）、质量保证（QA）和质量管理（QM）。它们是一个结构化的"完整性"质量。强调的是抓需求和源头，而非事后的救火和补偿；注重系统的缺陷预防，而非用高压阀按住高压锅。而目前的食品生产企业，基本上没有认识到建立"完整性"质量根基的意义，反而认为头痛医头、脚痛医脚的"救火"式低效高耗方式是一种"大家都是这样做的"事情。这也是目前食品质量与安全出现"堰塞湖"式的救火方式而非系统预防的"防火"式管理方式的原因。

（3）系统性的缺陷。质量管理实际上是一条以"质量链"为核心的管理系统，就企业来讲，主张的是从客户端到客户端的"完整性"的价值链；就国家监管部门而言，则是强调一条利益相关方的"责任链"，这两条平衡国家利益与地方利益、全局利益与局部利益、企业利益与消费者利益的链条，使"问责制"有了可操作的平台，也使得市场监管、工厂监督得到有机整合，从而提升政府质量监管人员、企业质量人员的责任感，使其责权利相匹配；让"打假"和"评优"对企业来说不再是商业行为，从而回归质量本源。同时，这两条链条是食品安全的保障系统，但目前在食品质量管理中存在着链条系统脱节现象。

（4）体制上的缺失。就目前我国的食品质量政府监管系统而言，由于体制和机制上的原因，**造成"市场"与"工厂"、工商业与农业、国家利益与地方利益等方面冲突，缺乏有效而通畅的监管体系及其信息，使得监管成本居高、效率低下；另一方面，监管缺乏战略性，做事往往习惯于在技术层面就事论事；**

而且不善利用法制建设武器,往往出现行政指令代替"质量标准"的情况。

质量管理就是竞争力

杨钢博士提出,分析中国食品安全中出现的质量问题,关键是质量管理问题,而质量管理不仅仅是单纯的管理方法与系统,更是一种管理职能与国家间的竞争能力。

世界先进国家的质量管理范例证明,质量就是竞争力。早在1983年,在美国白宫生产力会议上,就开宗明义地确定了质量的概念:"**对一个组织的质量衡量方面的管理与其他任何方面的管理并没有什么不同,它包括战略的形成、目标的制定、行动的完善、计划的不断执行以及运用控制系统对信息反馈进行监控并采取的相应行动。**"美国政府明确提出,如果质量仅仅被简单地看作一种控制系统,那么,它将永远得不到实质上的改进。由此,美国政府大力推行质量管理和政府质量管理,使经济很快就从遭受日本发起的"质量战"打击的低落状态下得到解放并快速发展。其中,美国著名质量管理宗师菲利浦·克劳士比倡导并实践"第一次把正确的事做正确"的零缺陷质量管理理念,掀起全球性的质量革命,奠定了质量与竞争力的领导地位。

杨钢博士师从克劳士比大师,秉承"全球思维、本土行动"理念,领导着美国克劳士比中国学院,推进"第一次就把正确的事情做正确"的零缺陷管理的本土化研究与实践,培训了中国航天、中石油、华为、海尔、联想等上万家中外优秀企业。这些企业推行"零缺陷"管理后成为具有国际竞争力的企业。他分析,农业企业担当着食品安全的重任。近年来国家采取多种措施解决食品质量安全问题,提出"从田头到餐桌"在源头上解决食品安全的对策,但还是出现问题,关键是缺乏"第一次把正确的事做正确"零缺陷的质量管理体系。

他举例说,他曾在北京北四环路南边的小商店看到一个醒目的广告牌:"德国品质,绝对放心,日本原装,品质保障",对自己震动很大。而最近在超市里看到大家在乳制品面前挑挑拣拣,拿起来、放下,又拿起,再放下。显然,**在消费者的心目中,质量是信任的标志和诚信的象征。这恰恰触及中**

国制造的软肋,同时,也从中透照出"中国品质"的发展方向。众所周知,日本产品曾经是劣质产品的代名词,但他们通过质量管理,极大地提升了国际竞争力和全民生活品质,这也成为举世瞩目的现实;随后,韩国制造、中国台湾制造等也相继演绎了不同国家与地区的"灰姑娘"的故事,而品质就是那只改变产品命运的"水晶鞋"。毋庸置疑,我们只有加强质量管理,提升质量竞争力,才有可能打造"中国品质"新形象。

……

最后,杨钢博士语重心长地对记者说,管理学大师彼得·德鲁克的理念是"管理不在知,而在行"。通过食品质量安全问题,唤醒人们重新领悟质量管理的深层意义,可以使我们平添一种责任与使命感,在"中国制造"向"中国品质"转型的特殊时期,坚持科学发展观,用"第一次把正确的事做正确"的零缺陷管理战略,固守"比黄金还贵重"的道德底线,构建中国食品质量安全预防管理体系,才是打造中国食品信赖度,提升全球质量竞争力的最佳途径。

由于这篇文章的影响力很大,《科技日报》也专门派记者对我进行了专访,希望我专门围绕着农业企业尤其是那些"都市农业"企业谈一谈"如何提升农企的质量竞争力"。

我借此专门分析了"为什么农业企业缺乏竞争力"的问题,也在此摘要如下,期望能够同样引发诸位读者更深层的思考。

最近一些知名农企纷纷遭遇严寒,使得原本寒气逼人的食品业,俨然已经在消费者的心目中提前走进了冬天。具有讽刺意味的是,这个时候,我们才开始有时间反省:农企到底怎么了?为什么受伤的总是农企?喧闹之后是平静,但仿佛一下子跌回到"解放前",平静中透着几分无奈和失落,叹息中有许多"假如"。

农企为什么缺乏竞争力?这是个大题目,不能一概而论。不过,要想弄清楚一件事情,最好的方法就是参与到其发展与实施中去,使用"零缺陷方法"中的"企业经营成熟度模型",就可以让我们进入企业的运营与操作层面,具体地衡量与分析它们存在的状态、有什么好消息、有什么坏消息,等等。

它基本上是从三个界面,也叫"3P"来评估的,即人(People)、过程(Process)和绩效(Performance)。

就农企而言,人的方面,包括理念、意识、素养、团队建设和管理风格等;过程方面,则包括流程、程序、知识、标准和运作能力等。显然,这两个方面的"成熟度"是处在较低水平的,必然也会造成利润的波动——为什么还会有高利润的时候?别忘了,我们目前是一个机会市场,有时候抓住了机会,不用管理也能有很高的利润,甚至会成为"龙头企业",可这绝不是常态。不过,也因此造就了一批怀抱"投机主义"情怀的人,他们懂得如何寻找和投资机会,自然会把回报(利润)摆在第一、数量(销售)摆第二,最后才是成本,至于管理、标准、流程什么的,尤其是质量,基本上不在其考虑的范围。

可想而知,当面临我们常说的"质量、成本和交付"产生矛盾的时候,谁会是第一个牺牲品呢?当然是质量。这也可以解释,为什么近来农企在质量方面纷纷"跳水"和"溃坝"关键所在。

至于大家看到的,诸如农企观念保守、头脑僵化、产权不清和治理结构不规范、产品档次低、经营机制落后、市场开拓意识差、不注重人才和科技的开发,而且,农业标准化落后、农产品质量监测手段粗陋等现象,都是一些管理表象,其背后是对"质量管理"的本质,尤其是对"管理质量"的本质的误区与迷思。

因为质量的本质就是价值创造,是让客户感到"物有所值",是在客户、供应商和企业员工眼中"诚信"的象征,是可持续的创利和形成竞争优势的保障;反之,就要付出代价——全球统计表明:质量代价高达企业税前利润的3~5倍。这才是我们在"冬天"开源节流的着力点!

这就是为什么人们把抓数量叫作"做大",把抓质量叫作"做强"的原因。朱镕基总理曾经一针见血地说:"质量管理是企业管理的纲。"纲举目张,同理,质量与利润不能本末倒置,更不能舍本求末。通俗讲,抓质量,确实是"一本万利"之道。实施"都市农企质量工程",这才是冬去春来的应对之策!

05 为什么大家总是"熟视无睹"

导读：如果我们不愿或不能打破企业的思维定式，走出自己的"舒适区"，那么就会对太多的危机和挑战视而不见。其背后的原因正是源于中西方管理文化共同塑造的"传统的智慧"，并具体表现为四个完全相反的方面："化友为敌""化简为繁""以控为管"及"以刚克柔"。

核心话题：什么在阻止人们思考物理背后的心理，省思数量背面的质量？质量管理人员怎么就成了"三等公民"？为何成于制度又会毁于制度？为什么QCC不能在中国成功？"PDCA循环"如何被"阴阳五行"图式化了？管理无定式但何以有定则？

走出思维定式之迷途

记得有一次,我受邀为"神五"的精英们做培训。当主持人向大家隆重地推荐我时,给我加了很多的"光环",尤其说到是质量专家时,我看到大家都非常期待。

看到我走上台来,大家的眼神流露出一些诧异,因为毕竟我看起来要比他们想象的年轻许多,而且不像他们心目中的那种"搞质量的"专家形象。我看出了他们的意思,便走到白板前,在上面写了四个大字——"熟视无睹"。然后看着大家,问:"熟视无睹,请问,我们什么熟了?"大家大眼瞪小眼,一脸的茫然。我接着问:"请问,我们什么熟了?"我已经感觉得出,虽然我的声音比较低沉,可是每个人都已经开始感到震惊了。

为什么大家总是"熟视无睹"?

最后,我大声地说道:"请问,我们什么熟了?"那一刹那间,我坚信有很多人已经开始进入正确的思考方向,而不再去琢磨我的形象和年龄了。

有人开始说:"我们什么都熟了。"引来一片笑声。

我说:"好,让我们换一个思路。请问,当我们熟了意味着什么?"

"习惯了嘛。"下面有人说。

"那么好,当我们习惯了又会怎样?"

有人回答:"那就习以为常了嘛!"

"那么,当我们习以为常又会怎么样?"我开始加快语速。

"那就,那就……"下面有人在嘀咕,"那就属于视而不见了吧?"

我说:"好!那当我们视而不见又意味着什么?"

"那不就麻木了吗?"

我说:"那当我们麻木了呢?这又意味着什么呢?"

"……"大家无言以对。

是啊,当我们麻木了又意味着什么呢?于是,我又问大家:"是什么东西使我们变得麻木了呢?"许多人开始陷入了沉思。

"好吧,让我们换一个话题。"我说,"请问,在你们的身上,在你们的单位里,在你们的团队里,有没有出现这样一种情况,或者能否经常听到这样的话语——唉呀,这件事我以前就是这么干的,你折腾什么呢?都神七了,从神一、神二到神六,我都是这么做的,有什么可问的呢?就这么做吧!"这时候,大家才恍然大悟般地哄堂大笑起来,不住地说:"我们都是这么做的,习以为常了。"

之后,有一位将军约我在亚运村的一家茶馆里喝茶,并就这些问题进行了思考。整个航天系统实际上分了三大部分——一部分是技术,一部分是系统,还有一部分是零部件。大家都自然而然地认为,我们的技术熟了,我们的系统熟了,我们的零部件也熟了。而事实是,这一切都在变化,这一切都因为"熟视无睹"或视而不见产生了许多意想不到的隐患。所以,之后国防装备的主管机关,就出台了一个政策,强调"三个统一、三个再认识",特别强调要对所谓"成熟的技术"再认识,要对所谓"成熟的系统"再认识,要对所谓"成熟的零部件"再认识。而且这位将军非常有智慧,在他的领导下,这"三个统一、三个再认识"的政策都有了具体落实的指导意见。

其实,无论是知名外资集团设在中国的企业,还是我们中国本土的优秀企业,每当我对它们的高管们谈到"熟视无睹"这个词的时候,我都会一次次遇上与上面类似的情况。

大家都开始变得习以为常了,大家都开始变得麻木不仁了,为什么呢?我一直在深思这个问题。难道是因为我们的记忆力差吗?难道是因为我们真的对太多的事失去记忆了吗?还是因为其他的什么原因?这背后到底有一些什么样的玄机呢?要命的是,当我们"熟了",将会产生什么样的直接和间接的恶果呢?真的会导致一些灾难性的结果吗……这些问题一直在困扰着我们的心智。

我们的先哲和古希腊的智者们都曾给过我们精神上的滋润,当代的心理学家同样在努力地用实验揭示谜底,而美国宇航局的科学家和工程师们也对此进行过专门的研究。所以，现在看来，这些缘起的背后有着许多科学的陷阱和心理学的奥妙。

质量管理的思维定式

有人曾经做过一个实验：他往一个玻璃杯里放进一只跳蚤，发现跳蚤立即轻松地跳了出来。接着重复几遍，结果还是一样。根据测试，跳蚤跳的高度一般可达它身体的400倍，所以跳蚤绝对称得上是昆虫界的"跳高冠军"。接下来实验者再次把这只跳蚤放进杯子里，不过这次是立即在杯上加一个玻璃盖，"咔"的一声，跳蚤重重地撞在玻璃盖上。跳蚤十分困惑，但是它不会停下来，因为跳蚤的生活方式就是"跳"，一次次被撞之后，跳蚤开始变得聪明起来了，它开始根据盖子的高度来调整自己所跳的高度。再过一阵以后呢，发现这只跳蚤再也没有撞击到这个盖子，而是在盖子下面自由地跳动。一天后，实验者开始把盖子轻轻拿掉，跳蚤不知道盖子已经去掉了，它还是在原来的那个高度继续跳。三天以后，他发现那只跳蚤还在那里跳。一周以后，实验者发现，这只可怜的跳蚤还在这个玻璃杯里不停地跳着——其实它已经无法跳出这个玻璃杯了。它从一个"跳蚤"变成了一个可悲的"爬蚤"！

我曾经跟许多机构的高管们一起分享过这个著名的心理学实验。虽然不少人对这个故事多多少少都有一些了解，但是问题就在于，当所有的管理者在一起共同思考一个问题的时候，所带来的震撼是非常巨大的。

记得有一次在上海市闵行区某一个大型国企，所有的管理者共同面对这个实验的时候，许多人都开始变成自嘲了："哈哈，我们都是'老跳蚤'了！"当然，之前我会问他们："有10年前就在这里工作的吗？请举手。"许多人都边举手边笑着说："10年前？20年前的都多的是。"我说："好，那咱们30年前就在这里工作的请举手。"有许多人举了手。我又说："20年前的？"又有许多人举手。我说："15年前的？"还是有许多人举手。突然，我忍不住地笑起来，对他们说："看来你们确实已经都是'老跳蚤'了！"

那么，这个"老"意味着什么？可以意味着经验，也可以意味着我们有太多太多的"传统的智慧"了。下面有人说："我们就是温水煮青蛙，已经煮熟了。"

我说:"好啊,这个传统的智慧大家肯定知道是什么。我再给你们讲一个故事,希望你们想想这故事背后的玄机是什么?"

有一位意大利的新娘子,新婚伊始,她非常兴奋地对新郎说:"我给你做顿早餐吧!"新郎也很高兴,就站在旁边看着。他发现,新娘子把一根并不太长的香肠放到一个很大的盘子里的时候,居然把香肠切下一小块儿,然后再放进盘里。

新郎不解地问:"你为什么要切一块儿呢?"

新娘更不解了:"为什么?为什么这么问呢?要做这道菜就得这么做呀,大家都是这么做的呀!"

"可我们那儿就不这么做啊,"新郎说,"是谁教你这么做的啊?"

"当然是我妈妈啦!"

后来,他们一起回新娘的娘家,新郎也提出要吃这种早餐,他的岳母就为他们做。他站在旁边看,发现岳母也是那样做的。于是,他就问他的岳母:"为什么要这么做呢?"

岳母说:"傻孩子,这有什么可问的啊,大家不都是这么做的吗?要做这道菜,就必须这样。"

"那谁教您这么做的呢?"小伙子问。

岳母说:"啊,这是我妈妈教我的。"

后来,新郎和新娘去拜见她的姥姥。新郎也恳请老太太给他做一份那样的早餐,老太太很乐意去做了。于是,他就发现老太太也是那样做早餐的。他就问姥姥:"谁教您这么做的呢?您看这个盘子明明够装下整根香肠,可您为什么要把它切下一块呢?"

老太太说:"唉,傻孩子啊,你知道吗?我习惯了。因为以前那些盘子都小,尤其是那些香肠啊,都比较长,我们不得不把它切下一块,再放进去。"

小伙子终于弄明白了。

瞧吧,这就是答案!这也就是我们说的"传统的智慧"。在许多的时候,我们工作中基本都有这样的经历，经常会用很多自我设定的前提或某种思维定式来作为我们工作的指导思想，而这一切，在质量管理上表现得最为突出。

质量管理的挑战

质量工作之所以难做，我个人认为，是因为它从一开始就显得名不正言不顺。我在许多地方做过测试，我在白板上写上三个英文字母"TQC"，然后让大家告诉我这是什么，几乎所有的人都异口同声地说"全面质量管理"。我就开始笑了。当然也有个别说"质量控制"的，我就指着他说："嗯，你还没有受污染。"有些人笑了。我说："大家先别笑，咱们再认一个。"我又在白板上写出"TQM"，然后问："请问这叫什么？"大家说："全面质量呀……"看到每个人都用疑惑不解的目光看着我。我说："你们奇怪了吧？"

没错，这就是现实。因为在1979年前后把TQC从日本引到中国的时候，当时就把它翻译成了"全面质量管理"，而在20世纪80年代，美国国防部与时俱进也搞了一套完整的计划包，这个包就被叫作TQM——"全面质量管理"，然后把它推广到全球。到了中国，我们突然不会翻译了，因为总得有个先来后到嘛。于是，我们中国人再一次发挥了自己整合能力强的优势，把这两个同父异母的兄弟变成了一个人，大名叫TQM，小名叫TQC，乳名叫QC。从此，关系是理顺了，可在谈"质量管理"的时候，就把TQC和TQM两兄弟完全混淆了，因为当一个人在谈"质量管理"的时候，你真的不知道他说的是QC还是QM；大家都在热烈地谈论Q，而且每个人都认为自己是懂得Q的，而且都是经验丰富、感受良多啊！这是一种多么令人焦虑不安的情景啊！

可有许多人还是满不在乎地说："没有那么复杂吧，这有什么区别吗？"其实，这里面的区别大了去啦！往深里说，是失去了精神的安居之所，或忘掉了回家的路。因为当你用了错误的观念和理论、用了错误的假设去做一件事的时候，那带来的绝对是错误的思路，而收获的一定是苦果和混乱。所以，十几年来我一直没忘记敲打大家——质量是管理问题，不是技术活动。要努力去从管理切入质量，而万万不可把它变成一种QC。

有趣的是，你只要到各类组织稍微地看一看、听一听，你会发现许多矛盾也是由此产生的。拿质量部门来说，有的组织里面叫 QC 部，有的叫 QA 部，也有的叫 QM 部，还有许多的在前面加上了一个"T"，但不是"Total"（全面）的 T，而是"Technical"（技术）的 T，这能说不是一种"病毒"的"变种"吗？不用想，你就能够知道，他们做的事基本上是与名字所赋予的职责相匹配的，这从另一个方面也足以让我们对老祖先留给我们的方块字充满敬畏之心，轻易不要乱用，否则会使你走火入魔的。

别的不说，你只要稍微去和许多质量部门的人聊一聊，就会发现：他们自己早已深陷迷宫，心绪困惑。有些人说："我们的老板让我们当'警察'。"有的说："我们的老板让我们当'法官'。"有的说："我们的老板让我们当'牧师'。"有的说："我们的老板让我们当'老师'。"有的说："我们的老板让我们当……"想想吧，当一个人的角色变得模糊不清的时候，他会怎样呢？我有时候跟他们开玩笑说："起码有一点是可以肯定的，我们很难相信：有一个人，他先当警察，一转脸又去当牧师，更何况一个当警察的还要去当法官。"

显然，我们现在遇到了在质量管理方面的三个挑战。第一个挑战是大家都本能地觉得它非常的简单，从来没有人不重视它。第二个挑战则是当我们开始接触它的时候，就已经把我们带入了歧途，造成我们工作中的一种迷茫和焦虑的状态。第三个挑战更为艰巨，那就是前文所述的种种"传统的智慧"，具体表现为下列四个完全相反的方面："化友为敌"而非化敌为友，"化简为繁"而非化繁为简，"以控为管"而非以管为控，"以刚克柔"而非以柔克刚。

"化友为敌"：怎么成了"三等公民"

我们知道泰勒[①]的贡献，在于他用一种"科学管理"的方法使我们提高了生产力，提高了劳动效率。但是，他带来了一个连他自己都想不到的问题，那就是

[①] 弗雷德里克·泰勒（Frederick Winslow Taylor），20 世纪初美国著名管理学家，被后世称为"科学管理之父"，其代表作为《科学管理原理》。

被别人给误解了。而这个误解的背后原因，是让我一直在思考的。

究竟是谁的错？

我们在前面说过，泰勒说他实际上整个的思考、整个的方法是关于劳资双方心理上的革命。而在现实中，大家已经忽视了他强调的心理上的革命，而更多地关注他的物理上的革命，毕竟这是看得见的。

这种物理上的革命，直接导致从作坊式的生产方式变成一种大规模的流水线式的生产方式，而在这个转变的过程中，又产生了另外一个变化，那就是要进行劳动岗位分工或叫专业化分工，当然，这里面有当时大批不懂英文、没有文化而又缺乏工厂技能的农民工进城务工的因素；不过，一旦把各种岗位进行了细致的划分之后，工作效率上来了，对技能的要求也降低了，于是，一定要在监工之外，安排一部分人来进行工作检查。玄机就在这里。本来质量和数量是"合二为一"的，就像一枚硬币的正反面，无法拆分。但是，当大家的所思所想都聚焦在生产的物理因素的时候，就已经把数量交给了生产线的员工，然后又独立出一个部门，专门负责质量检验。于是，质量和数量就开始分家了。

后来从 20 世纪 30 年代的贝尔实验室开始，作为先驱的休哈特[①]就一步步地把数理统计的工具引入了工厂，并逐渐地把质量检验部门武装了起来，通过让他们学习掌握一个又一个新式武器，使得他们越来越强大，并渐渐变成了专业人士。换句话说，这种努力的方向，给大家传达和描绘出一个清晰的概念和进步的路径，终于使得质量进化成为一个脱离了数量的独立的职业，有自己专门的机构、专业的队伍、专设的区域，以及专用的武器，甚至有些企业里还有"专封的领地"，别人是不许插手的，比如，我们前面谈到的"返工工厂"和"检验工厂"。于是，就把一个活生生的生产机体给一分为二了。

虽然这么做有巨大的进步意义，但是对我们现在的管理所产生的不良影响也将是巨大的。不难发现，虽然 20 世纪 70 年代以前，我们一直深受苏联的生产模

[①] 沃尔特·休哈特（WalterA. Shewhart），现代质量管理的奠基者，美国工程师、统计学家、管理咨询顾问，被人们尊称为"统计质量控制（SQC）之父"。

式的影响，直到改革开放以后才广泛学习各种源于市场经济条件下的生产模式，但令人不解的是，国内大部分企业竟然一直在延用"泰勒制"的路子，无论外资、民企还是国企，似乎大家都在约定成俗地认为只有这么做才是做管理，只有这么做才能叫作质量管理，否则，就是不"科学"的。

这不能怪大家，因为我们错失了两次风风火火的全球质量革命。人家早已长大成人，而我们仍紧紧地盯着人家的婴儿车和玩具不放，甚至还有人像那位著名的阿Q大叔一样，既敢于在上面练习画圈，又陶醉于自己画得很大很圆、很有创意。

我们知道，第一次质量革命是美国人自身的质量革命，第二次则是被迫应对日本人的挑战。其实，这两次质量革命就其本质来说都是一种回归。所谓回归，就是要把质量和数量统一到一起；而这种统一变成一种革命，就是要让大家更多地在一起思考物理背后的心理，省思数量背面的质量。只不过，非常遗憾的是，在这两次革命中大家只是稍作挣扎便重回自己的"舒适区"[1]！换了个"全球化"的招牌以遮掩因循守旧或随波逐流的做派，而没有人去认真地研究戴明先生[2]尤其是克劳士比先生的思想。

我曾经写过一篇文章叫作《质量也摸象》，谈的就是这件事。因为你会发现，在整个质量领域，太多的人都以专家、学者自诩，甚至"大师"的封号也用得像在餐厅里叫女服务员"美女"那样高调而随意；可以这么说，数学里有多少派，物理学里有多少派，似乎都能够在质量学里面找到一个对应的学派。这难道不像一幅有趣的图画吗？有些人抱着大象的鼻子，有些人摸着大象的耳朵，有些人摸着大象的肚子，有些人抱着大象的腿，有些人牵着大象的尾巴……每个人都在谈论自己的大象，批驳着别人的大象，殊不知，大家都对大象缺乏完整性的认识。只不过幸运的是，克劳士比先生一下子骑到了大象的头上，他向人们描述出天蓝云白、花红叶绿的情景，描绘出大象前行的方向、寻找食物与水源，以及运动中

---

[1] 舒适区（Comfort zone），由美国人 Noel Tichy 提出的心理学理论。他认为想学习的事物由三个圈构成：最里圈是"舒适区"——没有学习难度，全是习以为常之事；中间圈是"学习区"——有一定挑战，因感不适；最外圈是"恐慌区"——超出能力范围，心理感觉严重不适。
[2] 爱德华兹·戴明（Edwards Deming），世界著名的质量管理专家，因对世界质量管理发展作出卓越贡献而享誉全球。以其名命名的"戴明品质奖"，至今仍是日本品质管理的最高荣誉。

如何需要身体各个部分的协调与动态平衡……虽然这让许多在大象下面的人觉得颇多"理想化"色彩，不免有点发虚，但也因此跟随他看到了一幅完整的质量大画面。所以，就开始产生了一场革命。

戴明先生一开始也是从物理层面切入的，不过，他有较强的"系统"思维和清教徒式的价值观，使他后来也开始找到了质量的一些完整性的意义，并为此著书立说，大声疾呼。遗憾的是，大家仍然是喜欢他的技法，喜欢他的"术"，而忽视他的战略观、忽视他的"道"。于是，也就将错就错下去了。

怎么成了"三等公民"

把质量变成一种专业确实是美好的愿望，而且确实需要我们一代代人去为之努力。但是，在现实生活中，质量看来不像是一个专业而是一种功能，而这种功能又恰恰和其他的业务是相冲突的、相对立的，比如说，和生产、采购、研发、技术、服务、物流等。似乎在一个组织里面，一定要有一支队伍是和大家相对立的，是专门负责监督他们和检查他们的。但同时，大家又认为你的技术含量是不高的，你做不了什么，更不可能有能力检查我的工作。在这种情况下，你们可以想象，这支队伍要想真正朝着专业化发展，道路还非常漫长。

所以在许多组织里，就开始有了一种变体，那就是当你在招聘员工的时候，似乎招不来更好的和更合适的人。

在一家著名的IT公司里，人们告诉我，他们那里最"牛"的是搞总体设计的，你做不了总体设计，就去做设计开发吧；做不了设计开发，那么你去做测试吧；如果连测试都做不了，那么你就只好去做QA，去做质量啦！

不要笑。显然你会发现，质量一不小心就变成了"三等公民"。所以，当你这种三等公民去面对一等公民和二等公民的时候，你不免会处于劣势，经常受到各种挑战；虽然赋予了你许多权力，但是你往往会觉得自己无名无权，因为你不得不常常面临一种两难的选择：要么可怜地放弃权力，要么像堂吉诃德大战风车那样行使可怜的权力。

还有很多的管理者对我发牢骚，说："唉呀，每次招聘的时候，好不容易忽悠来了一些人，可是他们干了一段时候以后，都往往挂印而去，或者坚决要求调到其他部门。"最后，所有的不满都变成了一个问题——为什么没有人到我们这来呢？质量不是第一吗？这确实是一个不容易回答的问题。

究竟是敌是友？

美国斯坦福大学心理学家菲利普·津巴多①等人曾经做过一个著名的"囚徒实验"，他们想揭示一种真相——到底人性是善的还是恶的。于是，就从学校当中挑选了24名志愿参加实验的学生，然后对他们说："我们共同做一个心理学游戏。大家都是品德高尚的人，希望能够参与进来，为科学事业尽些心力。"心理学家们就告诉参与者们，我们要定一下游戏规则，请你们分成两组。一组人充当看守，另一组人充当囚犯，于是参与实验的人们开始快乐地分工。

接下来，心理学家说："你们要当囚犯的，是不是要换上囚服啊？"大家说："好，没有问题。"心理学家又说："咱们是不是把头发剃了啊？"有人开始犹豫了，后来想到为科学实验献身的承诺，就都把头给剃了。心理学家又对那些要当看守的人们说："你们是不是也要穿上服装啊？是不是把枪和电棒都带上啊？"好。他们也非常开心地带上家伙、穿上行头。于是，开始了第一天的实验。

第一天上午基本上是在嬉闹中来度过的。大家开始互相寻找着角色感觉，还是比较开心的。但是到了下午，你会发现，大家开始有语言上和肢体上的冲突。到了第二天，问题就更加严重。到了第三天，直接就开始打骂，开始出现一种对立了。你们再看，到了第三天的下午，每一个看守看到囚犯手就会发痒，眼睛都会发光，脸都会涨得通红，不是辱骂就是痛打。而你再看那些囚犯，见了看守就会吓得面如土色、手脚发抖。原本要一个星期的实验，现在是没有办法走下去了，于是科学家果断地喊了停。让所有人都换上原先的衣服，洗个热水澡，休息一下后，坐到会议室里喝杯咖啡，回回神、压压惊。

有趣的是，此时的他们即使已经恢复了原来的身份，坐在一起喝咖啡，他们之间见到彼此的时候，还是有的惧怕、有的敌视，有的从眼神里就能看出怀有

---

① 菲利普·津巴多（Philip Zimbardo），美国心理学家，斯坦福大学退休教授，以斯坦福监狱实验而广为人知。

一种明显的报复心理。等到大家都恢复了平静，心理学家就让大家一起观看实验。当大家看到这个录像的时候都大吃一惊。他们说："那是我吗？我从小到大从来都没有骂过人，怎么可能这么不理智地辱骂别人，甚至虐待别人呢？"也有人说："那怎么会是我呢？我一生都是堂堂正正的，怎么会那么卑怯懦弱、萎靡颓废呢？"总之，所有人都觉得不可思议，最后大家陷入了沉思。是啊，到底我们的人性是善还是恶呢？显然，正如西方的上帝所说——人的一半是魔鬼，一半是天使。这里面关键是看有没有释放它的环境了。当你有适合魔鬼的环境，魔鬼就会跳出来；当你的环境适合天使，天使就会跑出来！

显然，这里的"环境"不仅仅是实际的环境，更包括心理、习性和态度等"软环境"，或叫文化氛围，你怎么强调它的重要性都不会为过。不过，我们需要关注它的另一个关键点，就是环境的形成如何与我们的制度和机制紧密相连？

拿质量来说，原本是统一的、"质量一体"的，现在把它一分为二了，把"质"和"量"对立起来了。原来一直都是朋友，现在变成了敌人，这也就必然会带来对立，而对立实际上就把恶魔给释放了。

有一次，某行业的一家国家龙头企业的主管质量的副总非常开心地对我说："我们现在基本上质量是受控的，因为我让他们每个人都当'警察'。确实效果不错，而且来得很快。"

"那你有什么烦恼吗？"我问他。

他说："我烦恼的是，我希望他们每个人去当'片警'，而实际上他们当的都是'特警'。"

我问："什么意思？"

"我希望每个人管好自己的片区，而他们实际上都不去管片区，而喜欢去当'特警'，去做救火这样的大事情。"

他笑了一下，接着说："我不仅要让他们当'片警'，而且我还要采取另外一种行动，我专门抽掉了部分人去当'巡警'，要来回巡视。"

我哈哈大笑："我明白了。可如果'巡警'和'片警'都不起作用怎么办？"

"所以啊，我还要安排'督察'去监督管理他们。"

"这样做的效果怎么样？"我问。

他说："嗯，这样效果一定好，而且来得很快啊！"说完他便得意地笑了起来。我注意到他的同事们在笑声中却流露出一丝无奈和苦涩。

当我把这个故事讲给其他人听的时候，有些人的表现是哭笑不得，不过也有些人表现得不以为然，甚至还觉得这种做法很有创意。

那位副总希望我对他的做法给予一些点评，我没有直接说，而是给他讲了一个故事：

有一家南方的大型国企，我曾经与他们主管质量的总工程师在火车上相识。我问他："你怎么来管理你的这支质量队伍呢？"他说得非常清楚："很简单，乾隆手下有和珅与纪晓岚，他们总是在斗，可是他们总是能够平衡。"我请他做出解释，他说："很简单，我一上班，就要去看看我的质量部门和生产、业务部门是不是在争斗，如果他们在争吵，吵到我这里来了，我就觉得这件事是正常的、是受控制的，我就非常高兴，很踏实。如果有一天，他们不吵了，那么我就觉得是猫和老鼠成了一家，我就会感到担惊受怕，心里始终不踏实。"

我把这个故事讲完，那个副总一开始并不以为然，后来思考片刻，对我说："不过，我觉得他说的也有一些道理。你不这么做，是没有办法控制质量的。"

这实际上又引发出我的另外一种思考。而这种思考，实际上也就是这么多年来，我们为什么总是习惯用一种斗争的思维、一种对立的方式去对待原本生生不息的管理世界，尤其是对等于生命的质量呢？

对立何以统一？

现实常常会唤醒我们身体里面"好斗"的记忆，引发我们把许多事物当作一场战争的意识。而实际上，你放眼全球来看，我们整个的社会生活依然摆脱不了许多军事的语言或者冷战思维。比如，"商场如战场""商业即战争""竞争战略""成王败寇"，等等。虽然如今大家都会把一句名言挂在嘴上——"你并不需要熄灭别人的灯火以使自己的明亮"，但事实上，大家从内心里都希望产生一种"世人皆灭我独亮"的胜境，当然就渴望多一些"燃烧自己照亮别人"式的人物活在自己的阴影里了。这种不能不说是一种已经忘却了的所谓"斗争哲学"的思维遗毒的"还乡"与"还魂"。

不讲求统一，更多的是强调对立，而这种对立是敌我双方的对立，你死我活的对立。这种对立特别适合于战争年代，但是在和平年代，在经济工作中如果都用这种斗争和对立的思想，带来的一定是一种迷惑、一种混乱。而且不幸的是，人们对这种混乱不仅浑然不觉，甚至还以为它就是一种现实的生活，不然怎么可能去"持续改进"呢？

我曾经对学生们谈到过这么一件事情。有一次我坐出租车去机场，司机问我："我们从那边走吗？"我问："为什么？"他说："嗨，前面堵啊！"居然一路上三次都被他说对了，而且顺利地绕开了那些堵点。

我问他："真棒啊！你怎么知道的？"

"我一天在路上跑一百回，我能不知道吗？"

我说："那你为什么不去跟交管部门说？"

他说："我跟他们说？谁听我们这些小老百姓的话啊？"

这个故事其实又引起了我的深思——把质量"一分为二"后，变成了"对立"而不再"统一"，从而引发出管理上的迷思、工作中的混乱，以及价值上的缺失。这也就从另一个方面呼唤和要求我们每一个质量人去做一番"拨乱反正"的工作，或是去做"统一"或者"回归"的功夫，以便把赋予质量人员身上的"不当责任"回归或还原到每一个员工的身上。

岂能本末倒置？

在许多组织里，我们不可否认质量是"立法"的，具有某种建立制度、制定标准的职能。于是大家就认为，是否严格按照这套标准、这套制度去做，是判定是否有质量的标志。所以，才有前边的把质量人员当作"警察"、当作执行法律的"法官"来对待的原因了。

但在实际工作中，这些一不小心都变成了"两张皮"。正是这种半梦半醒的"两张皮"现象，长期以来使得大家失去了是非感和廉耻心，更没有荣辱感了。

我们都知道，当年商鞅为了推行新法，为了取得大家的信任，专门在秦国国都南门放了一根三丈长的木头，以十金重金奖赏，让人们把它扛到北门。因为当时秦国的民风是比较古朴的，大家觉得不可思议，怎么会有这种事情呢？于是，商鞅下令把奖金提高到五十金。重赏之下，终于有一个人站了出来，把木头从南门抬到了北门，商鞅也当场兑现了承诺。

这件事一下子就传开了，商鞅也由此确立了他的"信誉"。不过，这种"立信"也为秦国带来了负面的影响，那就是它会助长一种风气，传达一种价值取向——任何事情不管怎样不可思议，只要你去服从，你就会获得重赏。这实际上带来了一个大问题，它会使得一种淳厚的民风和颇具仁义古风的国度，在无形中蜕变成具有"虎狼之心"的国度，滋生出一种适合魔鬼生存的土壤，一种鼓励魔鬼生长的"贵诈力而贱仁谊"的环境。这一切，据《汉书·食货志》记载，都是出现在商鞅变法之后。

为何成于制度又毁于制度？

我们继续来看，商鞅为了变法成功，开始使用严刑峻法。他的目的就是要使人们谨小慎微，不要触犯任何禁令。甚至于他还有过这样的理论——"刑用于将过，则大邪不生；赏施于告奸，则细过不失"，也就是说，在一个人还没有实施犯罪的时候，只要他具有这种主观的可能性、主观的意图就要对他行刑，这样才有可能避免所谓的大的罪恶。同时，一定要奖励那些敢于告发他人、勇于检举揭发的人，哪怕是对各种可能性做捕风捉影式的推断的人们。另外，他还设计了一些非常具有"激励"效果的"上首功"制度和"什伍连坐"制度（"不告奸者腰斩，告奸者与斩敌首同赏"）。这么一来，表面来讲，大家都是更加遵纪守法，更加勇猛好战了，但实际上，带来的就是诬告之风、怀疑之风以及残忍冷酷之气，鼓励的是那些无耻小人和胆大妄为之徒。于是，商鞅变法之后，好消息是秦国国富兵勇，将成霸业；但坏消息则是"贪戾、好利、无信，不识礼义德行，苟有利焉，不顾亲戚兄弟，若禽兽耳"。令司马迁都写不下去了，不得不跳出来点评一下，吐一口恶气。

还有一点，我们再来看看商鞅设计的奖惩制度：为了使大家严格遵守法律，为了避免别人对他说三道四，不仅实施了严酷的法律，而且对太子和太子的师傅们也实行了砍脚、刻字、挖鼻子等酷刑。他这种刻薄少恩的品行，使得大家基本上处在一种恐惧之中。而另一方面，他又使人们的贪婪之心膨胀，我们前面说了，对于任何人只要按照法令去做，甚至敢于去告发别人，他都会施予重赏。还有一条，当年秦国的军队为什么会如此的所向披靡又如此的凶残暴戾，原因就在于商鞅设计的一个机制。就是说任何兵士只要能够杀敌立功，而且杀获的敌人首级越多，他获得的爵位就越高，而且可以根据爵位获得耕地和仆役这种机制，就是"上首功"制度。

司马迁曾经说过："法令者治之具，而非制治清浊之源也。"就是说，任何法令都是用来保护制度实施的，而制度本身的好坏其实并不在法令。这实际上给我们一个很大的启示。如果我们仅仅是以法令为标准，以标准为标准，以技术为标准来设定我们整个的质量管理制度，再加以考核、评估和奖惩来保证制度的实施，实际上是为了制度而制度，把本末倒置了。

换句话说，我们仅仅是为了贯彻和实施某种质量体系的标准，仅仅想或者错误地想通过这些体系和标准来获得质量，却不知道质量为何意的话，那么，我们实际上只是在维持一种单方面地配合了某种抽象的要求，并不得不以考核甚至于罚款来维系的制度。

如何避免"商鞅变法"的悲剧重演？

其实我们的孔夫子早就对此有过经典的阐述："道之以政，齐之以刑，民免而无耻；道之以德，齐之以礼，有耻且格。"[①] 显然，对于这两种制度控制的方式，他是批判前者而赞赏后者的。前者虽然见效快，但由于靠的是权力和处罚，很容易使人们发挥贪婪和惧怕的功能，演变成表里不一、言行二分的"两张皮"状况，并形成"不以为耻、反以为荣"的心态，从而使得荣辱观无从落实、扎根。反观后者，建立制度的精神就在于"德"，所谓子曰："为政以德，譬如北辰，居其所而众星共之。"[②] 强调制度、习性和道德规范的建设一定要合乎"礼"，要能够使人

[①] 参见孔子《论语·为政篇》，意思是：用政治手段来治理他们（人民），用刑罚来整顿他们，人民就只求免于犯罪，而不会有廉耻之心；用道德来治理他们（人民），用礼教来整顿他们，人民不但有廉耻之心，而且会人心归顺。

[②] 参见孔子《论语·为政篇》，意思是：以道德原则治理国家，（群众百姓就会围绕着你），就像北极星处在一定的位置，所有星辰都会围绕着它。

们自觉自愿地"有耻且格",并由衷向善,所谓"克己复礼"。

面对这两种不同的制度,许多人却对我说:杨老师,也不能一概而论吧?难道这两者之间不能兼容吗?这反倒让我发现自己也正在沿袭着黑白分明的"斗争哲学"。是啊,如果从质量管理的成熟度模式去思考,你会发现,孔子所倡导的"政""刑""德""礼"实际是一个完整的、相生相克的解决方案。

但是,如果你不把那些只言片语串起来并融会贯通,是无法揭示他老人家隐藏着的那个大问题的,那就是,我们整个企业也好,组织也好,你的使命、愿景和所倡导的基本价值观是什么?这才是核心。因为所有的制度都是为了实现这些东西的。否则,将会像商鞅变法这样,把在其他六国都实行过的政令用于秦国,并根据这些要求而变更秦国的制度,以最终达到消灭六国的目的。

毫无疑问,秦国能够迅速崛起也正是得益于商鞅这种"导之以政,齐之以刑"的做法。就质量工作而言,不难发现,许多组织还在自觉或不自觉地效仿商鞅的种种做法,而且颇有得意之笔,因为短期内马上产生了效果,却没有思考长期该怎么做。质量管理,毕竟是人的问题,而非技术活动,是每个人的日常工作而非个别人的应景之作;它是一种言行一致的习惯、诚信负责的态度和"第一次就做对"的生活方式。显然,这是值得我们去深思的。

"化简为繁":"易经"在血液里流淌

这几年我一直在思考,为什么在我们许多优秀企业甚至于包括知名外资集团在中国设立的独资企业里,大家都实施了许多的规范、标准、认证,但实际上总是免不了所谓虚假的成分。结合我们现实中的数据统计,我们也会发现,打假和造假实际上是摆在我们面前的一个非常严峻的现实。

且不说 ISO9000 体系了,先说说一个非常重要的"质量成本"的概念吧!因为在许多的组织里质量成本都是他们认为应该去抓的,可问题出现了。有一家著名的北方港口企业,派了五个成本会计到北京培训了五天,回去以后,按照既定的方法建立了一套质量成本的制度。可是当第一个月的数据报表一上来,他们看后便笑了——这是假的。第二月报上来的数据更假。我受邀到他们公司去作指导时，正是他们以往出报表的时候，但是这几个成本会计对我说："杨老师，我们现在已经不再看那些报表了，我们早已经对那些数据不感兴趣了，因为那全是假的，报告、报表也就没有任何意义了。"他们颇为苦恼地问我："为什么我们不能建立自己的质量成本制度呢？"是啊，这的确是一个非常好的问题，而这个问题也是我一直在思考的。

我反问他们："你为什么要建立质量成本制度呢？"

当时他们一愣，但马上对我说："现在我们产品的市场价格在降低，而各项成本却在上升，我们的利润空间越来越小了，我们必须要降低质量成本，这就是我们的目的。"

我说："你在说反话吧！"

他和其他几个人几乎异口同声地辩解道："没有啊，我们真的就是这么想的！"

"那你们谁来说说看，是哪些部门在负责做这项工作的呢？"

"是由我们的综合管理部牵头，财务部配合的。"其中一个人说。

我问："综合管理部是什么意思？"

综合管理部的负责人对我说："我们综合管理部负责对整个集团，包括各二级公司、各控股公司进行一种综合的管理。"

"什么样的综合管理？"

他说："实际上是对他们进行一种综合考核。"

"考核什么呢？"

"这么说吧，就是经过我们的考核，来决定各家公司奖金和福利的分配。"

"哦，我明白了。那么请问在实施的过程中，有没有什么苦恼？"

他们说："这就是我们的苦恼了。因为在实际工作中我们发现，可以叫作四六开吧，有60%是可以量化的，但是另外40%是定性的，换句话说，是拍脑袋决定的。所以每次当我们下去考核的时候，我们的心里都是没有底的。下面的抱怨也很大啊！"

我说："那你们该怎么解决呢？"

"所以，我要找一种量化的方法。"

"找到了吗？"

"找到了。"

"是什么呢？"

"那不就是质量成本嘛。哦，这个东西好啊，这个东西非常量化，可以使我们清楚地对下面进行一种量化考核。"

我说："也许这就是你们为什么不能收集到真实信息的原因了。"

他们一愣，然后大家相视而笑。但接下来又有一种新的苦恼，马上很多个为什么就又开始浮现出来了。

是啊，为什么呢？原本是非常简单的问题，你却把它变得烦琐不堪，就像欧洲人搞出来的各种质量体系一样，原本是给老百姓使用的工具，挺简易的东西，你却非要把它们变成高深莫测的专业仪器，比如各种质量的工具包等；把很多非常简明易懂的东西弄得非常"科学"，似乎非要学成一个专业人员才能去做质量工作，比如"绿带""黑带"，还有莫名其妙的"白带""黄带"。

于是，结果一定会变成"两张皮"。因为道理很简单，我发现，我们每一个中国人的血管里都在流着"易经"的血，虽然我们不能背出它的条文，但是正如《易经》所说的，我们是"百姓日用而不知"啊！所以说，它就使得我们在做任何事情的时候，追求的是一简单，二简易，三简明；强调的是直接。也许我们中国人最了解"两点之间直线最短"的道理，我们不喜欢绕弯路。所以当你去绕弯路的时候，当你把它变得非常复杂的时候，当你把它变得烦琐的时候，其实你就把它给"弄虚"了。当你把它"弄虚"之后，我们一定要做另外一个动作——"作假"，弄虚是一定要作假的。非常简单，再加上我们善于"应试"的超强能力，就养成了一种自然而然的思维习惯，就是当我们要填任何报表的时候，我们马上想到出题人想干什么，我们给出的答案不太可能是真正的实事求是的，而是有利于我们所猜测的出题人想要的东西。换句话说，因为想要保护或美化我们自己的答案，而这种答案对于出题人而言，显然是不想要的，是垃圾数据。

一旦我们明白了这一点，我们应该如何去思考或者进一步去探讨《易经》里面提到的"易则易知，简则易从"的道理。平易的事，人们容易了解，也就愿意去做，也就可能坚持下去，最终修炼成贤人般的德行；而简约呢，人们就愿意去顺从，跟着做，就会产生功效，坚持下去，就会成就一番圣贤般的大业。如果这件事既容易去做，又变得有效，那他一定不会弄虚作假，一定会很实事求是。所以，正如《易经》所说："易知则有亲，易从则有功，有亲则可久，有功则可大。可久则贤人之德，可大则贤人之业，易简则天下之理得矣。天下之理得，而易成位乎其中矣。"[1]

当然，这是古人惯常使用的以简单的道理推广至社会和天下的思路，逻辑思维是清晰的，至于能否推而治天下，这里暂且不论。不过我们起码会发现，这里隐含了另外的一个问题，那就是我们该如何有效地去看待我们现有的规则或质量标准的问题。

技术与艺术

面对规则，我们许多人应该去思考的就是，它到底是一种技术，还是艺术。更多的人会谈到它是三分技术、七分艺术，说这就是管理。当然，也有人说是四六开、五五开的。其实，当代有两位管理大师都对此有过精辟的论述，一个是汤姆·彼得斯，他曾经说过："在未来，成功的人才不是工商管理硕士[2]，而是美术或艺术管理硕士。"因为他认为未来的经济是创意经济，创意的经济需要的是艺术人才。而另外一位则是加拿大麦吉尔大学的亨利·明兹伯格教授，他说："管理是科学、艺术和手艺的结合。"[3]这里要注意的是，所谓"手艺"，是对操作感、分寸感、手感、质感等的培养与拿捏，颇与我们中国人的某种天然的感觉相通。假如真的如此，那么中国的管理，尤其是质量管理，更应该从重温当年庄子所创的庖丁解牛的那种境界中寻找灵感了。

庖丁解牛，首先"眼睛"看的是全牛，不免想用刀来砍；后来他用"心"来看，感受到的是牛的骨骼，他开始用刀子去割；再后来，他用"神"来相遇，感受到的是筋骨间隙，他就可以"依乎天理"游刃有余地去解牛了，以至于他的刀用了

---

[1] 袁立.易经[M].武汉：武汉大学出版社，2008.
[2] 汤姆·彼得斯.重新想象[M].北京：华夏出版社，2004.
  作者系世界顶级管理学家，在美国乃至西方被称为"商界教皇""管理领袖中的领袖"。
[3] 亨利·明兹伯格.明兹伯格论管理[M].北京：中国劳动社会保障出版社，2004.

十几年，仍然跟新买的一样。而这种因技术而达艺术境界的过程，用庖丁的话说叫作"臣之所以好者道也，进乎技矣"。

恰恰是我们中国人思维中由繁入简、再由简入繁的一种微妙的方式。我也经常会跟大家谈这么一件事，那就是，"繁"往往是由知识产生的，因为知识往往是做加法的，我们有了知识就可以不断地、拼命地叠加，甚至于为了和别人不一样，我一定要做加法。所以，聪明人是做加法的，有小聪明的人更会把简单的事物变得云山雾绕；而有智慧的人则要做减法。这也许就是一个区别。因为做减法绝对是需要经验、需要大智慧的。

要做到这一点，就需要把我们这种"锤子"和"钉子"的思维，会把我们传统的质量思维抛在一边。我们传统的思维正像一句俏皮话所说的："当你举起了锤子，你就满眼都是钉子。"以至于我们为了使得我们能够更有效地实施我们的管控、考核、监管，我们用了更多的技术，我们去选择更多的大锤子。因为要去砍我们眼睛所看到的牛，就使得我们要不断地更换砍刀，不断地更换我们的锤子。从而就使得我们像着了魔似的，越发地把管理当作技术活动，去开发各类的管理工具，大锤子、小锤子也就越来越多。

实际上，各种各样的管理工具，正如一个笑话所说的，无非是一个醉汉对电线杆的依靠。或者，换句话说，它们好比盖大楼用的脚手架，大楼建好了，脚手架也就该处理掉了。

为什么 QCC 变成了"去吃吃"？

然而，让我们不解的是，为什么日本企业能使用各种锤子取得如此大的成果呢？就拿 QCC 来说，许多人都说这叫作"质量圈"或"品管圈"，是由日本人向美国学习之后基于本土文化而产生的一种管理的工具。日本"质量之父"石川馨先生[①]却说："实际上，我们是取了你们中国'两参一改三结合'的真经。"也许，我们把他的话当作一种恭维了，或者我们自己还缺乏足够的自信，所以非常有趣

[①] 石川馨，QCC 之父、日本式质量管理的集大成者，20 世纪 60 年代初期日本"质量圈"运动最著名的倡导者。他认为推行日本的质量管理是经营思想的一次革命，并可归结为六项：质量第一；面向消费者；下道工序是顾客；用数据、事实说话；尊重人的经营；机能管理。

的是，当QCC到了中国，或者当TQC到了中国，我们就像"狗熊掰棒子"那样，拿起TQC，扔下了苏联专家巴尔索夫教的SQC；又拿起QCC，扔下了"鞍钢宪法"；最后剩下的，只是QCC中的七个工具了。原本是一个非常有效的管理方法和机制，怎么到了中国几十年以后就变成了干巴巴的几个工具了呢？这不能不说是一个等待破解的谜。

我到丰田参观时，曾问过他们丰田模式到底是什么。他们告诉我，根本没有所谓的丰田模式。我不相信，于是，他们给我举了一个例子：有一天丰田最大的老板，在开全球总裁大会时稍微迟到了半分钟，当他进来的时候抱了一摞书，也就是我们在市场上经常能够看到的"丰田模式""丰田精神""精益模式""精益制造"之类的书籍。然后，他放下书，说："先生们，我相信你们都看过这些书，我希望你们看完之后就把它们忘掉。因为我们根本没有什么丰田模式，我们这里该怎么做还怎么做。"说完，他把书推倒在会议桌上。

这个故事让我觉得很震撼，可我还是觉得他们肯定要有自己的一个模式，即使他们不给它打上一个标签。**对方告诉我所谓的"丰田模式"，实际上就是：第一，以人为本；第二，挑战自我；第三，持续改进。在我看来，这些都算不了什么呀！可是当我听到他们说第四就是QCC时，我感到非常的震惊。**是啊，日本企业能够把一个非常简单的东西一做就做几十年，坚持几十年不变，这也许正是他们成功的关键所在吧！

我曾经在一家超大型的IT企业做辅导，当我在白板上写出"QCC"并对高管们说认识这几个字吧，他们会笑着说："杨老师，我们这里把它叫作'去吃吃'。"我请他们作出解释。他们说："这很简单呀，一开始没有人做什么QCC，后来领导让大家做，还设了奖金，于是大家就为了拿这个奖金，而去做QCC。"当我问他们是怎么做的，他们大笑，说："实际上就是成果倒装，就是天下文章一大抄，做得不如说得好，说得不如写得妙。把做过的东西写成文章，然后拿去秀一下，就能够得到奖金，然后大家去吃一顿，这不很好吗？所以叫'去吃吃'。"

"后来呢？""后来啊，大家都要减肥了，没有人愿意去吃了，可是还要让我们去做，我们就把它演义成"苦兮兮"了。"

我所讲的绝对不是笑话，而是活生生的事实啊！

同样的，当年美国人学QCC时也是学不会的。因为日本人下了班是不回家的，而到了美国，你让大家下了班不回家继续干活，这是绝不可能的事请，是侵犯每个人的权利。这怎么办？后来也必须要做，所以美国的许多QCC也变成一种使用工具、培训工具以及展示工具威力的地方，也变成一种行尸走肉，失去了灵魂的东西。但在日本为什么就不会如此呢？威廉·大内（William Ouchi）是生长在美国的日本人，当年他提出了一个"Z理论"（Theory Z），并专著解析"美国的商业机构如何应对日本的挑战"。在《Z理论》这本书里面，他特别谈到了QCC或者"质量控制小组"或"质量圈"在日本成功的原因。"日本科学家和工程师联盟"（JUSE）是全日本QCC小组的主办者和发起者。截止到1979年12月全日本注册和不注册的QCC小组估计有100万个。大内在书中专门谈道："质量控制小组或QCC小组是日本管理艺术最令人感兴趣的启示之一，也是在精神上接近Z理论的启示之一。"

我一直对QCC小组在全球大行其道但唯独在日本成功的事实感到好奇，欲得其详解。不过我只看到了日本QCC小组的宗旨，眼睛便为之一亮，同时，又与中国的做一个对比，结合所想的、所说的和所做的之间的差异分析，我认为已经可以解释我们为什么失败的原因了。

QCC小组的本意

据JUSE所公示的QCC小组的三个基本宗旨是：促进企业的进步与发展；尊重人性和建立生机勃勃的工作场所，而在这样的地方工作是非常有意义的事情；充分发挥个人能力并最终创造无限的可能。

显然，日本企业QCC小组的成功，更多地取决于他们的生产目标所具有的这种人性化的一面，而不仅仅是戴明和朱兰所教给他们的一些统计工具。也许这就产生了分野。大内也看到了这点，他说："许多公司在利用统计方法的同时，把这些一般性的宗旨视为无意义的、在很大程度上可以忽视的说教，这似乎是美国面临的危险。如果把人性化与统计方法深思熟虑地结合在一起，QCC小组的范围几乎是无限的。"

现在其实可以坦然地说了，这也许就是中国企业QCC小组日益成为"僵尸"

而非面临危险的原因。

所以，JUSE 是怎么推广 QCC 小组的？ QCC 小组在日本的最大贡献又是什么呢？据 JUSE 的《QCC 小组手册》[1]里面谈道："无论有多少工厂实现了机器化，只要仍旧有人在工厂工作，我们就应该把他们当作人来看待。但是这些天来，这些方面被彻底地忽视了。不能适当地考虑人性化的公司，迟早会失去最有才华的人才。过去 20 年间，这样的情况在美国这样的国家层出不穷。我们没有理由忽视个性，轻视人的能力，把人视为机器和歧视他们。

"在人们的一生中，在工作场所消耗的时间占相当大的一部分。人们更乐意在一个愉快的地方工作，在这里，人性化得到适当的重视，而且人们感到他们所做的工作真正具有某种意义。这就是 QCC 小组打算实现的目标……机械化的工厂仍旧需要由人来管理。由于人们拥有渴望学习更多知识的动力，因此他们掌握了他们以前根本就想不到的能力。"

大内读后，深有感触地说："不幸的是，美国的许多公司似乎坚持简单地靠行政命令实施 QCC 小组制度。日本人认为这种做法是行不通的。相反，管理层必须创造积极的条件，然后耐心地允许人们自然而然地加大力度和增强信心。"

《手册》里面继续指出："QCC 小组的工作应该经过精心的设计，这样人们可以逐渐增强信心，或者更确切地说，信心的增强是参与 QCC 小组工作的自然结果。虽然它的一个目标是建立和谐的关系，但是'建立'这个词不应该被解释为强迫做什么事情。和谐的关系应像花儿一样自然地绽放出来。如果在车间里，工人和班长被视为机器的一部分，并被要求按照固定的标准工作，那么这样的工作环境是非常糟糕的。

"人的本质是思考的能力。车间应该是供人们进行思考和发挥自己智慧的地方。拥有这样的工作场所必须是 QCC 小组的工作目标之一。我们能不能不要求工人严格地按照我们教给他们的工作方法工作，而是让他们在遇到问题时思考和提出问题呢？如果改进在本质上要求得到车间以上的人的授权和协作，那么为什

---

[1] 威廉·大内. Z 理论：美国商业如何迎接日本的挑战 [M]. 朱雁斌译. 北京：机械工业出版社，2007.

么不允全体工人有所改进，允许他们发表自己的看法或提供有利于改进的有用信息呢？

"此外，如果平等参与和分享的概念要具有意义，那么与员工共享利益是必不可少的。QCC 的真正目标是把工程师从车间里解放出来，这样他们就可以把时间用于更有建设性的工作，这样可以更有效果。因此，企业必须采取措施，让他们与 QCC 小组保持密切的关系。"

《手册》里说："赚更多的钱是劳动者强烈渴望的目标之一，QCC 小组的目标必然包括提高收入。按理说，随着蛋糕越做越大，个人在蛋糕中享有的份额也就越大。QCC 小组的工作增加了公司的利润，并最终提高了个人的收入，而这些人通过 QCC 小组的工作为增加盈利做出了自己的贡献。"

上述这些根本性的启示，的确值得我们认真思考。大内先生总结说："实际上，美国人恰恰是和日本人的做法相反。他们没有在员工身上投入，没有让他们分享决策的权利，更没有让他们发挥潜力，只用了他们的手脚而没有用他们的大脑。"

这些对于我们中国的企业，同样是入木三分、不留情面的。所以，把生动活泼的 QCC 变成了"苦兮兮"的可怜虫，也是十分了得的，如果没有用一个繁杂的形式去遮掩一个清晰的画面的能力，如果没有使用一些高难度的动作去让人们遗忘所要达到的目的和目标的功力，恐怕我们也真的会让那些高管们的"豪言壮语"变成现实。

"以控为管"：罚与奖的奥秘

想必很多人都看过《真实的谎言》这部电影，不过，我们在这里要谈的显然不是它，而是要拿它来说事儿。因为当我们谈"质量管理"（QM）的时候，实际上是把它和"质量控制"（QC）相混淆了，而这种混淆所带来的结果就是产生种种的控制与反控制式的喧嚣与骚动。于是我们不妨要思考一下，到底什么叫作 QM？假如你把 QM 当成了一种对质量的 QC，就会一下子掉进"警察摩拳擦掌去抓小偷""寻找高级锤子去砸钉子"的一种思维迷圈。

"真实的谎言"：管理是什么？

我们不得不认真地来看一下什么是"管理"？当我们谈"管理"（Management）的时候就会发现，这个词原本并不是我们中国人原有的词汇，管理之所以成为"管理理论"，源于19世纪末，法国人亨利·法约尔①第一次把管理当作"一般管理"来思考，从而铺下了"管理学"的第一块基石，于是他成了"现代管理之父"。他的奠基之作《工业管理与一般管理》第一次给"管理"下了一个经典的定义："管理，就是实行计划、组织、指挥、协调和控制。"

令我吃惊的是，法约尔先生也是在不断地与"数学"的争斗中张扬"管理"的威力的，这竟然和克劳士比的思想理论有着异曲同工之妙！看来，在西方的传统里，"数理"推演与主宰世界的主流思维可谓根深蒂固。

在法约尔的时代，甚至有一种"学好数学、吃遍天下"的潮流，所以他不断地嘲笑这样一种观念——"工厂领导与工程师的作用与他们学习数学的年限直接有关"，并且主张"高等数学对于管理企业是没有用的"观点。因为他始终坚信"人们滥用数学，认为对数学知道得越多，管理事物的能力就越强。他们认为学习数学比学任何别的知识都更能提高或纠正判断力。在我国，就是因为这些错误看法而产生了一种严重的偏见。我认为与这些错误看法斗争是有益的"。

既然"管理"一词是源于法文，你只要去查一下它的拉丁文词根，就一定会让你目瞪口呆——原来它的词根含义就是"给马戴上嚼子"。每次我在研讨中和大家谈到这里的时候，大家都会会心一笑。是啊，"管理"原来就是要用物理的、高压的手段对你所要控制的对象加以管控。有趣的是，**这倒与我们中国古代的"治理"一词颇为相近，因为它的原初含义就是看守看管监狱的囚犯。**

如果我们把上述两种谈到管理的含义加在一起，那么就会惊奇地发现，我们的质量管理其实恰恰处在那种最原初的"管理"的概念里，是"治理"、是"管控"；因此造成了我们整个质量管理界的混乱和迷失，也就不足为奇了。毕竟现在是21世纪，世界已经是"平"的了，再用所谓的"锤子和钉子"式的管理方法，已经

---

① 亨利·法约尔（Henri Fayol），法国古典管理理论学家，现代经营管理之父，管理过程学派的开山鼻祖。与马克斯·韦伯、弗雷德里克·温斯洛·泰勒并称为西方古典管理理论的三位先驱。代表作是《工业管理与一般管理》。

是非常不适应和严重落伍了！

"管理"与"服务"

要想说清楚"管理"对我们的含义，我们必须要面对现实。当年，当《物权法》出台时，我就注意到这样一个细节：中央电视台在某档节目里专门谈到，要求所有的物业管理公司要更名为物业服务公司，把"管理"二字去掉。我当时突然有了一种想法，物业管理公司加了"管理"二字往往就模糊掉了业主的概念，他们会认为我是业主，而业主是被管理者。因此，他们往往会用一种行政命令的口吻、用了一些红头文件的形式向业主传达他们的命令。而如果他们把"管理"二字去掉，改成了"服务"，会有怎样不同的情况呢？

当"物业管理公司"改为"物业服务公司"之后，他们马上就明白了谁才是业主，谁是提供服务者。这个时候，当他们见到业主的时候，整个态度马上就变了，所谓"业主满意度"也自然就成为考核他们的一个目标了。这样的转变，难道仅仅是因为一个词的变化吗？

说这些，是想让大家思考，其实在我们这么一个有着漫长的历史和文化积淀的国度里，当我们谈"管理"的时候还真是需要小心一些，尤其是身为管理者。因为，当你成为一名管理者的时候，很可能你会在有意无意中寻找你的被管理者，于是，就有可能把他们当作"马匹"，你就自然地会有一种给他们戴上"嚼子"的心态与冲动了。

罚与奖的奥秘："管理"和"控制"

现在我们再来看看，质量实际上是怎么运行的吧！在现实里面我们发现，质量往往都是用负面因素来描述的，比如各种的不良率、缺陷率、抱怨率等，而且使用的也都是一些惩罚项和不符合项。从而就使得大家面对质量，第一是怕，第二是烦，第三是逃，第四就不免作假。这样就把一种积极向上的、良好的氛围给变糟了，把一种美好的东西变成了让人们退避三舍的东西。这让人很郁闷。于是，大家都开始试图从各个方面进行尝试，以求冲出重围、解开难题。

当年,"人性假设理论"的创始人道格拉斯·麦格雷戈①大师就试图探讨"企业的人性面",并提出了著名的"X—Y理论"解决方案。

所谓"解铃还需系铃人"。今天,当我们再次面对这个问题时,恐怕仅仅默念"人之初,性本善;性相近,习相远",就算加上"人之初,性本恶"也是远远不够的,我们需要的是更加有效的解题思路。当然,如果我们能够屏蔽掉那些有争议的和悬而未决的题目,那么,就有可能通过简化的方式去聚焦核心的要素,同时,观察现实的实践活动,从而得到有益的启迪。

于是"罚与奖"的问题就浮现在我们的面前。抛开我们前面谈的为了制度而制度的方式,我们来谈一下"罚"。我先来讲两个故事:

第一个故事讲的是济南有一家造锅厂,其员工大多是农民工,用他们厂长的话说,他们的文化水平是比较低的。所以,厂长说:"对于我们的员工,唯一的办法就是用'惩罚'的办法去约束他们,管理他们,必须要让他们长记性。"所以,在这家工厂里,只有惩罚没有奖励。为此,各岗位都给了很高的薪水,提出的要求也就很高,然后厂里就开始实施严格的惩罚。这种方式反而使他们厂在短期内,迅速成长为行业的佼佼者,甚至把业务拓展到海外,和美国的公司进行合资,把国内的品牌变成了国内国际双品牌的运作模式。似乎这种方式也是比较成功的。

再来说第二个故事:大家都知道,在广东的番禺和深圳,首饰加工业十分发达,是世界金银珠宝的加工集散地之一。有一家从事黄金首饰生产的企业的老板,为了扩大生产规模、造福家乡人民,决定在自己的老家潮州建一家分厂。建厂之初,老板专门请来了一位来自佛山的有丰富管理经验的厂长,全权负责潮州工厂的生产和管理。

这位厂长上任伊始,即采取了非常"敌对"的方式。因为害怕工人们偷工减料、弄虚作假,或者偷偷把金子夹带出厂,就采取了非常严格的"人盯人"的防范措施。同时,在各个时段,尤其是上下班的时候,对进出的每一个人进行搜身。而像负责出货、每天发放金银和原材料的这些岗位,任用的则都是自己的亲属。

---

① 道格拉斯·麦格雷戈(DouglasMcGregor),美国著名行为科学家,人性假设理论创始人,管理理论的奠基人之一,X—Y理论管理大师,人际关系学派最有影响力的思想家之一。代表作《企业的人性面》。

这种强硬的管理方式让员工们十分反感、十分抵触，因此工厂的劳动生产率非常低，小偷小摸现象更是层出不穷。得知这一情况后，老板果断地把这位厂长辞退了。

后来，这位老板采取了和那位厂长截然不同的管理方法，重新在制度建设的基础之上，采取了信任人、相信人的管理方式，以图通过制度来相互制衡。对于那些发放金银和原材料的人，他们开始采用一种信任的方式，从员工中择优录取；而对于员工时常把加工首饰时多余的金银粉末偷偷夹带出去，高价贩卖的问题，他们则采取了用高于市面的价格去向员工收购的方式加以解决。通过这些制度，他们的管理反而更加井然有序，并且有力地支撑了业务的快速增长。

通过这两种不同的案例的对比，我们发现，在中国要想真正地实施一种有效的方法，其实并没有那么简单。但是，只有当我们对"管理"和"控制"有了新的思考，尤其当我们真正明白了什么叫作"管理"的时候，我们才有可能真正地上路。

有一家地处黄河上游的石化公司，在业内一直被看作一面旗帜。这倒不是因为他们已将国内的各类奖项收入囊中，或者各级领导都去视察过他们的工厂，而是因为他们在质量管理上敢于创新，并且探索出了一条"金光大道"。用他们自己的话说，"ISO9000"是一套企业的标准和规则；"卓越绩效"或"质量奖模式"是一种企业的评价系统；"六西格玛"是一种有组织的质量技术活动；"QCC小组"则是员工自发的改进方法，当你把这些全都经历过之后，你迫切需要的就是一种能够涵盖所有活动和全公司经营管理层面的管理质量方法，"零缺陷管理"恰恰满足了他们的要求。

为此，他们专门把下面一位厂长放到了质量管理部门负责人的位置。这位厂长上任之后，本能地发现，再沿用过去的"以罚为主"的质量管理方法绝对是不行的，只有对人性加以思考和疏导，质量工作才能取得突破。于是，他向老板提出"变罚为奖"的措施，拨出一笔资金，专门作为对成绩突出的员工的奖励。

听了他的建议，老板点了点头，问道："你想要多少钱？"当时他真的想咬咬牙要上一百万，可是还没等他开口，老板就说："你看给你一千万够不够？"

当时这位厂长是又惊又喜，又怕老板反悔，急忙连连点头。这位老板也是言而有信，一千万的奖励资金很快兑现了。

这件事在公司传开后，员工们无不为之心动，个个摩拳擦掌，兴奋不已。这时候，这位厂长又适时提出了一些严格的要求，此时的员工们干劲十足，人人都想拿奖金，自然也是欣然接受，并主动配合。

当然，重视奖励不等于不罚了，面对重大事故，员工们一样要按照规则扣罚奖金。不同的是，对于积极的质量贡献，无论单位还是个人，都会得到应得的赞赏和奖励：第一年，全体员工共获得了360万元的奖金；到了第二年，仅一个车间就一次性获得了78万元质量奖金。"变罚为奖""奖罚结合"的管理方式取得了比预期更好的效果。

所以，当我们谈质量管理的时候，我们必须把"管理"和"控制"加以区分，因为质量是管理问题，而不是技术活动，所以质量管理不等于质量控制。

"以刚克柔"："阴阳五行"图式与 PDCA 循环

表面来看，在这个世界上，大家做事时都是"看得见的"在起决定的作用，但实际上，我相信每个人都能够理解，是"看不见的"在决定"看得见的"。如果说"看得见的"是量，那么"看不见的"就是质了；如果说"看得见的"是市场、销售，是机器、设备、产品，那么"看不见的"则是我们的品质、诚信和信誉。

"看得见的"与"看不见的"

我们都说质量是生命，在企业里这么说总被认为是口号，很抽象，其实不然，它真的是生命，而且我们的中医理论可以支撑它。中医强调任督二脉，强调血和气，任脉是主血的，督脉是主气的。而西方人是不认可所谓气血的，所以当我们中国人说我们有经络和丹阳之气的时候，西方人并不认可。因为作为一种实证科学，西医强调的是眼见为实，必须打开来看一看、摸一摸、闻一闻才能认定是真实的、实实在在的，所以在他们眼里没有什么气，全部都是内脏和器官。

不过有一点是毋庸置疑的，那就是当你仅仅关注那些"看得见的"东西时，那些"看不见的"东西就往往会被你忽视掉。这正是我们思维的一种缺陷。

值得庆幸的是，我们中国人的传统文化是阴阳和谐的，尤其强调人们去主动弥补思维的不足而开发"阴性"的思考力，去发现和洞察那些肉眼看不见的东西，甚至看不见的世界。比如说，中医是通过"望、闻、问、切"来诊疗的，在号脉的时候，实际上就是通过一种对生命现象的感知，并依据其运行机理来推测你的整个生命的循环。与西医相比，这是两种不同的思维和方法，而两种思维和方法都是源远流长，且非常有效的。

有时候，我们换个角度看这个世界，反而会觉得更加舒服、更加适应。原因非常简单，拿质量来说，有些东西你看不见，当你换了个角度以后你就看得见了。比如说，**当你"由内向外"看时，你是用了一种技术的眼光在观察，你强调的是工艺、流程和内部的规章制度；可是当你反过来"从外向内"看的时候，一切内部的管理教条会变得无意义了，更多的则是客户的需求、客户的满意和忠诚。**而当你换个角度看这个世界时，你就会发现你的整个思维也都跟着变了。

更确切地说，当你的眼睛仅仅是在向内看的时候，你看到的也许只是销量和市场，但是当你反过来，就会发现客户在意的，更多的是质量和你的承诺。就像学生考试一样，如果你仅仅是当学生，你的目标其实就是不断地积累知识，不断应考，最后拿一个高分；而如果你要成为一个对社会"有用的和可信赖的"人的话，就恰恰忽视了最重要的一环，那就是品质的修炼。

克劳士比先生倡导的"有用的和可信赖的"，并不是说要经过两个分开的阶段，而是彼此融为一体的。**换句话说，"有用的"往往是"看得见的"，就像知识，但是如果你缺乏"可信赖的"这一特质，你将一无是处。而恰恰"可信赖的"又是"看不见的"。**

我们可以放大了来说，在工业革命时期或在生产力时代，我们更多强调的是有用的，而当我们进入质量时代的时候，我们关注的一定是品质，强调的是"可信赖的"。这是两种不同的思维的出发点。

我们再往小了说，来看看不同出发点带来的是什么。有一次，我从北京到天津的一家客户那里去，他在电话里详细地告诉了我们应该走什么路，按照他的指令，我们从北京出发，然后上京津塘高速再转京沪高速，最后下高速，进入天津，到达他们公司。路上总共花了三个小时，外加80块钱的高速费。在这过程中还不断给他们打电话问路，起码有五次；他们在电话中也是一头雾水："不对啊！应该非常简单啊，怎么这么复杂呢？"可是，当我们从天津回北京的时候，我们其实只用了一个半小时，仅仅才花了25块钱的高速费。这就给我们一个启示——原来是同样一条路，但是它们的距离和价值取决于你的思考方式和出发点，基点不一样，最后导致的结果也是不一样的。

管理无定式但有定则

当代思想家李泽厚曾说过："中国人对许多事情往往不求甚解，甚至于望文生义、一知半解，常常怀有拒绝或者怀疑的态度。当然这是基于我们传统中一种早熟的、自我满足式的历史经验。说的再简单一点，就是阴阳五行图式——这是一种基于经验的、似是而非的早熟型的系统论框架，似乎世界上的万事万物及其运行规律都在里面了，所以说，就使得我们对任何事物都会抱有一种想当然的、似是而非的解决思路，从而造成对一些事物尤其是新事物的拒绝和排斥；这种阴阳五行所带来的最厉害的地方，就是可以让我们具有强大的同化力量，也就非常清楚地塑造了中华民族独特的'文化—心理'结构。"[1]

这种鞭辟入里的见解，读之确有醍醐灌顶之感。以前我到过许多企业，他们在谈到管理尤其质量管理时，张口就说"PDCA循环"，闭口也谈"PDCA循环"，似乎这种循环也是包容万象、无所不适的大图式。实际上，当我静心聆听时，我可以从他们谈到源于质量管理的"PDCA循环"的表面看到他们骨子里"阴阳五行"图式在起作用，换句话说，他们是把休哈特、戴明的"PDCA循环"给"阴阳五行"图式化了；如果反过来，做一些"创造性转化"的功夫，也许会产生一些灵感和新意，否则，你会发现它对我们现代的质量管理是有害而无益的。

另外一个方面，这种思维定式往往让许多人想当然地认为，管理是无定式的。因此，当他们面对任何理论和方法或自以为新的东西，往往先是质疑和拉开心理

---

[1] 李泽厚. 历史本体论·己卯五说 [M]. 北京：生活·读书·新知三联书店，2003.

上的距离，借口也是听上去不错却似是而非，那就是认为要面对现实，我们这里和别人地方不一样，我们非常复杂，我们有自身的特色。其实非常简单，任何人都是有特色的，任何单位都是有特色的，生产一支笔的、种树的、炒菜的、卖盒饭的、造火箭和导弹的都是具有特色的，但是，我们不能以此作为拒绝学习和前进的一种借口。

所以，管理固然无定式，但管理上还有另外一句话，叫作管理有定则，任何的管理都有一种通行的法则。正如托尔斯泰在他的《安娜·卡列尼娜》中第一句话所说的："幸福的家庭是相似的，不幸的家庭各有各的不幸。"我们借用他的话来说，你会发现，成功的企业是相似的，而失败的企业也是"何其相似乃尔"，因为他们败也都败在那几点上。所以很多企业说，我们不要研究成功，要更多地去研究失败，这是非常有道理的。毕竟我们常说，失败是成功之母嘛！

神龙公司和法国雪铁龙合资的时候，起初就只要雪铁龙的生产线设备和制造技术，在管理上，他们却看不上生性散漫的法国人。因为管理无定式，中国的事还是要我们中国人自己来管的。

可随着汽车工业的竞争日益激烈，神龙惊奇地发现，雪铁龙能够存活100多年绝对有其核心的、厉害的东西，并不是一句话就能够解决的。所以他们明白了，管理原来是有定则的，一定要遵循这些基本的法则才有可能使神龙在竞争中立于不败之地。于是，他们开始与标致雪铁龙集团重新进行资产整合，要学习他们的定则。当然，所有的管理干部也必须学习克劳士比的管理思想，希望以此来激活他们的潜质，支撑新的竞争策略。虽然这种醒悟来得晚了点，但也算得上是亡羊补牢，未为迟也。尤其是它破解了封闭式循环的招式，把一个明白的简洁的道理展示给了我们：管理无定式和管理有定则，实际上是硬币的正反面的关系，是手心和手背的关系。

06 神奇的质量"解药"

导读：如果说"质量基因"源于一个民族的文化心理积淀，是一种对待生与死的态度的体现，那么"质量解药"则是一种价值观、一种公司灵魂。面对"克劳士比诘难"，商人必须学习哲学方可把握商业的本质，用人生成就感的"四大基本要素"清除"数量病毒"，获得组织的卓越表现。

核心话题：回归本质，重思"克劳士比诘难"就可以让企业找到灵魂吗？那么对兰德的"三个根本问题"的解答，是否必然导致文化塑造、质量变革的主张？

找到我们的"质量基因"

一场全球经济大危机,来了一次重新洗牌,让太多太多的"楷模公司"和"明星老板"终于从梦中惊醒:原来还是坐在"麻将桌"旁,只不过这次的赢家不是他们了。什么土法"三聚氰胺",什么洋法"金融衍生品",无非都是一些牌场作弊的雕虫小技而已,问题的关键是它们已经出局,春光不再。于是,人们对"成功"开始重新定义。因为大家看不到谁能够鸿运当头、一直坐庄,反而更多地体现出"风水轮流转"的特色。

大师也沉默

当金融危机袭来时,西方发达国家的众多知名企业就好像多米诺骨牌一样,一个接着一个地应声倒下,甚至"破产",这让人们的脑子里很自然的进出那个著名且很有创意的词语——"纸老虎"。是啊!在全球经济滑向深渊的时刻,人们的脸上只能写着"失业""失落"和"失望",而丝毫不见任何信心复原的迹象。那时候,只要随便翻翻报纸、看看电视就不会怀疑,这是一个空前"精神分裂"和"混乱不堪"的时代,以至于就连最热衷于倡导"热爱变化"和"驾驭混乱"(Thriving on Chaos)的管理大师汤姆·彼得斯博士也不知该说些什么,除了不停地重复他的成名作和新作的书名——《追求卓越》和《重新想象》,似乎再听不到他的其他声音了。这是极其反常的!那位曾经因写作《如果亚里士多德经营通用汽车》而名声大噪,近年来一直倡导"理念震撼世界"并不断敲打商界不要忘却对真善美的渴求的美国商业哲学家汤姆·莫里斯(Tom Morris)[①],竟然也在我最需要倾听他评点华尔街的声音时,选择了沉默。这不由得使我倒抽了一口冷气。

[①] 汤姆·莫里斯教授(Tom Morris),耶鲁大学宗教与哲学博士,曾在美国圣母大学担任哲学教授达15年之久。现任美国"莫里斯人性价值研究学会"主席。著有《如果亚里士多德经营通用汽车公司》和《真正的成功:卓越的新哲学》等。

仔细想想也不怪，当时美国汽车企业排队"破产"、"IT大佬"微软和英特尔大量裁员、全球成千上万家银行关闭等消息就已经让人感到窒息，再加上在全球肆意蔓延的甲型H1N1流感，使得恐惧和焦虑的情绪与日俱增……就在全球都在苦苦挣扎、冥思苦想着为什么的时候，人们惊喜地发现，有一线希望之光投射进来了，那就是中国经济复苏的光芒。

生病的根源是要在生活习惯和方式上去寻找的。与上次网络泡沫破灭的危机一样，在这次金融危机里，仍然是美国华人的损失最小。当然，中国更是呈现出消费回暖、信心回升，经济止跌缓升的"惊艳"之色。不过说"中国时代"已经来临还为时过早，因为我们同样暴露出一些问题，同样伤痕累累，只不过经济的后发优势和独特的思维模式让我们避免了一些致命的缺陷。

我们没有"质量基因"吗？

美国还有另外一个传统——专业化分工，也被我们学得像模像样，从而使得各工种走向狭窄的技能专门化或固定化的发展模式。这对于中国自古形成的极其宝贵的传统——以发展全面技艺为基础的手工艺传统是一种巨大的伤害与摧残。恰恰是这种美国所缺少的珍贵资源，在欧洲和日本却是基础深厚，并且成为他们与美国竞争的"秘密武器"。而我们不仅首先自废了武功，同时还学到了美国的另一个派生出的"恶"传统——劳工即机器，自然也就是成本，一旦要提升利润，必然用三种方式来削减成本：裁员、业务外包和机械化。[1]

美国道化学公司副总裁兼研发负责人斯奈德博士曾尖锐地指出："质量革命——我们的基因里没有它。"[2] 听起来，像极了我们同胞的口吻。好在彼得斯博士在20世纪80年代曾经预言道："今天和明天的取胜之道日趋明朗——质量和灵活性。"并因此给美国人开出了一副药方——通过高技术水平的员工达到高品质和灵活性。[3] 显然，他的信心是不足的，因为这些从来都不是美国人的传统。最

---

[1] 汤姆·彼得斯. 乱中取胜：美国管理革命通鉴 [M]. 朱葆琛等译，北京：科学普及出版社，1998.12.

[2] 同上。

[3] 同上。

令他担忧的是，这些可一直都是德国人和日本人的传统啊！而且，他提醒美国人不要得"健忘症"，千万不要忘记——当年德国人正是靠"精"（聚焦＋执着）去打美国人的"多"（多元化＋规模化）的，日本人则是用"小"（精细＋快速）去搏美国人的"大"的，而且胜负早有定论。

有趣的是，我们这些彼得斯博士一直没有放在眼里的中国人，却恰恰成了他那药方的受益者和预言的显灵者。因为彼得斯博士对我们是有"盲区"的，他不知道我们还有另外一个传统，那就是"见贤思齐焉，见不贤而内自省也"。我们不仅秉承"君子不器"的"德智体全面发展"的光荣传统，而且特别善于学先进、找差距，批评与自我批评，从而很容易掀起一波波"比学赶帮超"的热潮。这也许就是美国人做梦也想不到的，我们却能够得心应手的"关键竞争要素"吧！

所以，我们并不是没有"质量基因"，而是以前我们没有找到它、重视它，当我们知道了自身的缺点和问题之后，一定要"内省"而奋起直追。

如果发生在丰田又会怎样？

现在，对于我们之前谈到的"一道划痕的故事"和"一支笔的试验"可以这么设想：假如这支笔在日本企业生产，比如丰田公司，那么他们会形成一种机制，那就是人人具有"喊停"的权利。同样，当我把这个答案告诉很多的企业，并询问他们能不能也形成一种机制，从而使每一个员工都具有喊停的权利，他们说不可能，那样的话，我们基本上就全乱套了。我说反过来，为什么丰田就可以呢？为什么大家都在学丰田，可就是学不会呢？

表面来看，似乎谁都知道，丰田倡导一种人人都为质量负责的意识，却忽视了其背后所隐含着的或作为默认前提的两个东西——一个是基本的假设，那就是质量是每一个人的事情，不是一小撮人躲在房间里搞的事情。另一个则是我们对待错误所抱有的态度，那就是一旦发现错误，就要坚决地制止，坚决地找到问题的根源，从而避免问题的重复出现。弄明白了这两点，这时我们就会发现，他们整个现场的设置、整个设备的安排，比如说生产线上的"安灯系统"（ANDON），虽是一个物理的装置系统，但其目的则是为了用质量和设备的信息拉动、支撑与实现所谓"人人为质量负责，面对质量要敢于用质量的思维去思考"的这么一种机制。

我曾经去看过丰田的生产线,感受颇深。当时看到某处一个红灯闪亮报警,于是马上看手表,果不其然,许多人从不同的地方跑过去,不到三分钟红灯就停止闪动了。

相同的问题,我也问过很多企业,他们都认为这件事基本上没有可能。而一旦出现了这样的问题,则会发现,它实际上变得莫名其妙的复杂,甚至会衍生出许多许多不同的反应。

说得再简单一点,当我们看到油瓶倒了,该怎么办?显然,日本人的答案是马上把油瓶扶起来,然后找出油瓶倒的根因,最后再去落实相关的责任。而我们中国的企业呢?可以这么说,发现油瓶倒了,大家首先要去扶油瓶,扶起来之后呢?开始找责任:"这不是我的责任,这是设备部门的。"于是把设备部门叫出来,设备部门看了看,然后说:"错了,这是生产部门弄倒的,为什么叫我来?"最后,只能靠领导发话:"你们全都去看看。"那么,这件事如果到了德国企业又会怎样呢?其实,德国企业也有不同的文化,有些企业并不直接扶起油瓶,而是站在那儿讲理,先落实责任,等大家把责任落实完之后,就由负责的人把油瓶扶起来。而有些企业,则会像日本企业那样解决这个问题。

表面来看,面对一支笔或者一个油瓶,完全是一个数量的问题、物理的问题,但背后凸显出来的绝对是质量的问题、文化的问题。

克劳士比大师的诘难

"那是我们的二期工程,比现在的大一倍,明年初完工。到时候我们的总人数将会翻一番,达到两万人啊。"走出J公司的大门,陪同我的副总裁手指着左前方的工地,自豪地对我说。但我发现他的眼中闪过一丝不安。

"那可有你忙的啦。"我对人力资源主管开玩笑说。

"唉!"他深深地叹了口气,"我们现在还招不满呢!我们人力资源部啊,差不多主要都在搞招聘了。好不容易招上来一批,不出三个月基本上就走光了。"

他年纪不大，一张娃娃脸，说这番话时却颇有一副少年老成的样子。

这是 J 公司在江西东部的生产基地。作为在美国上市的光伏企业，其生产的多晶硅太阳能电池板的产量在国内"数一数二"，甚至于不屑于谈起无锡那家业内的老大哥企业。

那是十几年前夏天的事，当时我是在北京给风能行业"数一数二"的 H 公司的项目与工程主管们培训完之后匆匆赶到南昌机场，然后又坐了两个多小时的车才到达 J 公司的。

质与量之战：挑战企业的责任？

在路上，我总有一丝担忧：历史经验表明，任何行业只要出现了"大跃进"的酷暑局面，就意味着冬天不久就要到来了；"大跃进"的后面总是拉着大萧条的手，就像夏天过后就会进入秋冬一样，都是不变的规律。按常理说，那些睿智的企业领导者们、高管们应该心知肚明吧，可为什么依然像上满了发条的玩具车那样横冲直撞呢？用他们自己的话讲，面对市场不由得眼睛发红、刺刀见红，大家都像打了鸡血似。不过更加显而易见的是，只要你抽空到现场走一走，和一线的员工与基层主管们聊一聊，就不难发现你的问题所在了。

但有趣的是，必须是头脑冷静的时候去才有效果，脑热的时候头会昏的，自然眼也是花的。

不知是幸运呢还是不幸，秋冬很快就到了。2011 年年初，美国对中国出口的光伏产品作出"双反"（反倾销、反补贴）裁决，令国内光伏企业哀鸿遍野；2012 年 9 月，在最长国庆假期来临之前，欧盟正式启动对华光伏组件、关键零部件等的反倾销调查，涉及金额超过 200 亿美元。当时，虽然火爆整个夏天的"中国好声音"的总决赛以及高速公路免费后的众生相转移了人们的视线，但来自欧美的强寒流正在一步步造成中国光伏企业陷入困境的惨状。

风电行业同样寒风凛冽。2009 年国家就把风电行业列为产能过剩的行业，但各地风电制造厂商依然在拼抢蛋糕、盲目扩张。据"中国风力发电网"报道，当时中国的风力产能过剩率在 50% 以上。不幸的是，继光伏之后，中国风电产业也遭遇了美国"双反"的暴风骤雨……

正所谓"屋漏偏逢连夜雨，船迟又遇打头风"啊！中国企业面临怎样的挑战啊……

如果借"质"与"量"的战争的概念思考发生在中国的企业奇迹与财富神话背后的东西，则可对全社会对商业意义追寻的有意遗漏，而仅仅执着于其财富增减的数字含义，抑或拒绝抬头遥望其终极的目标这种现象进行了不给面子的揭露。

显然，如果我把"质"与"量"的经营管理模式转换成"基于数量"的与"基于质量"的，许多疑虑和焦虑就会昭然若揭了：前者是云雾，看上去很美，却是20世纪"生产力时代"的遗产，经不起风吹雨打，因为它成功地保护并滋养了现存的三类企业——我把它们叫作"领导说了算（人治而非法治）、围着产品转（物本而非人本）、只有规模成大腕（成功而非成仁）"；后者则是"质量世纪"的光芒，因为它像太阳，黑白分明、是非明辨，甚至灼烤着一切龌龊与苟且的灵魂，由不得你不去追寻光影变幻中企业发展与管理的阴阳平衡之道，以及背后的哲理。

借用《生命之网》的作者卡普拉博士[①]的话讲，两者无所谓好与坏，都是我们的思维和价值观；西方的工业文明是过分强调前者（扩张的、竞争的、数量的、主宰式的），而东方的农业文明传统似乎又过多地执着于后者（内敛的、合作的、质量的、伙伴式的）了；什么是好或者健康，那就是动态平衡；什么是坏或者不健康，那就是失去平衡，即对一种趋势的过分强调而忽视另一个。

那么，真相是什么？那就是要回归企业的本质。

克劳士比诘难

回归本质，就意味着重思大师克劳士比的诘难（Crosby Elenchus）——组织为什么存在？我一直认为这是每一个管理者必须思考的首要问题，也是重思企业管理哲学与社会责任的基点。

组织为什么存在？是为了把自身当作满足股东赚钱的私欲的工具，还是为了

[①] 卡普拉（Fritjof Capra），维也纳大学理论物理学博士，并在多所欧美大学研究过高能物理学，也是加州伯克利生态文化中心的创始人。著作多而影响广，其中包括《转折点》（1982）、《非凡的智慧》（1988）、《生态管理》（1993）、《生命之网》（1996）及《物理学之"道"》（2012）等。

成为满足客户、员工及利益相关方需求的方式，抑或是为了成为服务大众、服务社会的机构？

彼得·圣吉[①]的答案是教授般循循善诱的：如果把公司视为一部机器，则意味着——被拥有者所拥有，并被创建者赋予为其赚钱的目的；人们看到的是由管理者们创立的系统和流程；意味着固定的、统计的，只能由某些人来改变的；她的行动实际上是对管理者所定的目标和决定的反应；其成员是雇员，或者更糟的是"人力资源"，储存在那里等待使用……

而另一个叫彼得·德鲁克先生的回答则厚积薄发、直截了当：盈利能力本质上不是企业的目的，只是企业经营活动的结果和好坏的检验标准。企业的目的不在自身，必须存在于企业本身之外，必须存在于社会之中。但是，在企业实际的运行当中，在机会之窗洞开的中国市场，大部分企业的领导，尤其是被 KPI 牵引的所谓的职业经理人们很容易为了利润而利润，甚至变本加厉。

许多人就此批评我：不管意图怎样，人家可是真金白银摆在那里啊，怎么不算是尽了社会责任呢？显然，我与那些企业无怨，也对那些金银无仇，更无心质疑他们的企图心。而是联想到逐利的欧美企业秉承着诸如"慈善原则""管家原则"等固有的基督信条，并在现实的税制约束条件下的常态化的捐赠之举，似乎并没有打上"社会责任"的标签。于是，出现了一个无奈的困局：捐赠不一定说明你在承担社会责任，但不捐赠一定无法体现你在承担社会责任。

那么，如何破解困局呢？答案是还原企业社会责任的原貌；如何还原？回归企业的本质，回归克劳士比诘难的答案：组织存在的目的，就是提供需要的解决之道（Solution to needs）。问题是：谁的需要？股东的，客户的，员工的，还是谁的？

摩托罗拉的生死劫难

当我在 20 世纪 90 年代初手持"大哥大"时就喜欢上了那个叫作摩托罗拉的

[①] 彼得·圣吉（PeterM. Senge），学习型组织之父，当代最杰出的新管理大师之一。代表作《第五项修炼：学习型组织的艺术与实务》。

先锋巨人,并痴迷于它的"大家庭"(Big Family)文化,这点从我们学院至今保留的周五"家庭日"的传统中即不难发现其影响。可惜的是,在零缺陷的土壤里创新出了六西格玛的质量武器并戴上了新质量文化典范的桂冠之后,它就不经意间开始自废武功了,随后便一步步沉沦在所谓的业务外包、重组、卖身自赎等战略举措中。何也?我一直想探其究竟。

一位曾任摩托罗拉高管的学生让我恍然大悟。他说在高尔文家族三代人的领导下,公司 70 多年都保持着"追求长远利益""以人为本"和"不把利润放在公司最重要的位置上"的经营理念,**并形成了深入人心的"员工第一、客户第二、股东第三"的大家庭文化,特别注意关心照料员工及其家庭的生活**。而 2003 年当代表华尔街资本力量的股东们接管了摩托罗拉之后,便蛮横地将其所秉持的价值观改成由杰克·韦尔奇倡导的"股东利益最大化",后面是句号。"员工"及其家庭被删去了,也预示着它也举起了从未使用过的裁员增效的大棒。所以,当 2011 年摩托罗拉移动带上陪嫁投入颇有"高尔文气质"的谷歌家族的时候,原本以为情趣相投、相见恨晚,但很快就形同路人,因为他们发现,虽然吃着一锅饭但已经不是一家人了。

而就在华尔街一次次向小高尔文施压和逼宫的时候,美国缅因州一个本该意气风发却忧心忡忡的创始人汤姆·夏贝尔①却毅然走进哈佛大学,不过他没有追求时尚而走进商学院的讲堂,而是静悄悄地推开了神学院的大门。他对教授们说,自己是来为公司寻找灵魂的。他的焦虑是明显的,因为他同样倡导"大家庭"文化,同样彰显"员工第一、客户第二、股东第三"的价值观,同样面临着业务的涨跌。当然,他是幸运的,作为第一代创业企业家的意志和坚韧是不可估量的,当 42 年前他与妻子创立公司时就注定遗留下一笔诱人的历史遗产:好的员工会作出负责任的选择;与消费者一起促进社会和环境的积极改变——从投资清洁能源

---

① 汤姆·夏贝尔(Tom Chappell),美国缅因的汤姆公司(Tom's of Maine)联合创始人。1968 年他与太太凯特·夏贝尔一起辞去了在家乡费城的保险公司的工作而选择了缅因州的乡村 Kennebunk,并在 1970 年创立了缅因的汤姆公司。汤姆固守"盈利而不伤害环境"的经营哲学并用"天然护理"理念指导公司去做顾客、雇员、团体和环境所需要的东西,履行公司天然关爱的使命,坚持天然标准和责任,不做动物测试,并将公司 10% 的利润捐给关爱慈善机构。

到支持社区和员工家庭。更加幸运的是，他在古老的宗教教义和深刻的人文情怀中找到了克劳士比诘难的答案。于是，他神清气爽地走出学院，把心得写成了一本畅销书——《公司的灵魂：为了利润和公众利益而管理》。

无独有偶，在中国改革开放的大地上，二三十年前就本能而又真诚地给出了答案：无论是面对巨额还款压力怒砸缺陷冰箱的张瑞敏演绎出的企业"质量责任"与基业长青的惊世传奇，还是任正非把熬好的绿豆粥深夜送到位于南海工业区简易的研发棚区，并在每个员工的办公桌下放置床垫的平淡故事，都浸透着中国企业家特有的精神气质和领导风范。

于是，问题就变得简明扼要了：公司的生存与持续发展，是企业最大的社会责任。而问题的另一面则是：你到底在为什么管理企业，利润还是长寿？

数量病毒与质量解药

二三百年来，"数量"一直像个喝醉酒的大汉在你的耳边鼓噪：扩大规模、提高产量、降低成本、兼并重组、冲击榜单、成王败寇……而"质量"则一直像个羞怯的小姑娘细声细语地对你说：客户忠诚、员工动力、诚实信任、最佳雇主、生态环境、永续成功、百年老店……期间，她也曾伴随着日本企业在20世纪七八十年代砸晕了美国的"质量风暴"以及在德国企业响彻全球的"质量号角"声中荣登历史舞台，展示美妙的容颜。可惜，不久就被那位"醉汉"砸了场。

愤怒的克劳士比在1979年用《质量免费》和克劳士比学院掀起了"质量革命"的波澜。他明确地反对基于机械系统或由物理学、数学编织的"科学的"质量智慧，尤其把矛盾的焦点对准它的基础——把组织视为一个造钱机器，而把人作为实现组织目标的工具。他提出质量的"开车理论"，把管理的焦点放在司机身上，强调质量管理即对员工的尊重、个人关联与激励，强调客户、供应商等利益相关方的利益；他首创"零缺陷"的概念，一下子从奥兰多的马丁公司席卷全美，尤其在美国总统和国防部的大力推动下掀起了"质量革命"浪潮的前奏。而这里的所谓"革命"以及其后波及全球的风起云涌的"质量浪潮"，究其实质，就是要把传统的笛卡儿和牛顿的"机械的世界观"范式用完整的"生态学的观念"所替换。

"传统的智慧是不正确的和有害的。"克劳士比先生从来没有忘记敲打那位

"醉汉",并指出企业实际是在假借质量标准之名执行数量标准之实,实质上在阻碍自己的成功,"它相信质量的执行标准是 AQL(可接受的质量水平),而且用'指数'衡量质量,结果就直接导致公司每年至少把 25% 的营业额花在做错事情和重做上面……为了改变,我建议不要再使用 AQL,而开始专注'零缺陷'。这就意味着要完全符合要求,而不是浪费时间去计算我们到底偏离了多远。因为问题出在我们自己身上,而不在概率身上。"①

要点在哪里?数量让你赚钱但不一定受人尊敬,或许还会折寿;质量则让你既赚钱又受人尊敬,还会长寿。核心是什么呢?公司是活的生命系统,而非"去人性化的"、吸金的机械系统。因此,它的基本的社会责任就是要照顾好自己的员工、客户和供应商,满足他们的需要;进而维系生态系统的平衡,以把"人类中心"价值观转换成"地球中心"价值观——所有的生命与人类一样,共同以归属、关联和宇宙整体性的觉悟方式生活在"生命之网"中。这就是答案,也就是以组织的 QFR 三要素(质量、财务和关系)为主要成分且遵循"精灵法则"(PERI:政策、教育、要求和坚持)的"完整性质量观"——清除肌体病毒的"克劳士比疫苗"。

所以,当我们提出将数量增长方式改变成"质量与效益"的健康的增长方式时,我们有理由期待它将为现实世界中追求成功的企业提供一个舞台:注射"质量疫苗",就将使企业责任的原则变成一顿互为前提、缺一不可且营养均衡的美食,帮助员工成功、帮助供应商成功、帮助客户成功。

商人为什么需要哲学

记得在"三鹿事件"之后没多久,我应邀参加了欧美同学会在长安俱乐部举办的"商界—名家午餐会"。午餐会由欧美同学会和中国留学人员联谊会副会长、商务部中国国际经济合作学会副会长王辉耀先生主持,长江商学院创始院长项兵博士作了《中国企业的全球化》的主题演讲。我之前曾与他有过多面之缘,便在

---

① 克劳士比.质量免费[M].杨钢等译,北京:中国人民大学出版社,2006.

席间过去和他打招呼，并向他请教关于"三鹿事件"折射出的中国品质的问题。记得他当时摇头苦笑，说："这个问题很复杂，一下也说不清楚。"后来在演讲的问答环节，也有人问到此话题，他依然摇头苦笑，说："这个问题很复杂，已经是企业价值取向的大问题了。以后再说吧！"我是非常钦佩项博士的，出席这次午餐会，多半也是冲着他来的。他是个个性十足、敢于直言的人，他领导的长江商学院也同样是个性鲜明、善于创新的团队。然而，他此刻欲言又止，说些外交辞令，让我觉得有些失望和不甘心，便想在私下找他谈谈，可惜他回答完问题后，便匆匆地赶往机场了。

在回家的路上，我仍在思考这样一个问题——到底是什么让这位曾敢于直言的学者选择了沉默和回避？要么是没有想过，要么是没有想透，也许，是想得太透了！毕竟，这位倡导中国企业家们要"站在月球上看地球"的学者起点太高了，许多人还是无可奈何地蹲在地下琢磨世界地图呢！看来，让这位学者说不出口的，正是需要先在地球上解决的大问题，那就是——大大小小的企业都在拼命地成长壮大，却不问"为什么"的问题，企业管理者们每天都为工作殚精竭虑、四处拼搏却不清楚"目的何在"的问题。虽然，德鲁克先生已经对此有过精辟的论述，克劳士比先生也以通俗说法给出了答案，但是，现实的问题似乎远远没有那么单纯。

就经济谈经济看上去很美，一旦价值观缺失，无异于自毁前程，正如管理的"三个层面"所说的，知物理、明事理固然重要，一旦人理不通则万事休矣。同理，也从来没有单纯的商业，也不能就商业谈商业的。所以，我们不得不思考另外一个异曲同工的问题——商人为什么需要哲学？

这个问题原本是由美国当代最有影响力的"理性利己主义"思想家安·兰德博士[①]（Ayn Rand）在1961年提出的。随后，兰德博士与伦纳德·佩柯夫博士共同出版了同名专著《商人为什么需要哲学》。兰德博士针对人们用"利他主义"和"自我牺牲"的道德伦理把商人视为自私自利的"邪恶奸商"的情况，鲜明地主张"理性利己主义"，公开倡导"自私是美德"。

[①] 安·兰德（Ayn Rand），原名"阿丽萨·季诺维耶夫娜·罗森鲍姆"，俄裔美国哲学家、小说家。她的哲学理论和小说开创了客观主义哲学运动，代表作为《源泉》《阿特拉斯耸耸肩》。

佩柯夫博士也说：“从本质上说，美国由利己主义者所创建。开国之父们预想的这片大陆是自私自利和追求利润的——也就是一个自力更生者、个人、自我、'我'的国家。然而，如今，我们到处都能听到相反的观点。这就是你必须作出的哲学选择。”①

因此，他们认为："商人必须是世俗的，他们关注物质利益。从支配生产线的物理规律，到冷漠严酷的财政账户之事实，商业都是一项注重实利的事业。这就是为什么在中世纪不可能存在商业的另一个原因——不仅自私自利，而且包括俗心，这些都是重大的罪恶。"②

如果仅仅了解到这些，你会倒抽一口冷气——这不就是华尔街推崇的"贪婪哲学"吗？难道这就是他们的思想的源头？你如果再看到一些文献，说某著名的华尔街投资大师在其经典著作里热捧兰德博士，连风光无限的格林斯潘先生也在《纽约时报》上写书评推荐兰德的论著，那么，你基本上已经把兰德给"判刑"了。

好莱坞曾拍摄过一部名为《华尔街》的电影，被誉为是商战电影中的经典之作，同时，这也是一部在金钱挂帅时代毫不掩饰地为人类的贪婪欲望辩护的一部电影。不知怎么，看过这部电影之后的很长一段时间里，我都感到很不舒服，也思考了很多问题，还索性找来影碟看了很多遍。最后终于让我想明白了——我之所以对由迈克尔·道格拉斯扮演的华尔街大鳄感到可怕，是因为他非常真切地帮我撕下了商人们那一层温情脉脉的面纱。在那个金钱至上、利益至上的社会，上到政界领袖、商界人士，下到普通民众几乎都是实用、趋利的，趣味寡寡。而电影的主人公们则为我们还原了他们倡导"贪婪是好的，贪婪是对的"生活理念的真实面目！

作为一名"生在红旗下、长在新中国"的部队大院里出来的"干部子弟"，我一直没有停止对"真、善、美"的追求，也未曾忘记"位卑不敢忘忧国"的古训。当初我怀抱着"产业报国"的理想下海经商，骨子里对那些自私自利者和唯利是图者充满了鄙视和不屑，内心深处就认为"贪婪是恶的"。所以，当我了解了华尔街把"贪婪"当作社会进化的动力和企业生产力的解放者之后，可想而知，

---

① 安·兰德，伦纳德·佩柯夫．商人为什么需要哲学[M]．北京：华夏出版社，2007．
② 同上

这对我的观念冲击有多大。虽然我始终不能接受它，但因此更加了解美国、更加了解所谓"资本家"的逻辑，一下子反倒认为那帮"可怕的"家伙不那么可怕了，甚至于变得"可爱"和可笑起来了！

也许，正因为如此，直到现在我也对那些"金融家""投资家"兴趣缺缺。2008年，当金融风暴开始席卷全球，美国的银行巨头尤其是投行"巨无霸"们陆续倒下，金融丑闻络绎不绝之时，我受邀前往重庆参加商务部和重庆市政府联合举办的首届中国服务贸易大会，并受到商务部长及重庆市委领导的接见。许多投行的中国代表也出席了会议，虽然他们依然是主角，但在他们发言时，已经看不到昔日"指点江山"的意气风发与万丈豪情，却多了几分谦虚和谨慎。倒是那些前来引资的重庆市大型国企的负责人们显得很高调。主持人说散会后大家可以留下来互相接洽，但他们简要的介绍完公司及项目情况之后，基本上都开溜了。我当时觉得非常不解，认为这样实在太有失礼貌了，后来还是一位高科技企业的老总给了我指点："他们以前就是这样对待我们的，而且比这过分多了。真是风水轮流转啊！"我们发现他说这些话时，丝毫不掩饰某些"报复"后的快意。

如今，似乎全球的金融业都遭到了"报应"——中国的除外，不仅没有变得灰头土脸，反而意气风发。反倒是那些财大气粗的国际投资商，一个个荣登"富豪榜"之后，便摆脱不了"黑幕"、诉讼、牢狱等的魔咒，尤其是那些首富。人们又不得不换一种角度去问兰德博士的问题了——商人们到底缺少什么？

对于这个问题，兰德博士又给了我们很好的引导。她说，商人们固然热爱财富，但是如果依据其财富的来源和获得财富的方式划分，你会发现，一些商人热爱创造财富，另一些人则热衷于挥霍财富；于是，兰德博士把他们称之为财富的"创造者"和财富的"占有者"，她赞美前者，而蔑视后者。兰德博士认为："财富的创造者是发现者，他将其发现转换成物质产品。最为重要的是，财富创造者也是发明者和革新者，他们性格中最明显缺失的品质是顺从。对财富的创造者而言（对艺术家也是如此），工作不是一项痛苦的义务或者谋生手段，而是一种生活方式；对他来说，生产活动是本质，是存在的意义和乐趣！是充满活力的状态。"[①]

---

① 安·兰德，伦纳德·佩柯夫等.商人为什么需要哲学[M].北京：华夏出版社，2007.

而反观那些财富的占有者们，或许可能成为政治家，或者是"寻求捷径的商人"，或者"通过政府恩惠而变得富有"，因此，他的"本质特征是其社会依赖性"，"他的根本目的就是得到一份由他人创造而自己不劳而获的财富份额。他寻求变得富有，但不是通过征服自然，而是通过操纵他人；不是通过知识和努力，而是通过社交策略。他不生产，却要参与重新分配财富，只不过是将已经存在的财富从主人的口袋转移到自己的口袋。"[1]

所以，"只有财富占有者才雇佣私人广告人员，才为了吸引公众注意而故作姿态。只有财富占有者才以粗俗的方式炫耀、展示自己的财富，渴望'威信'和关注，迫切地赖在咖啡馆社交圈的边缘不走。财富创造者并非如此热衷于财富。对他来说，财富只是达到目的的一种手段——拓展其活动范围的手段。大多数财富创造者对奢华的生活漠然处之，他们的生活方式与其财富相比，其简朴程度令人吃惊"。兰德博士说，她为此专门请格林斯潘先生大胆地估算，"美国商界里，那些真正地财富创造者到底占多大比例？"他思考了片刻，有点伤心地回答："在华尔街——大约5%；在工业界——大约15%。"[2]

其实，兰德及其后继者们已经给出了答案。那就是——真正的商人是需要对三个哲学问题给予解答的。这三个根本问题是："存在什么？你是如何知道的？你应该怎么做？"

当华尔街推崇的"贪婪哲学"崩溃，引发全球至今未果的经济大危机，我们商人们更加需要回答这个简单而深刻的问题了——商人为什么要学哲学？

对于上述三个根本的问题，是到了给出自己的答案的时候了。

变革——"中国制造"的质量主张

毋庸置疑，历史走到今天，人们发现全球都不会制造了，巨大的机遇摆在"中

---

[1] 安·兰德，伦纳德·佩柯夫等.商人为什么需要哲学[M].北京：华夏出版社，2007.
[2] 同上。

国制造"面前；好莱坞甚至用风靡全球的灾难片《2012》预示"中国制造拯救地球"的情景，在影片结尾部分，代理指挥官看到如期完工的巨型方舟，惊叹道："选择中国没错，交给其他国家不可能完成啊！"

是啊，历史把"质量复兴"的重任给了中国。然而，我们自己仍要扪心自问："面对机遇，我们准备好了吗？"

答案并不乐观，因为我们的确还没有准备好，不是物质上的，主要是精神上和理论上的。无论是政府主管部门、大中型企业，还是从事实践和研究的个人，我们似乎都一时无法从"被胜利冲昏了头脑"的眩晕中清醒过来，更无法找到并适应"做老大"的感觉，基本上是处在被动反应和摇摆不定之中的。

这也在一定程度折射出"中国制造"所处的窘境。

著名的哲学教授汤姆·莫里斯曾经提出过这样一个看似奇怪而荒谬的命题——如果亚里士多德来经营通用汽车将会怎样？

这绝非戏谈，而是一个严肃的大问题！莫里斯教授说："现在的人不见得比过去的人聪明。其实，先哲们早已为我们留下了许多经验与心得。倘若我们懂得运用古人的智慧，必定有助于迎接挑战、赢得未来！"[1]

如此，我曾在前面的章节中效仿莫里斯教授作了一番大胆的设想——如果孔子来经营三鹿公司将会怎样？

当然，这也不是盲目地效仿。作为分别代表着东西方文明的圣哲——孔子和亚里士多德，都以"求真、爱美和为善"作为思考人性和把握组织价值的基石，从而可以为企业和经营管理者提供一个崭新的视角，帮助他们重新思考和认识商业活动的本质，回归事物的基本点或原点，从而达成卓越的表现。正如亚里士多德所说的"受哲学家规范的人，永远富足"。

为此，莫里斯教授认为，古代的哲人们早已为我们准备好了答案，只要我们将先哲们的思想善加利用，便可以给污染的办公室带来生机，再创企业精神，为我们的商业模式重新注入新的活力。只要持续运用这些最简单、最基本的概念与真理，作为日常行事的根本原则，我们终将发现，伟大的成就原来根源于单纯——

---

[1] 汤姆·莫里斯.重思管理的艺术[M].游敏译，海口：海南出版社，2002.

这就是人生"成就感"的四大基石。

莫里斯教授说,"人生成就感"就来源于人生幸福的"四大基本要素"——理性、感性、伦理和信仰。其表现形式分别为:智慧的、美感的、道德的和精神的;每一个要素又都有一个目标,成为"人生成就感"的基石:求真、爱美、为善以及合一。①

所以,对人的行为及其卓越表现的动因的探讨,可以使我们审视企业的商业行为,借以发掘维系组织取得成就的内在基础,从而真正深入地了解组织"卓越表现"的含义,创建企业获取成就感的基石。正如克劳士比所指出的那样:唯有先彻底地了解组织中最基本的要素——"人"的成就感的基础,才有可能进一步体会到:每一个人的满足是如何影响组织的业务互动和关系互动,又是如何促进组织的发展与长久繁荣的。

如果将上述各种基本的要素用不同的方式进行组合,就会得出三种"卓越"表现的模式。

第一种:"竞争求胜模式"——这种模式承袭了古希腊、罗马和欧洲传统思想发展沿革的思维模式,倾向于鼓励人们满怀利己与敌对的心态去追求卓越的表现。正如著名作家爱默生所指出的:"撒克逊民族的孩子从小就被灌输立志争第一的观念,这就是我们的制度。而衡量人伟大与否的方法,就是要细数对手的懊悔、嫉妒与仇恨。"

显然,这种价值取向与精神追求存在许多行动上的盲点,比如,在现今的美国,球队抱持的竞争理念是"赢球不是一切,但是唯一的事";律师们过度重视输赢,却将伸张正义忘诸脑后;医生们也以竞争作为首要的目标,忽视了对病人的关心与照顾;甚至连大学老师也是如此!

第二种:"比较成长模式"——这是一种融合了儒家、道教、印度教和佛教等东方传统思想的智慧,注重自己的发展、成长和目的,而不用通过对手的竞争结果来评估自己的表现模式。所谓的"比较",不是与其他人或组织比较,而是将自己的现在与过去相比较。这是一种不带竞争意味的比较,强调的不是超越他人

---

① 汤姆·莫里斯.重思管理的艺术[M].游敏译,海口:海南出版社,2002.

的外在得意,而是超越自我的内在狂喜。这对于正确地引领一个组织追求卓越的心态具有积极的作用。但其行动的盲区在于,有可能造成过度的"以自我为中心"的潜在危机。许多企业里的"持续改进计划"就属于此类模式。事实上,要想获得真正的成功,必须跳出狭隘的自我空间,以"完整性"视角统观企业的价值链,持续地改进自己的工作。

第三种:"协力合伙模式"——这种模式是从美国金融服务业发展而来的,我们还可以在医疗保健制度和部分企业里找到它的踪影。该模式成立的前提是人与人之间、组织与组织之间存在着不同的互动关系。其表现方式既有积极的一面,如配合的关系、协力的关系;也有消极的一面,如作战式关系和竞争关系。

由此,我们可以得出这样的结论——协力就是与他人搭档,集聚众人的力量与智慧,彼此尽己所致、尽其所能。真正的卓越表现是与我们和相关利益者的关系、合作方式密不可分的。

换言之,协力模式并不只是追求卓越的一种方案,同时也是任何真正的成就所不可或缺的组成部分。事实上,组织的卓越表现本质上就是协力互动的业务和关系的成功。

著名咨询机构普华永道公司在思考"在未来10年中,应该如何领导和管理我们的组织"这一问题时,曾经对全球约200家企业进行了调查[①]。他们发现了一个组织的"卓越表现与文化之间的关系"模型——其建立的基础就是那些取得卓越表现的企业所遵循的实证的逻辑:

> 对任何组织来说,卓越表现都来自员工成功的业务和关系;
> 文化决定着他们的业务和关系的模式;
> 文化特性以及塑造文化的力量是能够清楚地识别出来的。

因此,要想重塑文化,管理者们必须正确地识别这些特征以及塑造这些特征的力量,并通过各种直接或间接的方式对它们施加影响。

---

① 普华永道变革整合小组.管理悖论[M].北京:经济日报出版社,1996.

如果说"卓越表现"是有形的话，那么，它是由无形的"文化"所决定的。但表面上无形的"文化要素"，实际上又每时每刻都在受到六股"塑造力量"——"领导者行为""绩效考评""人事惯例""愿景、目标和战略""组织结构""竞争环境"的影响。

所以，管理的逻辑正好反过来了——企业的卓越表现有赖于人们成功的业务和成功的关系。而成功的业务和成功的关系又要受到企业中六大"文化要素"——氛围、规范、符号、准则、价值观、信念的强烈影响。而通过六股"塑造力量"的有效运用，就可以改变企业的"文化要素"，从而成为"可信赖的组织"，打造出"永续成功"的基业！

• THE WAR OF QUALITY AND QUANTITY •

• 第三部分 • 破局篇 •

THE WAR OF QUALITY AND QUANTITY

改变心智是最难的管理工作，但它恰恰是金钱和机会的隐身之处。

——菲利普·克劳士比

所有的意义重大的变革，都是要经过与"现有旧势力"的直接对抗才能产生的。

这就是人们称之为"变革"的原因！

——汤姆·彼得斯

07 质与量之战的本质

导读：如果我们仅仅用数学或者是物理学的概念去思考质量，那么我们将会严重忽视每一次判定、每一次决策对员工，尤其是基层员工心理上产生的伤害和负面影响。质与量之战，在本质上是心理与物理的博弈，是"人本"与"物本"的竞局，是中西文化融合之辩。不能"0和1之思"，就难懂"质量革命"，难免常常借尸还魂、尊崇错误的方法。

核心话题：质量总是和心理相连，而数量永远和物理学、数学息息相关。"0和1"不是数字游戏，而是切切实实的身心体验与心理感受。透过质与量之战，我们可以窥视中西方文化和艺术的秘密，并能够找到西方的管理制度、方法和工具为什么在中国企业容易形成"两张皮"的原因。

数学或物理学与心理学的分野

我们在前面谈到"质量"与"数量"的分野,许多人说这不过是数字游戏而已,你何必这么较真呢?更多的人,对于"质量是心理学"始终理解不了。那么让我们把前面那"一道划痕的故事"的后半部分再演绎一番吧!

0 和 1 并非数字游戏

现在,假如我是那名造成划痕的工人,刚从技校毕业,入职该公司。经过半个月到一个月的新员工培训,我把各种操作手册、工艺规程等都背得滚瓜烂熟了,自然明白了什么叫质量、什么叫问题。也许是鬼使神差吧,我上岗后没多久就出事了,一下子就被检验人员发现了。我当时吓坏了:没有质量了,要被罚款了。于是,心里暗下决心:我错了,我一定要改错。可就在我要改正的时候,突然发现,生产部门的大主管站了出来,跟那位检验员理论与争吵,似乎力求为我说话,证明我是对的。这时,该我糊涂了:哎,原来我没有错啊,是搞质量的人错了,我是有质量的。那算了,我不改了。可过了一会儿,我又发现生产主管灰溜溜地离开了,质量人员赢了。这时我又明白了:唉,原来我还是错了。

可又过了一会,技术人员来了,他们可是大拿啊!他们也在那里争论,力求说服质量人员我是对的。我又是一阵高兴:哦,原来我还是对的。可是过了一会儿,技术人员也悻悻然离开了。我这时候已经完全糊涂了,岗前培训的那些什么是啊非啊的规定、质量啊问题啊的规章都被颠覆了。但是,事情还是要做,生活还是要继续。我只好睁一只眼闭一只眼,走一步看一步。

又过了一会儿,我发现销售人员也来了。销售人员不是代表客户的吗?质量不就是满足客户的要求吗?哦,原来销售人员也力求代表客户证明我是对的,我是有质量的。"原来我还是对的,不用改了,就这么做吧!"让我更加郁闷的是,后来我发现销售人员也离开了，而且我又听到了更糟糕的消息：老总把他们都叫过去训话了。这时，我真的感到害怕了：看来我是错了，我一定要改，一定要把问题根源找到，下次绝不再犯。我必须要努力去改，否则就会丢掉自己的饭碗。

事实上，这个时候发生在办公室里的一切事情，我都是浑然不知的，我只知道最后的一个消息，看到最后一个结果，就是——"过"！你们可以想象我当时内心是怎样的一阵阵狂喜，什么是质量？就是——过！而不管你如何定义质量。对于我们一线员工，非常简单：过，就是有质量，不过，就是有问题。我一下子豁然开朗了。如果说一开始还是做贼一般、偷偷摸摸地干，而这时则会大张旗鼓地再来一下，再来一次。而且还可以非常坦然地挑战质量人员：你抓我呀！甚至于敢挑战主管质量的最大的头儿——老总，来，抓我呀！我又错了，来抓呀！

虽然我说得有点夸张，但是你们可以想象一下，它是如此鲜活与真实。这就是我所谓的"质量总是和心理学相连，而数量永远是和物理学、数学息息相关"。如果我们仅仅用数学和物理学的概念去思考质量、去逼问质量，那么，我们是否了解每一次决策、每一次判断、每一次判定，会对我们的员工，尤其是基层的员工心理上产生怎样的震撼和影响呢！这才应该是我们要充分思考和高度关注的。

所以，0和1不是数字游戏，而是切切实实的身心体验和心理感受。

"都是月亮惹的祸啊"

另一方面，透过0和1的游戏或者质与量之战，我们还可以窥视中西方文化和艺术的秘密，并能够找到西方的管理制度、方法和工具为什么在中国企业容易形成"两张皮"的原因。

0和1，也即是和非、黑和白。那么，什么情况下才有可能出现黑白分明的状况？当然是在太阳底下。我们知道，西方文明的源头在古希腊，文艺复兴起源于意大利，都可以进一步看到更加遥远的古埃及文明的影子。无论是地中海还是红海，那里都是阳光灿烂、黑白分明的。人们崇尚太阳神，发明了太阳历法。因此，生活的方式也都是围着太阳转的。比如，在明媚的阳光下品红酒、喝咖啡、聊思想；追随光影的变化，使用物理透视的方法在太阳下画油画；用大理石和石头作为材料，捕捉光影的变化去展示人体的美；同样，用石头并配合玻璃以营造光影的多彩变幻的效果，再加之管风琴和唱诗班的共同渲染，一种肃穆、神圣的宗教氛围就会让你的灵魂向上升腾……这也就不难理解，为什么他们把载人登月的伟大计划命名为"阿波罗计划"，而阿波罗正是古希腊神话中的太阳神。

但对于月亮，则是另一种情景了。古希腊神话中的月亮女神阿耳忒弥斯（Artemis），是阿波罗的孪生姐妹，是一个执着追求着爱与永恒的形象，而其实这背后隐藏的是一种强烈的自我占有欲望。因此，在西方的文学中，月亮和人是相互独立的个体，明月下，只会突显人的孤独和月的无情；有时，月亮还让人生出病态和恐惧之意。在西方传说中，吸血鬼、狼人这类怪物的出现也与月亮密不可分，甚至它们的力量会在月圆时达到顶峰。可见，西方文化中有一种对月亮的天然而又根深蒂固的不祥意象。

反观我们，则会发现一种非常有趣而又大相径庭的现象。全世界也只是在近些年认真观察中国才有所察觉：原来还有十几亿人不是围着太阳转而是围着月亮转的，他们的生老病死和日常吉凶之事是用阴历而非阳历来记的。他们对月吟唱、饮酒挥毫，产生出了伟大的诗人、画家和书法家。中秋节，就是他们举家颂扬"月圆之相"、寄托美好愿望的节日，似乎也就使得种种对月亮的爱和意象达到了高潮。相映成趣的是，他们也登月，而实施的计划则是充满美好意愿和美丽愁绪的"嫦娥计划"。

所以说，中西文化在本质上是异质的，正如一幅太极图，他们各执一端，一个偏阳、一个偏阴；他们时常像恋人那样相互遥望，而又相互不解，有时也像一老一少发生争执那样，一个愤而指责，一个叹而摇头。

由此，我们可以有趣地发现：日与月之迷，恰如质与量之思。而不求甚解般或者急功近利式的"拿来主义"，自然会产生"窗外—窗内争辩"的现象，至于"两张皮"的现象，更是不言而喻之事。

被长期误解的泰勒

我们已经知道，质量具有"先天的缺失"，如果我们再稍微回顾一下质量进化的历史，就更能真切地感受到这一点。

最早的关于质量控制的理论诞生于工业革命时期，那个时候，随着统计学的原理被引入生产制造，数学起到了重要的作用，关注的焦点自然是如何尽可能地减少质量上的偏差；久而久之，随着"生产力时代"渐入佳境，能够更快、更大规模和更低成本地生产出满足市场需要的产品显得尤为重要，由此，强调或凸显的便是效率了。这个时候，对质量的认知依然是减少偏差，强调产品的一致性和可靠性。如果说有什么新的质量思维的话，那就是系统分析的观点。由此，我们可以对工业革命时期做这样的一个划分，把它分为工业革命的时代、生产力的时代和质量的时代。

"质量思维"与"数量思维"的关系如此密切，以至于我们只要谈及质量，就避免不了要到"数量思维"的层面里去思考、去解析、去博弈质量的场景，所以，我才说"质量"有着一种"先天性"的缺失。

说到这里，我们就不得不提两位"质量界"的老前辈——一个是因倡导"科学管理"而对生产力的时代产生了伟大而积极作用的美国古典管理学家，弗雷德里克·温斯洛·泰勒；另一个是对整个质量界，尤其是对"日本质量"的提升产生了伟大历史作用的威廉·爱德华兹·戴明。

然而，人们往往人云亦云地站在生产效率的角度来考量这两位大师，用数学和物理学的原理思考他们所产生的意义。虽然有些是很中肯的，但是，正所谓"知我者谓我心忧，不知我者谓我何求"，两位大师本人一直认为没有得到别人正确的认识，误区多多，令人焦虑，这不得不说是一种遗憾，甚至是不幸。

就拿泰勒来说吧，别人都说他为工业界带来了伟大的效率，而且把他的所谓"科学管理"的方法当作医治百病的灵丹妙药，一下子，大批的"效率专家"应运而生，高举起他的"效率主义"旗帜，开始经营起提升工厂效率的营生。工厂老板们心花怒放，泰勒却焦虑不已，急得满脑汗珠，反复地说："错了，错了！他们把科学管理理解错了！"后来，泰勒在美国国会的听证会上，专门郑重其事地对"科学管理"做过一番具有"拨乱反正"意义的诠释，堪称经典：

> "科学管理"并不是一种有效率的方法，也不是一种获得效率的方法，也

不是一串或者一批有效率的方法。

"科学管理"不是一种计算成本的新的制度,不是一种支付工人薪酬的新方法,不是一种监督工作制度,不是一种奖金制度,不是一种付酬制度,也根本不是一种支配工人的计划。

"科学管理"不是拿着秒表观察一个人的工作并记下他的情况,不是公式研究,不是动作研究,不是对工人动作的分析。

"科学管理"不是印制一大批表格并将表格发给一些工人,而且说这就是你们的制度,照着办吧;不是分工工厂制或职能工厂制,不是谈到"科学管理"时一般人所想到的任何方法,一般人在听到"科学管理"这个词语时会想到上面一种或几种谈到的方法,但是,"科学管理"不是其中的任何一种方法。

"科学管理"实际上包含要求任何一个企业或机构中的工人们进行一场全面的心理的革命。也就是这些工人,在对待他们的工作责任、对待他们的同事、对待他们的雇主态度上的一次完全的心理的革命。同时,也是管理方面的工长、厂长、雇主、董事会,在对他们的同事、他们的工人和对所有的日常工作问题责任上的一次完全的心理的革命。而没有双方的这种全面的心理革命,科学管理就不能存在。这就是科学管理的实质——伟大的心理革命。

再来说戴明,他开发了一种叫作"深刻的知识体系"的管理理论。该理论包括四个部分:第一是系统;第二是偏差的知识理论;第三是认识论;第四是心理学。他曾反复强调:质量不仅仅和系统及偏差知识相关,它和认识论尤其是心理学同样密切相关。

可惜啊,大部分人已经习惯于先入为主了,对他们理论的微妙性及本源性也就难免视而不见、听而不觉了。自然,不费心力地从单纯的数学和物理学的角度去思考和度量质量,应该是颇为讨巧的事了。这也就是为什么人们要怒斥那些"不按常理出牌"的家伙们的原因,比如,汤姆·彼得斯、克劳士比,还有加拿大麦吉尔大学的亨利·明茨伯格,至于后来又开始纷纷仰慕他们能够"挽狂澜于既倒,扶大厦之将倾",彰显出王者的风范,那就要在"成王败寇"的故事中讲解了!

从"质量革命"到"管理革命"

随着克劳士比先生和朱兰两位大师的相继谢世（克劳士比先生逝世于 2001 年，朱兰先生逝世于 2008 年），全球质量界顿感失去了领袖，进入了没有大师的时代，或者说是进入了各路"英豪"纷纷登场的年月。如果说还有谁可以称得上是大师的话，那就是已经年近九旬的费根堡姆①先生了，费老曾在 1950 年出版了一本在全球具有深远影响的著作《全面质量控制》（Total QualityControl，TQC），因此，有"TQC 之父"的美誉。而"全面质量管理运动"之所以能够风靡全球，也是源于他的推波助澜。

此后，费根堡姆博士和他的弟弟一起组建了一家 GSC 咨询公司，专门致力于研究全面质量管理之后的该如何去做的事情，而且进行大量的管理实践。我曾经拜读过费老的最新著作《管理资本的力量》（The Power of Management Capital）。这本书虽然语言有些晦涩，但如果你了解费老的思想，你会发现还是可以清晰地解读出他的心路历程的，那就是——质量管理应该如何用商业的损失、用管理质量来进行衡量，也就是如何强调提升管理资本的力量。

管理资本的力量

2008 年我和费老在休斯敦的希尔顿酒店不期而遇，而对于那次见面，我至今记忆犹新，而且感触颇深。因为我曾在 20 世纪 90 年代末与克劳士比先生一起见过他，那时候，坦率地说对他的思想，尤其是他的思想的发展并未有太多的了解，也只是一些礼貌性的交流。而 2008 年见面后的谈话，加上认真地拜读了他的新书和 MIT（麻省理工学院）对他的访谈，以及相继做过一些电子邮件的沟通，使我对他的理解更加准确了；这种思想的经历在我对朱兰先生由刻板印象到正确理解的过程中同样发生过。

最后，你会发现几位大师在晚期的思想，其实是殊途同归的。这再一次让我

---

① 费根堡姆（Armand V.Feigenbaum），全面质量控制之父，质量大师，全面质量控制的创始人，主张用系统或者说全面的方法管理质量，在质量过程中要求所有职能部门参与，而不局限于生产部门。著有《全面质量控制》。

深思老子为什么在《道德经》开篇即指出"常无欲以观其妙，常有欲以观其徼。此两者同出而异名"的缘由。从而也使我更加理解了费老批评美国质量界"借尸还魂"的说法。我曾为此专门在博客上撰文：

在一天的会议快要结束的时候，我应邀参加 ASQ 组委会的一个答谢与颁奖酒会；在连接希尔顿酒店与会议中心的长廊上，我碰到了国际质量大师费根堡姆博士，他也认出了我，而且告诉我，他也是应邀前往出席酒会的，当然，主要是与质量出版社约谈新书出版事宜的。

我陪着他一同前往酒会，一路上，我们谈了许多，谈到我的老师克劳士比，谈到美国质量的现状，尤其谈到对中国质量的看法，当然，也谈到他目前的工作与生活的情况。费老虽然已经 88 岁高龄，走路稍显不便，但依然神采奕奕、思路清晰。

我对他说，在我们学院的会议室里，把他的大幅照片与戴明、朱兰、克劳士比的照片放在一起，表明我们对质量传统及其传承的认知。他感到非常高兴，感谢我们对他的厚爱，同时，对于朱兰博士的仙逝，尤其是失去了克劳士比这位"小老弟"而倍感惋惜。

令我感到惊奇的是，他目前依然非常忙碌。他告诉我，太多大型企业的高管等着他的指导，而他自己最大的困扰就是没有足够的时间。我告诉他说，中国流行一首歌，是说康熙大帝发出感叹"真的还想再活五百年"。他听完，先是愣了一下，然后爽朗地笑出声来，连连说："是啊，是啊，我也是这么想！"在谈到对美国目前的质量状况时，他叹了一口气，对我说："我为美国经济感到悲伤，对美国企业的短视行为，尤其是急功近利的做法感到悲伤。目前人们普遍对经济的好转缺乏信心，这对于质量来说，不是好消息。克劳士比是我的好朋友，他一直都在提醒美国企业，千万不要认为我们的质量管理已经不错了，这其实是在破坏质量，是在自杀。我也一直在这样说，今天看来，竟不幸言中。

"不过，好消息是中国经济在快速发展，我相信中国质量在其中一定作出了自己的贡献，如果坚持下去，必定会大过日本质量对世界的贡献。对此，我是充满期待的。不过，需要注意的是，要避免走美国人走过的弯路，比如，**忘了质量是与客户价值与财务贡献紧密相连，是管理层，尤其是每一个员工的日常工作的基本内容，而变成了组织中少部分专业人员的技术活动**。这样下去，又会倒退到TQM之前了。只不过区别是，专业人员的技术和工具更加精密和复杂，从而使他们更加热衷于追求专业资格认证；但相同点是：更加脱离全体员工，尤其是管理层。**所以，我真心希望中国质量要引以为戒，不要把质量工具或方法当作一种时尚去追求。**"

在谈到他的新作《管理资本的力量》①时，费老兴致甚浓，他说，这是他对质量的最新思考，正如克劳士比认为"质量免费"，用金钱衡量质量与竞争力那样，"管理资本"其实就意味着持续地促进业务的增长和盈利性，它是一种配置与整合公司全部资源从而创建新的业务创新特性，获得市场份额和削减成本的全新的方法，同时，也是一种破除20世纪陈旧的管理教条的崭新方式。因为质量就是由客户决定的，只有在你的客户决定你的质量是否提供了价值和领导力的时候，你才会有销售增长的结果。这实际上是一种转变，**要完成从"质量管理"（Management of Quality）到"管理质量"（Quality of Management）的转变；这是一种微妙而意义深远的转变，也正是被许多竞争对手所忽略的"一种强有力的质量之路"（a powerful way for quality）。**

当我问他，这些和克劳士比先生强调的创建"有用的和可信赖的组织"，从而通过质量提升组织的竞争力的主张是否一致时，他回答说："是一回事，我和克劳士比曾经交流过这些。他**所谓管理者要致力创建'可信赖'的组织，事实上就是在创造组织的'管理资本'**。"

在谈到对中国质量的寄语时，他眼睛一亮，加快语速说道："对于中国的企业，我特别希望他们能够关注这些新的思维。**要从组织的本质出发，不要被目前美国质量界的各种'时尚的'新东西所误导，要向日本人学习，创新后形成有自己特色的管理方式。我坚信中国人一定有所贡献的。**"

在酒会开始时，主持人在介绍他时提到他的 Total Quality Control（全面

---

① 阿曼德·费根堡姆，唐纳德·费根堡姆.管理资本的力量[M].北京：华夏出版社，2003.

质量控制）时，他竟然在下面马上打断他，并大声说："不对，那是过去的概念，你应该换成管理资本，强调质量对业务增长和盈利的贡献。"下面一片善意的笑声。这时我发现他还是一个可爱的性情中人。

不能"借尸还魂"

詹姆斯·哈灵顿博士[①]是克劳士比先生的老朋友，他也曾担任过ASQ（美国质量协会）主席；并且担任过克劳士比学院的第一个客户IBM公司的质量总监，也是项目双方的联系人和项目的推进者。

我曾经在哈灵顿博士来中国的时候见过他，当时克劳士比先生过世不久。哈灵顿博士对我说，对于克劳士比先生的逝世，他非常难过，因为他失去了一个好朋友，而质量界失去了一位伟大的导师。

如今，作为先后出版了十余部著作的多产的作家，哈灵顿博士依然活跃在质量界，通过著书、写专栏、演讲等方式发挥着他思想的威力。

在奥兰多，我曾经专程登门拜访了号称他的"小弟"的理查德·哈灵顿（Richard Harrington），他创立了一家专门从事质量管理软件开发的哈灵顿集团公司。这是一栋独立的二层小楼，斜对面不远处就是克劳士比先生当年工作过并创造了"零缺陷"概念的马丁·玛瑞塔公司。在他的办公室里，我们谈到他们这两位哈灵顿的思想上的异同和业务上互动的方式，以及对目前企业质量管理状况的看法。他认真地告诉我，他是哈灵顿博士的追随者。他多次听到哈灵顿博士对美国企业质量管理现状的担忧，也表示同样的忧虑，美国经历过两次质量革命之后，依然又退回到了老路上去，依然又用技术的思维，用数学的思维，用了貌似现代化的、貌似更加精密的科学技术的手法，使得以数学为基础的传统的质量控制理论又"借尸还魂"了。所以，哈灵顿博士反复强调说："是时候了，是到了要纠正的时候了！"

他专门推荐我读一读哈灵顿博士最近写的几篇文章，一篇是《回到未来》

[①] 詹姆斯·哈灵顿（James Harrington），美国著名质量管理专家，曾先后任美国质量协会和世界质量科学院主席，他认为质量战略经营不是质量经营和战略经营的简单结合，而是使企业迅速找准方向、不断抓住机会，取得意外效果的知识经济管理模式。

（Back to the Future），另一篇是《我看精益六西格玛》（LeanSix Sigma asISaw It）以及与原摩托罗拉的六西格玛专家关于《六西格玛 VS TQM》的辩论文献。

  我认真拜读过之后，果然是颇受启发。哈灵顿博士认为，六西格玛源于80年代摩托罗拉与日本的碰撞，意图在于通过聚焦衡量、统计分析、流程定位、过程能力分析、SPC和图角法等方法改进质量。后来，当摩托罗拉的六西格玛专家离职并自立门户后，便把它推销给了联合信号集团（Allied Signal）和GE公司，主要作为改进财务绩效而非改进质量的方法。于是，大家都开始把视线聚焦在公司的财务结果上，而非客户身上；六西格玛变成了削减成本而非提升客户满意度的方法，变成了"黑带""绿带"的个人工作，而非每一个人经过团队合作成为问题的解决者。

  事实上，**六西格玛真正关注的是变异和统计数据，而不关心因公司文化的转变而产生的行为的变化；它的目标就是要通过减少变异来节省成本**。问题是，当你开始聚焦变异时，你就把眼睛盯在错误的事情上了。看看摩托罗拉和GE的结果就知道了。他们都宣称六西格玛为他们节省了千百万美元，可是摩托罗拉在1995年的市场份额高达60%，到2003年降到了15%；GE开始实施六西格玛以前的客户满意度非常高，之后虽然杰克·韦尔奇夸口平均每个项目带来了5.3万美元的收益，但仍打算将70%的制造业务外包到海外，以提高盈利水平，致使质量逐渐下滑。所以，**汤姆·彼得斯指出，几乎所有的改进都来自简化设计、制造、规划和流程与程序，而非减少变异**。

  与此同时，福特的生产方式原本是关注质量的、精益的、高效的和提升制造流的，却因20世纪40年代末从GM跳槽过来的两位高管，推行追求投资回报率的"斯隆会计系统"而被"谋杀"。但被后来的丰田公司学习过去，并在追求质量的热情中得到"复活"。

  不幸的是，如今六西格玛项目旨在成为CFO的目标而非质量目标，甚至美国的国家质量奖也开始用财务指标取代质量了，而且已经用"卓越绩效"的名字把"质量"踢走了。**质量专业人员也开始因为项目的财务指标的成功，而沉湎于"回复原状"解决问题的喜悦，远离去进行"预防系统"的实践**。毕竟，我们需要铭记的是，企业的成功是用你能够帮助终端客户或消费者省多少钱而非你自己能够省多少钱来衡量的。

我在这里无意做哈灵顿博士的传话筒，只是觉得他说出了我要说的话。因为他所说的事情，我都在观察和思考。不同的是，他是站在大洋的彼岸，而我则立足于中国本土的质量实践，而结论是一致的，担忧是相同的，的确令人回味。这也表明中国的质量绝对是世界的质量。不过，我比大师们更加焦虑，因为毕竟他们经历了近百年的积淀，对质量是有集体意识甚至潜意识的，所以他们还可以通过"回忆"进行纠偏或纠正；而我们需要格外的小心，如果第一次就做错了，那么基本上只好推倒重来了，因为我们的质量还没有根基，经不起折腾！也许最佳境界就是"众里寻他千百度，蓦然回首，那人却在，灯火阑珊处"。

为什么许多公司所尊崇的所谓的方法都是错误的

费根堡姆博士曾经接受美国《工业周刊》（IW）[①]的专访，他对记者说："许多公司仍然不知道到底什么是成本。"这是现实。正因为如此，许多公司所尊崇的所谓业务提升最佳道路和改进质量的方法都是错误的。

"现在让我们来谈谈整个国家的经济水平吧。"他对记者说，"为什么政府统计的美国经济增长数据似乎离我们经营的业务实绩如此遥远？就是因为他们没有衡量质量，没有衡量顾客是否满意。因此，在美国的经济框架中，质量衡量是个缺失的环节。

"在多数公司的系统中，如果我们广泛应用全面质量和质量成本，将意味着会提升美国的GDP。我们提出一个为经济学界广泛接受的硬数字：将会提升7%的GDP。这个看起来虽然不是很大的数字，但我们知道，我们每年只有2%或3%的GDP增长。从我的观点来看，每当看着自己的墓志铭，我都会问自己：这些年来，究竟是什么鬼东西限制了质量成本的核算与使用？"

IW记者问："这个问题的答案是什么？"

费根堡姆回答："答案是你必须了解：质量不是作为一个孤岛存在，每个部分

---

① 参阅《工业周刊》（Industry Week，IW），2014年4月刊。更多专访的中文内容，可访问"今日头条"客户端搜索"零缺陷管理时代"。

的结果都会影响总体质量。质量包括来自客户价值的增加，来自投资者的价值回报，以及公司基本目标的实现。并且你通过质量成本衡量，与这些结果连接。当你这样去做的时候，高级管理者就会接受全面质量的概念，从而消除他们的不确定性因素，与实际管理的脱节现象也会像在烈日下的烂泥一样消失。"

IW 记者问："说到底，企业是人的反映，是人的要素。你的一个概念就是把活力、热情重新注入了人们的工作。你能接触到这样的管理者吗？"

费根堡姆说："管理者通过向员工提供工具、资源、目标和支持来帮助员工做他们自己的质量改进，这样做的目的是让组织中的每一个人成为自己工作的主人。现在，管理者不能仅仅只做演讲，不能对员工只做简单通用的培训课程。你应该回到你的工作场所，你就会发现事情并没有改变。流程仍然是模糊的。你还是会因制作众多无用的文件耗费精力，最后走向死亡。

"为了使组织中的每一个人都能把工作做得更好，只能从结果驱动的流程改进开始，而作为一个经理将意味着要个性化地展现自己。"

IW 记者问："如果你周围的人都能这样自我改进，这会反过来产生一定的热情吗？"

费根堡姆回答："会的，因为你变得现实，你变得真实，你变得真诚。有一句古老的中国谚语，用来区分坏的、好的、伟大的领导人。是这样说的：一个坏的领导者让人远离他们，一个好的领导者让人靠近他们，一个伟大的领导者会说，'跟我来'。

"这种管理的出发点有三个部分：激情、纪律和民粹主义。你必须有激情去引导自己走自己的路，而非被认为是官僚。你必须要有纪律来认识质量是一组过程。你必须相信人们。"

IW 又问："让我们把注意力转向全球市场。现在进入了 21 世纪，你认为谁是我们最强大的外国竞争者？美国企业要从外国同行中吸取什么经验？"

费根堡姆回答："在未来的 5~10 年里，我们将回到竞争的时代。我们刚刚建立了自己的竞争力量，我们作为一个国家将面对整个世界的竞争。这将会是我们一生中最艰难的竞争时期。我们将面临许多新的'日本'竞争，这些新的'日本'不相信低廉的劳动力成本企业和个人能够成功。这些企业和个人坚信他们会通过客户满意、运营成本领先、人力资源的高效获得成功。这些因素就是我们刚才提到的。

"质量不是拥有护照就能获得的单向旅行。质量是一场在一定水平上的广阔领域的较量。对一些美国公司来说，质量是一件非常棘手的事情，即使你目前没有任何外国竞争对手，即使目前你没有任何的利润，你也需要快速发展，就像存在竞争者一样，为客户提供你的产品和服务。墨菲定律说，如果你害怕国际化，你一定会受到其他国家的竞争。这是许多美国公司目前还没有理解的一个根本的趋势。"

08 "有生命"的组织意味着什么

导读:"百年老店"意味着组织是有生命的,是可以长寿的。但问题是,短命的企业比比皆是,长寿公司却凤毛麟角。关键就在于你把它当作一个学习成长的生命体还是一部赚钱的机器。表面上,抓数量钱来得快,但抓质量活得长;本质上,数量是生命的广度和影响力,质量则是生命的纯度和价值体现。所以,企业的"长生不死药"正在"质"与"量"的零缺陷花园之中。

核心话题:公司不是一部赚钱的机器,它的基本逻辑是与所有的有机体一样的:为了自身的生存与改进,发挥其潜力以尽可能茁壮成长。只有放弃"零缺陷"的游戏,把重心放到"对"和"一次"上,纠正用功能的、物理的乃至功利主义的眼光打量有生命的公司之误,方可"一次做对修正果"。

如何定义有生命的公司

组织是有生命的？这原本该是疑问，可现实中僵死的管控模式使其成为冥冥之中梦寐以求的"赚钱机器"，是不讲情感的、不相信眼泪的。而吊诡的是，"富不过三代"的古训总像魔咒般在耳边回响，使得自古就梦想着长命百岁的同胞们把打造"百年老店"当成了一种理想和追求。但活上百年，就意味着这个店是"活的"、是有生命的、是长寿的。

事实上，对"长寿公司"的思考起源于一项对于跨国公司（比如，"财富500强"或者其他的上榜企业研究方案）的寿命研究①（《公司变化：现有公司能活多长之一》，1983.9），结论是：它们的平均生命为40~50年（由生到死）。

另一项研究表明②："财富500强"中1970年的上榜企业，有1/3强在1983年消失了：或重组，或兼并，或破产，或解体。但是人的平均寿命都在75岁以上，而只有很少的公司是长寿的，比如，瑞典中部的一家纸、纸浆和化学制造商——Stora公司活了700余年，Sumitomo集团是由Riemon Soga在1590年创立的，至今也有420年了。

《长寿公司》一书的作者Ariede Geus与其父共同为荷兰皇家壳牌集团（Royal Dutch Shell）服务的年头加起来长达64年，他认为它应该活得更长。然而不尽如人意的是，它也未能摆脱大公司40~50年的魔咒。而且在许多国家，至少在10年内，有40%的公司都是新创立的。最近一项研究③（Ellen de Rooij，阿姆斯特丹

---

① Arede de Geus. The Living Conpany: Habits for Survival in a Turbulent Business Environment（《长寿公司》），Harvard Business School Press，1997，2002。
② 同上。
③ Arede de Geus. The Living Conpany: Habits for Survival in a Turbulent Business Environment《长寿公司》），Harvard Business School Press，1997，2002。

的 Stratix 集团）表明：不管规模大小，不管是日本公司还是欧洲公司，平均生命为 12.5 年。当然，没有理由相信美国公司会比这更好。相反，有些机构却是长寿的。比如，教会、军队和大学。

问题是：为什么这些公司会过早地死亡呢？累计的证据表明：是因为主流的思想和管理的语言太窄——基于经济学的语言，并把公司视为机器或者造钱的机器。换言之，是因为其经营管理者们只关注产品生产与服务的经济活动，而忘却了组织的真正本性——人类的社区。那些法律创造者、商业教育者及金融业社团都加入其中，强化了这种迷思。

为什么有些公司能活几百年？

荷兰皇家壳牌集团（Royal Dutch Shell），简称壳牌公司，1890 年，由英国创始人创立 Shell 集团，1906 年被 Dutch 创始人兼并。以众多标准衡量均堪称全球领先的国际油气集团。此后，该集团逐渐成为世界主要的国际石油公司，业务遍及大约 130 个国家和地区，雇员人数约 10 万人，合作伙伴非常广泛。它是国际上主要的石油、天然气和石油化工的生产商，在 30 多个国家的 50 多个炼油厂中拥有权益，而且是石油化工、公路运输燃料（约 5 万个加油站遍布全球）、润滑油、航空燃料及液化石油气的主要销售商。同时它还是液化天然气行业的先驱，并在全球各地大型项目的融资、管理和经营方面拥有丰富的经验。壳牌集团 1998 年运营销售总额（税后）940 亿美元，总资产 1110 亿美元，是全球最大的 10 家公司之一。该集团 1999 年销售总收入达 1497 亿美元，利润为 85.8 亿美元；在全球任何地方都把健康、安全和环保标准及遵守集团的经营宗旨放在首要地位，并注重当地员工的培训和发展。

壳牌的起源是英荷两家母公司的联合，使它成为最具有国际性的主要石油公司。今天，壳牌集团在许多国家有业务往来，比其他任何石油集团都多；有国际员工约 5700 名，超过其他任何公司。壳牌集团是世界上最大的跨国投资商，其品牌是世界上最著名的品牌之一。

如果追溯一下比 Shell 更老的公司，将会进入英美"工业革命"时代。当时成千上万的工商巨人，如今安在？所谓"陋室空堂，当年笏满床；衰草枯杨，曾为歌舞场"。一些公司只是作为名字、品牌、办公大楼或记忆存在了。在北美，比 Shell 老的公司，有杜邦（DuPont）、海湾百货（Hudson's Bay）、W.R.Grace 与柯达（Kodak）；在日本，可追溯到十七八世纪，有 Mitsui、Sumitomo 以及 Daimaru 百货。在欧洲，许多公司都在 200 年以上，而且大部分在英国。他们有自己的贸易协会，基本上都是由创始家族控制的企业，比如"三百周年纪念俱乐部"（Tercentenaries Club）只接受那些超过 300 年的公司入会。

于是，Ariede Geus 发现了四个共同的关键因素：

（1）长寿公司对它们的环境变化是敏感的。无论战争、经济萧条、科技进步，还是政治变化，它们都能够超越自身的触角，化险为夷；无论它的财富是建立在专有知识（比如 DuPont 的火药技术）还是自然资源（比如 Huson's Bay 的加拿大森林）上的，它们都维持着与所处世界的和谐关系。

（2）长寿公司都是有凝聚力的，具有强烈的身份感和归属感。无论它们怎样的多元化，其员工（甚至供应商）都认为它们是一个整体的一部分。

（3）长寿公司都是宽容的，或"去中心化"（Decentralization）的。它们特别能容忍那些处在边缘的活动：下属机构范围内局外的、实验性的以及古怪的行为。

（4）长寿公司在财务上都是保守的。它们是节俭的，用老式的方法理解金钱的意义，不会去冒不必要的资本风险；现金的优点在于，会给予它们带来行动的灵活性和独立性。它们会追求竞争者不会选择的东西，它们能抓住机会而无须在第一时间去说服那些第三方的金融家。

显然，长寿公司似乎没做什么回报股东的事情。但公司的盈利能力是公司健康的一种表征，而非预言者或决定因素。一位长寿公司的经理人当然需要所有的财务报告，不过这些公司倾向于认为：再精确的报告也都是对过去的描述而已，并不能指明这些基本条件是否将在未来导致健康的恶化。

管理思想家罗素·Ackoff[①] 曾对 Ariede Geus 先生说：四个关键要素展现出一种统计的相关性，所以其结果将会受到质疑。不过，得到了许多学者们的认同与

---

① 罗素·Ackoff（Russell L.Ackoff），美国著名管理专家，开创了企业管理的"社会系统时代"。他认为人是企业的"利益相关者"，是一个具有自己目标的独立系统，企业应该为"人"实现其目标提供服务。

证实。比如，1988—1994 年间，斯坦福大学的詹姆斯·柯林斯教授[①]及其团队研究了由 700 个美国公司的 CEO 提名的"最值得钦佩的公司"，从中选出了 18 家"有远见卓识的公司"（Visionary Companies）。他们发现，这些公司把股东利益或利润最大化排到了较低的优先项中；它们把对环境的敏锐性与强烈驱动力作为优先项，从而使它们能够变革与适应，而无须向其所珍爱的核心理念妥协。

如何定义有生命的公司？

很多一段时间过后，Ariede Geus 先生以重新看待公司的真正本质的方式解读了四要素：

（1）环境的敏锐性：表明公司的学习与适应能力。

（2）凝聚力与身份感：是公司建立社区与个人固有的能力。

（3）宽容与去中心化：皆为公司生态意识的表征——与其他实体，内部与外部的，建立起建设性关系的能力。

（4）保守的财政：作为一项至关重要的要因，是公司治理、自我增长与有效进化的能力。

当然，这四个要素并非有生命的公司的答案，而只是探询商业组织及其在人类社区中应扮演什么角色的本质与成功的起点。把四类因素结合在一起，便会给我们一个关于公司真正本质的线索，而且，形成了一套管理行为的组织原则——任何一位想使其公司长寿的经理人的关键工作。

正如前面章节所述的"克劳士比诘难"：组织为什么存在？Arie 先生则使用了相同的问句：What Are Corporations For? 显然，对此问题的不同解题，可以清楚地看到其经营策略的分野。比如，金融分析师、股东和许多高管说：公司存在的基本就是提供财务回报；一些经济学家则说：公司存在是为了提供产品和服务，所以使人类的生活更舒适更有欲望。还有许多管理者倡导"客户导向"，认为公司的存在是为了服务客户。同时，政治家们似乎相信：公司的存在是为了提供公共

[①] 詹姆斯·柯林斯（James C.Collins），美国一代管理大师，在麦肯锡、星巴克、时代明镜等多家世界知名公司担任过高级经理和 CEO，为创作《基业长青》一书，詹姆斯·柯林斯选出了 18 个长盛不衰的公司作为研究对象，并提出问题：是什么让那些真正卓越的公司与众不同？

产品——创造就业，以确保为社会的全体"股民"提供一个稳定的经济平台。不过，从组织自身的观点看，所有这些都是次要的。因为像所有的有机体那样，有生命的公司存在的基本是为了自身的生存与改进：发挥其潜力以尽可能茁壮成长。像人一样，不仅活着，还要活得更好、更长。

原因何在？管理专家彼得·圣吉指出，主要区别在于：你是把公司看作一种生命体，还是一部赚钱的机器。如表8-1所示[①]。

表8-1 公司如何长久

如果把公司视为一部机器，则意味着	如果把公司视为一种生命体，则意味着
被拥有者所拥有，被创建者赋予为其赚钱的目的	不受操控，而是受到"影响"
人们看到的是由管理者们创立的系统和流程	她创立自己的流程，就像人体生成自己的细胞；她也构建自己的企管和组织系统
意味着固定的、统计的、只能由某些人来改变的	意味着她是自然地逐步成长的
她的身份感只是由其创立者赋予的	她有自己的身份感，自己的个人特质
她的行动实际上是对管理者所定的目标和决定的反应	她有自己的目标和自主行动的能力
将会用坏，除非被管理者重建	能够自我重生，把其下现有成员作为一个统一的整体而延续
其成员是雇员，或者更糟的是"人力资源"，储存在那里等待使用	把其成员视为人类的工作社区
其学习仅仅是个体雇员学习的累加	能够作为一个整体学习，就像剧团、爵士合唱或冠军团队那样

彼得·圣吉先生说：令他不解的是，为什么他没有更早地持有这种观点？为什么实际地认为公司是一个生命体如此之难？为什么这种非常简单的观点似乎并不容易使其内在化？

正如Arie指出的，"机器隐喻"是如此强大，以至于大部分组织都被它所塑形。

---

① Arie de Geus. The Living Company（《长寿公司》），Harvard Business School Press，1997，2002。

所以，我们的第一个命令就是要转换我们的思维。正如爱因斯坦所说："问题不可能在与创建它们的相同的意识水平上得到解决。"

其实，很早以前，世界各地的文化含着相同的意思。比如，瑞典语中，"商业"（Business）最早的意思是 Narings liv，就是 Nourishment for life（养育生活）之意。中国"生意"一词至少有 3000 年。所谓"生"即"生命"或"生活"之意，也可译成"生存"和"诞生"。而"意"则可译成"意义"。

所以，为了利润还是为了长寿而管理，这不是一个问题，而是一种选择。但，生命之树常绿。决策是一种学习的活动，也只有活的东西具有学习的能力。长寿的公司必定是学习型组织，而只有能够学习的组织才有可能执行零缺陷的工作标准，第一次就把事情做对。

零缺无限春满园

我曾在电视台作过一次《三问零缺陷》的专题演讲。开篇就是"啊！零缺陷"，后面是三个问号；最后，依然是"啊！零缺陷"，不过后面是三个叹号。在现实中，却没有改变符号这么简单的事情。人们一听到"零缺陷"三个字，马上就会把它想得很复杂，而且伴随着一大串问号。有人甚至这样问我："杨老师，你认为零缺陷本身有没有缺陷？"我回答他："当然有，这就是我为什么四处解释零缺陷没有缺陷的原因了。"

事实上，从"零缺陷"这个概念产生之日起，人们就被各种误解和迷思所困扰和渲染着。为此，克劳士比曾经用掉将近一吨的纸张向欧美人解释"零缺陷"的本意。表面上不显愠怒，娓娓道来，但很多时候透着无奈——他创造了它，它却一度失控，变成了一个"怪物"——美国国防部用它掀起一场轰轰烈烈的"零缺陷运动"，就好比电影《侏罗纪公园》，科学家再造了恐龙世界，却被恐龙赶出了家园。

毋庸置疑，这是一个疯狂而又满目"缺陷"的世界。人们甚至想都不敢想把"零"与"缺陷"放在一起。在他们看来，胆敢这样做的，要么是疯子，要么是天才。

显然克劳士比是天才。他虽无意效仿盗火的普罗米修斯，但他深知自己这么做将带来什么样的震撼；他虽无意追随被焚的哥白尼，但也预知到由此产生的一场惊世骇俗的"质量革命"……唉，说不尽的零缺陷！

我最大的心愿就是能够帮助人们不再纠缠于它的表面的字眼和表层的意义，不再望文生义，不再张冠李戴，而是一箭中的、直入本源；我甚至在梦中借来了著名的"奥卡姆剃刀"①，很有耐心地、不停地刮落掉几千年来积淀在"零缺陷"三个字上的灰尘，一直等着它呈现出本意……渐渐地，一幅完整而浑圆的思维地图开始显现。对于每一个中国人，你只要走过去正视着它，就会发现有一种幽远而深邃的眼光向你投射过来，一下子就深入到了你的心田，让你感到恍若隔世般的亲切，不由得一阵冷战……这实际上就是一种解码过程中出现的"认同"体验。是中国原初的"无中生有"的智慧与西方"0、1"本体思辨的对接与碰撞；是孔子与柏拉图的对话与拥抱……

无论你说的是马铃薯还是土豆，其实我们说的是同一样东西；无论你指的是Beijing还是Peking、汉城还是首尔，其实大家讲的是相同的城市；无论你用"零缺陷"还是"0缺陷"，其实都在描述着同一件事情，那就是绝不接受（0）不符合项（缺陷），换句话说，就是第一次就把事情做对（零缺陷），而不是忙着改正错误，修修补补；是说到做到（诚信），不打折扣，而不是差不多就行，借口越多越好。

因此，零缺陷不是讨论项，更不是可选择项。它是做人做事的基本道理，是常识、是习惯。既然如此，我们就不能端坐云上抽象地探讨诸如"下雨好不好"的问题，而应该脚踏实地，在做人做事的现场"揭示"工作与生活的意义；我们也不能在会议室里谈笑风生地制定球队战略，然后等着球员们自动去"搞定"，而必须在更衣室里，在球场上通过沟通、指导，帮助全体球员达成共识，并通过行动去实现目标。

因此，"零缺陷"的焦点不是把资源空耗在"数量思维"（到底几个缺陷比较

---

① 奥卡姆剃刀（Occam's Razor），是由14世纪逻辑学家、圣方济各会修士奥卡姆的威廉（William of Occam）提出的定律，其核心理念为"如无必要，勿增实体"，也即"简单有效原理"。

好）的争辩中，而必须锁定在接受缺陷还是不接受缺陷的"质量哲学"（0、1）上。这就意味着要把管理的重心调整到"对"和"一次"上，落实到"做正确事"与"正确做事"中；通过转变对待缺陷的态度，无须额外的投入，就可以使现有的资源产生最大的价值。故此，行动与卓越绩效才是目的，而心智改变只是一种策略，建立缺陷预防的系统才是有效的方法。

关键在于，"零缺陷"是用价值的、心理的乃至审美的视角去定义的，任何基于功能的、物理的乃至功利的立场之定义，都会产生现实的误导、误判和误解。

于是乎，"零缺陷"有了进一步的行动方向，那就是如何围绕着企业的"三种需要"（员工、客户和供应商）以及管理者所关心的重要问题提供解决方案。你会发现，它们之间的差异是很大的，有的甚至是截然不同的；而表面的差异，实际上映照出工作中的各种混乱与危机。

正如一则故事所讲的：一位哲学家在沙漠中碰见三个在干活的工人。他问第一个："你在干什么？"那人说："我在砌砖。"他又问第二个人："你在干什么？"回答说："我在垒一堵墙。"他又问第三个人，回答是："我正在盖一座宫殿。"

故事所传达的意义非常清楚。然而，在现实中，我们遗憾地看到，太多的人都在那里忙碌着，也不清楚在干什么，只是忙着砌砖；工作没有了目标，生活失去了方向，好比一只冲下激流的小船，失去了控制，只好随波逐流。当管理层在抱怨"执行难"的时候，是否想过为员工安装方向控制杆；当管理者责备手下人"推一下动一下"的时候，是否想过为他们提供一张宫殿的蓝图；管理者组织员工为客户表演，却忘了拿出排戏所需要的剧本。

有趣的是，克劳士比曾经用"芭蕾舞"和"曲棍球"来分别描述两种不同类型的管理风格。但很多人对我说，我们不喜欢"曲棍球"风格，但我们基本上也没有可能按照"芭蕾舞"那样去做。因为好像大家平时都变得像"聋哑人"一般。当然，这里的"聋哑人"只是一种形容，却是企业的一种真实写照。我不想用类似"是谁把他们变成聋哑人"的质疑惹得他们激动，而是想与他们分享一件令人震撼的事实——在雅典残奥会的闭幕式上，在属于中国、属于北京的八分钟里，由二十余位聋哑青年表演的舞蹈"千手观音"，让全世界为之赞叹！

作为唯一一位由底层一步步地"爬"到塔尖的大师，克劳士比的方法充满典型的"实用主义"味道,简单、直接、实效。不仅能够帮助优秀企业排演芭蕾舞,而且善于指导问题企业演出壮观华美的"千手观音",因为它相信一个球队的最后胜利,除了财务和战略战术外,取决于球队的团结和球员的坚定信念。因此,它训练管理者成为教练,训练质量人员成为助理,并把指挥部放到球场和休息室。这时,讨论如何"由让我做变成我要做"已经没有意义,球员们跑动起来、拼抢起来,才有可能帮助和指导他们如何一次做对。否则,就会变成会议室中讨论方案的智力游戏,或是不切实际的沙盘练习。

一家全球著名企业的中国合资公司,技术领先、制度完善、员工素质较高,却一直被"惯性和惰性"问题所困扰。为此,公司加大了员工的培训工作。"我们请来的都是世界上最优秀的培训公司。"总经理说,"但我实在不明白,员工总是兴奋两三天,然后就回到原样了,好像什么都没有发生。我甚至请了做情商培训的机构,可还是推一下动一下,不推不动。"

"克劳士比进驻后,通过现场培训与指导,教会了我们如何用正确的概念去正确地做事。"生产总监由衷地说,"每个车间的班组都跃跃欲试,不仅在老师的指导下去完成行动作业,而且大家还自发地利用休息时间免费加班,研讨具体的行动细节。这下有趣了,一旦大家动起来,我们的经理们开始抱怨自己没有礼拜天了。"半年以后,财务部门的统计出来了:各小组均取得了骄人的绩效,其中最高的小组的改进成果高达230万元。

另一家作为全球领先的汽车集团设在中国的合资企业,在中国占有较大的市场份额并拥有极高的知名度。但问题是,由于生产设备先进,久而久之,人们已经倾向于认为设备是工作质量的保障,从而忽视了这种观念所产生的不良后果。"员工们在产生问题时,总是习惯性地认为是别人的问题,是供应商的错。"厂长说,"这样,自然就看不到自己的问题和设备的问题。"

克劳士比帮助他们打破常规的思考模式,从系统预防的角度入手,先硬(设备)后软(习惯)、循序渐进地开展"零缺陷"创新活动。"这真的很有效。"车间经理兴奋地说,"人们似乎一下子被激发起来了,纷纷从软硬两个方面去发现问题、解决问题。尤其是管理人员,带头把相关知识用于解决'习以为常'的难题,为公司节省了大量的成本和投入。"

该公司仅一个车间的统计数据，就足以让大家产生了乘胜追击的激情与动力——零件工废率下降30%，设备故障率降低12%，生产能力提高5.2%，收到合理化建议231条，完成防错装置44项，累计节约成本262.8万元。

习惯的改变是从螺丝螺母开始的，而文化的形成则渗透着点点滴滴的努力。毕竟，正如克劳士比所言："质量是任何成功的组织中认真的部分。如果不能从思想上与日常的工作生活相融合，就不能产生。质量是结果，不是附属品。管理层和质量人员必须一起工作，在组织的文化中建立它，然后培育它。"

我曾经养过一盆很名贵的花，可不久，我发现它开始变蔫了。我很着急，又是浇水，又是施肥，又是喷药，仍然毫无效果。我感到很郁闷，也很无奈，正准备放弃它时，我的母亲来了，她看到了我那盆"病入膏肓""奄奄一息"的花。什么也没说，只是找来了一把花锄为花松了松土。最后，微笑着对我说："好啦，它明天就会没事啦！"第二天，果然，那盆花真的在阳光里向我展现着灿烂的笑容！

这时，我一下子就想到了管理，想到了文化，想到了零缺陷。是啊，"零缺陷"是政策和文化的结果。如果我们关注企业的价值创造，不再纠缠于"零"和"缺陷"的游戏，不再满足于救火式的浇水、施肥和喷药，而是为企业"松土"，改变员工的心智与价值观念，树立楷模与角色典范，才能步入"一次做对修正果，零缺无限春满园"的宫殿。

寻找企业的"长生不死药"

在美国中西部，有一家以生产优质的地板清洗设备而闻名的公司——泰能公司，公司创立于1870年，可谓是历史悠久。难能可贵的是，他们能够始终以"质量"为傲，而且，其产品不仅在美国"一枝独秀"，在20世纪四五十年代，更是畅销世界各地。

到了20世纪70年代，泰能公司的总裁兼CEO罗杰·黑尔（Roger Hale）到日本访问他的合资企业的伙伴。结果让他非常吃惊，因为他一直听到客户在抱怨他们最得意的产品经常漏油。

回到美国以后，罗杰问下属："我们的产品到底是销往日本的多，还是在本土销售的多？"下属回答他说："当然是在美国本土的多。"于是，罗杰开始思考：为什么销往日本的产品会出现漏油的情况，而在国内售出的机器则无此种情况呢？

事实上，泰能公司的机器漏油现象在美国同样发生过，而且这种现象的发生频率比日本的还要更多、更严重。只不过，对于美国的用户来说，一旦产生这种漏油的情况，他们会认为这没有什么，当一滴油漏在锃亮的地板上，这很简单，有什么可抱怨的，擦了就行；而对于日本人来说，机器漏油，必然会引起他们极大的反感和抱怨，因为他们素来要求严格、讲求完美，期望的是更好的品质。

这就好比买汽车，如果美国的消费者在本土购买美国产的汽车，销售人员都会拿出一张表格，并告诉消费者，在一定的距离和时间内，如果车子出现了问题，只要填写好这张表格，他们都会提供免费的维修服务。而当日本汽车打入美国市场的时候，消费者也本能地向销售人员索要表格。而日本的销售人员会让消费者把车直接开走，并承诺说如果在多少万公里内车子出了问题，就可以直接来找他们换一辆新车。

这种鲜明的对比在美国的消费者中引起了极大的轰动，也促使日本汽车以高品质、低价格，或者说以一种物超所值的形象畅销美国。后来，罗杰·黑尔在他的一篇文章中写道①：

> 大约就在同时，当丰田的起动车部要顺利地进入清扫机行业时，我们在日本面临着来自这家公司的第一次的剧烈的竞争。这条消息在我们公司中广为传播，于是我们耳边一直充塞着有关日本汽车、立体声电视机与美国的汽车、立体声电视机比较的每一件事情都突然开始具有一种新的意义。之前很长的时间，质量不过是公司的另一种重要的项目而已，于是我们开始看到了那些潜在的竞争者的产品将会如何影响我们的工作和我们的生活了。这些事都发生在1979年，它开始促使我们追求质量。
>
> 我发现，同所有重要的思想一样，质量非常简单，事实上简单到让人难

---

① Roger Hale 等. Quest for Quality: How One Company Put Theory to Work.Tennant Company, 1987.

以理解。大部分人都了解质量的意义，但问题是每个人的看法都是不相同的。要让人们用一种新的方式去思考质量，的确是很难的，特别是当质量被认为是如此"简单"的观念时。正因为它像一支铅笔那样简单，以至于很难让人们去理解它，因为人人都认为自己知道什么是铅笔。事实上，在大部分人眼里，质量就像一支笔那样。

于是，罗杰·黑尔邀请克劳士比学院来帮助他的企业做管理咨询。克劳士比的顾问师们进驻后，与他们共组项目团队，接着便从影响企业质量竞争力的P-S-C-C（政策、系统、能力和文化）四大要素入手，首先对他们的质量竞争力状况进行测评，透视与评估他们到底得了什么样的"病"、病情是否严重；其次，让他们上上下下坐在一起对质量真正地达成共识，从而形成整个公司的质量政策和管理承诺，然后，经黑尔签发后广而告之，力求落实到每一个人日常的行动中。

在这个过程中，克劳士比先生每月都亲自前往指导罗杰·黑尔的管理团队。他曾经在自传《我与质量》里记录了对这段经历的回忆[①]：

> 他们的厂房干净明亮，规划得整整齐齐。他们有七条装配线将不同的部件组装在一起。在每条装配线的尽头设置检测检查站，在那里机器被检验，出现的问题都记录在一张单子上。每台机器都会出现这样或那样的问题。有问题的机器被送到返工站，那里搭有几间工作间，由最有经验的工人负责返工站的工作。在返工完成后，机器出厂，发运给用户。这样一来，工厂总是不能按期完成生产计划并按期交货，这惹得用户怨声载道。为了赶时间，他们要新招40个工人。
>
> 一起去吃午饭时，质量经理问我的看法。我说："我倒是有很具体的建议，但是贵公司可能不会采纳。"他向我保证他们一定会采纳我的建议。于是我把杯子垫翻过来，在上面书画起来，作了如下建议：
>
> 第一，关掉返工站，让在那里工作的工人分插到各生产线当中去，作指

---

① 克劳士比. 我与质量[M]. 北京：中国人民大学出版社，2006.

导员和培训员。

第二，在生产线尽头摆三张桌子，让质量工程师、设计工程师和行业工程师各管一张。将出现的缺陷分类为：供应商的问题、生产过程中产生的问题以及设计的问题等，而且坚持要永远、彻底地解决和消除这一问题。

第三，将机器送回生产线来修理。

第四，建立"零缺陷"的工作执行标准。

营销主管认为，这样一来他们再也不可能运出一台清洗机了，但其他员工都觉得我的想法不错。他们完全照着办了。结果他们发现了许多管理问题，如订购零件时，只看价格高低；没有对生产线工人进行很好的培训；无论是管理层还是普通员工都接受了这样的一个观念——一切都需要返工。

几个星期之后，他们又能按期保质地完成生产计划了，他们还在制造车间立了一个标志板，上面写着无故障无缺陷产品的天数。随着时间的推移，这个数字越来越大，甚为惊人。他们也学会了检查新产品的好方法：工人一边装配，一边将出现的问题提出来，并解决掉。罗杰·黑尔后来写了一本书，并在书中着重描绘了这次转变的经过，而且通过举办国际性会议，泰能公司成了业界的质量教育领先者。

而最让黑尔及泰能公司感到欣慰和兴奋的是，由于他们的产品质量稳定可靠，遂占领了最大的市场份额。日本人原本已进入了这一市场，但由于看到泰能公司的领先水平，又退了出去。

通过泰能公司管理层的共同思考，最终达成了全公司对质量的共识，即质量就意味着是一种要求，找到一种衡量是否符合要求，以及是否通过"第一次就把事情做对"来满足要求的方式，并通过质量这面放大镜发现了提升自身全球竞争力的五个关键成功要素。

（1）管理承诺要从高层开始：建立质量传统的根基和力量，就在于通过零缺陷的概念源生出一种基本的资源——每一个人对于质量的真诚而坚定的承诺，尤其是高层的承诺。这就意味着为培训和计划投入更多的时间与金钱，以及个人的实际参与行动，从而把质量改进过程根植到公司的文化中去。当CEO代表组织发出清楚的质量承诺之后，下一级的经理主管们积极参与的机会将会逐渐增大。

当然，重要的是，他们的承诺都是与 KPI 挂钩的。

（2）员工的参与：质量旨在创建一种达成共识的框架，即管理者和员工分享着相同的目标——第一次就把事情做对。问题是：如何才能促使 90% 的员工都能参与到质量文化的创建中来呢？它显然是不会自动产生的。首先必须是经理们先参与进来，然后邀请其他人加入，并表彰他们作出的成绩。不久，管理者和员工之间固有的篱笆被打破了，基层的人员开始看到他们的工作如何变得简单和有趣——当然，如果他们加入质量改进小组的话。这就意味着他们已经把零缺陷的基本原则应用到了工作、设定和完成个人的目标上。

（3）合作而非敌对的工人和管理者的关系：质量环境为员工们提供了参与和分享目标的机会，以及成为团队成员进行团队合作的机会，从而使工作变得舒适，并把层级间、部门间和小组间的对立化解成为彼此的合作。因为只有当人们一起为共同的目标而工作时，合作才能产生。为此，要着力消除导致隔阂的因素，比如责备、失信等。经理和主管们首先要花更多的时间到员工中去，接受询问，注意聆听，并让员工们了解他们是来帮助解决问题的，而不是来挑毛病的。然后，基层主管们要把桌子从房门后面搬到现场去，经理们都开始开门办公了……当人们为质量负责时，他们就会为他们做的事情感到骄傲；他们一起工作，共同迎接变化，结果是质量自然会持续提升。

（4）要激励和赞赏人们：要想让质量的努力产生最终的结果，有些事情是必须要做的，包括表彰、奖励和满意度评价，如果再加上一些激励措施，将会大大促使人们参与质量改进并做出个人的承诺，而且可以把人们的知识和精力聚焦到产生可衡量结果的质量上。你会发现，这些不仅是使工作变得更加满意的机会，也许更是人们保持对质量的兴趣的最强烈和最持久的原因。

（5）时间、精力和决心：质量是马拉松，而不是短跑。这就意味着我们不能仅仅把眼光盯在短期的目标上，而是要做好长远的打算，舍得花时间和精力，并时刻把握住前行的方向，从而使质量成为人们在日常工作所思所想的东西，成为企业文化中的基本要素，以保证每一次的工作，能够"第一次就做对"，与客户、员工和供应商的关系获得成功。

接下来，在顾问师们的指导下，他们开始全面实施克劳士比经典的"十四个步骤"。其中，根据公司所处"质量文化成熟度"的阶段以及行业的特点，识别并聚焦在以下九个要点上。

（1）显示 QIT 的威力：他们首先从 432 型号产品试点，组成三个改进项目小组，其中生产小组一个，供应商小组两个。一年后，生产小组便把每台机器的平均缺陷从 1.3 个削减到 0.42 个；供应商小组，已使得从供应商那里接收到的无缺陷的工业引擎数量由占总数的 49% 提升到了 66%，所接收到的无缺陷的调节器数量由 75% 提升到了 90%。

于是，在所有的运营领域——从销售到服务的全过程都成立了项目小组。项目小组的目的有三个：一是确保在每一个领域都开展质量项目；二是消除意外的不符合要求项；三是在 1988 年将质量成本削减到销售额的 2.5%。

（2）开发出管理工具箱：质量过程将迫使一个企业去创建一种相互依赖和负责任的工作环境，因此，他们开发出一套工具，以帮助管理者们有效地去承担这种责任，包括：

"一起工作"（Work Together）沟通术——如何了解自己、了解他人，建立自尊；如何懂得从别人那里引发清晰而简明的反馈，懂得如何设定目标并传达给员工，懂得如何认可员工日常工作中的成绩和努力。

"如何做"（How-to）培训体系——预防问题的产生，要求不间断的培训，从而使每一人都知道"五个如何做"：如何沟通、如何设定目标、如何衡量进步、如何解决问题、如何在团队中一起工作。

锁定问题与挖掘根源——他们广泛使用"麻烦报告系统"（ECR System），帮助员工们不仅会发现问题，更要会解决问题。

通过小组解决问题——他们不仅成立了"质量团队"和"零缺陷推进委员会"，而且广泛地动员员工自愿地加入"改进行动小组"（CAT）；在小组中工作可以帮助他们认识到自己的行为如何影响他人，还能够通力合作解决那些疑难杂症，更有利于形成内部客户的意识，当然，最终受益的一定是外部客户。

设定目标并衡量进步——对于质量征程，光有信心是不够的。就像竞技比赛一样，要能够得分，人们需要设定目标，需要掌握衡量进步的技能和工具；换言之，当人们能够定义清楚工作中什么叫"赢"的时候，他们就会更好地工作。

奖励与赞赏——他们从第三年开始才真正认识到两个关键的成功要点，即正式的奖励与非正式的赞赏，前者确定了一个理想，可以激发出具体的符合理想的行为，而后者更重要，不是一个事件而是一个过程，可以用积极的反馈激励人们尽力做好日常的工作。为此，他们制订了一套评选的规则，设计出了一个"考拉熊奖"（The Koala Bear Award）。

（3）**识别障碍与衡量 PONC**：在最初的 6 个月他们即通过 ECR System 消除麻烦系统收集到 1200 个问题，而且大部分引起了工程师们的关注，为此还创造了"超级星期六"神话——一天就解决了 70 个问题。锁定问题与挖掘根源的同时，追溯订单的全流程，以识别和衡量出不能第一次把事情做对所产生的代价，帮助人们制定工作的优先次序，以及改进的重点。

（4）**欢庆成功，设立"零缺陷日"**：最初一年的成功让他们充满信心，便把第二年的二月确定为"零缺陷日"（ZD Day），以奖励优秀、表彰先进；届时，从 CEO 到工人，重申"零缺陷承诺"，从头再来。第一年就有超过 99% 的人签下了"誓言"。

（5）**不失时机地表彰大家**：一旦导航项目达到了预期的结果，他们就着手开发一个奖励系统，以便能够激励员工们的努力和优异的表现，包括奖励个人和奖励团队；一年内个人获奖者不超过总数的 2%，最高奖为"卓越奖"，奖励特别设计的钻戒和金戒指以及晚宴；"卓越团队奖"则两年一次，奖励那些常设的和临时的团队或小组。特别奖项"考拉熊奖"，则是一个非正式的项目，每月评选一次。

（6）**抓住供应商这个关键因素**：经过衡量，他们发现，从 1100 家供应商那里采购的原材料和零部件超过产品成本的 65%，便开始实施"20 强"（Top20）计划：开展"零缺陷意识日"，制定"供应商认证与评估流程"，承诺参与改进，确定共同的质量目标。结果显示，不仅公司的产品质量大大提升，而且供应商的管理水平也跃升到新的水平，比如某引擎供应商 57% 的产品质量得到提升，某液压气缸供应商的缺陷率从 6.4% 减少到 0.8%，某小液压马达供应商的缺陷率也从 8.8% 减少到 2.3%。

（7）**避免经理们成为瓶颈**："零缺陷"管理实施一年之后，他们发现质量征程在未来要想取得长足进步，必须要关注最大的潜在障碍——那些无效的经理们。

为此，他们实施了一项"管理者角色"的培训项目，并辅助相关的管理机制，以驱动经理们积极地参与到小组中"一起工作"。

（8）实施现场管理，建立"基本业务单元"制：他们生产现场实施"基本业务单元"（U-Mi）的管理模式，并学习和消化了日本 JIT（准时制）制造技术，创新出许多有想象力的方法和"一起工作"的方式，比如，TEME-5（"卓越制造暴发法"）、TIP（"生产力提升法"）、RISLIP（"库存—场地—劳力消减法"）和 PEPPER（"退休金—工资—人事管理法"）等，极大地缩减了生产周期，不仅减少了大量的浪费，而且仅在劳动时间方面，就节省了 15500~19200 小时。

（9）让销售成为质量的耳目：零缺陷开始实施的时候，所售出的机器中有 13% 至少在安装时存在一处缺陷，销售人员总是面临客户的抱怨，并承担巨大的保修费用；而一旦销售与制造进行合作，便很快即把安装的缺陷率减少到 6.2%；同时，他们也将销售代表的产品重复演示数从每月 8 次减少到 1.5 次。

经过 7 年坚持不懈的努力，泰能公司最终获得了巨大的成功，其中：

PONC 值削减：由占公司销售额的 17% 下降到 7.6%。

因员工建议而削减的成本：由第一年的 32.1 万美元上升至平均每年 110 万美元。

客户现场安装问题：由 13% 的缺陷率下降至 5.6%。

外购零部件拒收率：由 47% 的缺陷率提升至 78%（系统能力设定目标：80%）。

焊接错误——底部密封：由每 10 万美元销售额 3.5% 的缺陷率下降至 0.07%。

麻烦报告（ECR）数量：由最高的 3400 多件下降至不到 400 件。

车间返工工时：由将近 33900 小时下降到 6800 小时以下。

全员质量教育与培训：由 1 门课程增至 25 门课程；管理人员至少学习 5 门课程。

……

同时，泰能公司也得到了大师们的高度评价。汤姆·彼得斯先生专门撰文赞誉他们："好消息是，有些公司又杀回来了。最好的消息是，那些迎接挑战而一举成为世界级竞争者的公司愿意与我们分享他们成功之旅的秘密。承诺、耐心、坚持，以及一大排工具——虽有点吓人，却有益健康。"[①] 不仅如此，彼得斯先生还

---

① 罗杰·黑尔. 追求品质 [M]. 泰能公司出版, 1987.

在他的巨著《乱中取胜：美国管理革命通鉴》中详细地展示了泰能公司"追求质量"的进程[①]：

第一年（1981）：小组学习液压系统，包括最佳的装配方法。小组制定了自己的目标，平均成就是每216处连接点有一处漏油（注：每台机器平均有150个连接点，因此，几乎每一台机器都会漏油）。

第二年：制订广泛的训练计划。研究和印刷了训练手册，对管理人员、检查人员、装配工和工程师进行了训练。采购部门订出供应商目标。用新方法重新测试机器，减少连接点的数目，从而将每台机器的管接头和软管成本降低了10%。平均成就是每509处连接点有一处漏油。

第三年：将液压系统软管和管接头供应商的数目从16家减少到2家。平均成就是每611处连接点有一处漏油。

第四年：在年末引进更新的测量产品。

第五年：培训全体装配人员。将供应商的数目从两家减到一家（注：由于配件来源单一，软管和管接头的成本降低了10%）。平均成就是每1286处连接点有一处漏油。本年售出的任何一台机器，用户都反映没有一处漏油。受到全国流体动力协会的嘉奖。

第六年：平均成就：每2800处连接点仅有一处漏油。现场报告没有一处漏油。

克劳士比先生也高度评价他们，并把他们的成就归功于三件事情：第一就是毋庸置疑的管理层关心；第二是自觉自愿的学习与行动；第三是坚韧不拔的质量改进实施团队。他们自始至终都没有减弱工作改进的努力，而且是持续地鼓励着他们团队中的每一个人。

---

① 汤姆·彼得斯.乱中取胜：美国管理革命通鉴［M］.北京：科学普及出版社，1998.

• THE WAR OF QUALITY AND QUANTITY •

•第四部分• **真相篇** •

THE WAR OF QUALITY AND QUANTITY

我们每一个人都是由自己一再重复的行为所铸造的,因而优秀不是一种行为,而是一种习惯。

——亚里士多德

质量是组织运营的基本架构,质量出现问题就在于管理层对于在自己组织内创建预防文化的责任缺乏理解。除非他们开始认识到:质量管理是哲学而非技术活动,否则他们和他们的公司将会被全球经济淘汰出局。

——菲利普·克劳士比

09 企业的"人中"在哪里

导读：通过客户端到客户端的"质量链"的透视，我们得到了"产品的价值公式"，而透过三大脉络系统的"人中"概念，我们发现了质量管理的"堰塞湖现象"的成因，更厘清了生命在于预防，预防在于系统的质量工作思路。

核心话题：如果说管理的天地是偏差，那么我们如何通过减少"质量链"的偏差率，提升客户的感知价值并减少PONC？"人中"和肚脐眼的区别，不正体现出生命系统思维和机械系统思维之间的差距吗？**人死于疾病的比例远远少于死于无知，而有些企业恰恰对品质如此的无知。**

"质量链"与产品价值的奥秘

我在许多高层研讨会或沟通会上都会问:"你们负责销售的人来了没有?请你们告诉我,你们是如何定义质量的?"

他们会说:"满足客户的需要。"

我说:"好,那么负责市场部门的人,你们怎么定义质量?"

他们说:"了解客户的需求。"

我说:"很好,那么负责设计或研发部门的人,你们是如何定义质量的?"

往往这个时候研发部门都会说:"我们要满足设计的要求,满足技术规范。"

我说:"好,接下来该问采购了。请问采购部怎么定义质量?"

采购部负责人说:"第一要满足成本的要求,第二满足设计的要求,第三我们要满足交付的要求。"

我说:"好,那么制造部门,你们又如何定义质量?"

制造部门的人会说:"我们满足规格的要求。"

我说:"太好了,接下来该到物流了,物流部门的人,你们该如何定义质量呢?"

物流的人说:"那就是按照要求、按照时间去发货吧。"

"最后,该说服务部门了,请问你们又如何定义质量呢?"

……

实际上,通过上述的对话,我们已经把企业从客户订单到向客户交付的一条"质量链"给描绘出来了。在这个链条中,我们对于质量的定义是否一致呢?从"客户的需要"变成了"规格",变成了"技术规范",变成了"交付的要求",等等,是否像玩"传话游戏"那样输入和输出之间产生了可笑的偏差呢?显然是这样的。那么,我请大家思考戴明老先生说过的一句话:管理的天敌就是偏差。那么,为什么会产生这种偏差或不一致呢?

如果我们再在每一部门连接处的偏差点画一条线的话，你会发现，实际上就形成了一堵纵横交织的边界，也就是我们所谓的"部门墙"或"部门壁垒"，而这些边界所带来的麻烦，就是我们相互之间所谓的一种"掉链子"的现象。

其实，我们可以把企业的这条"质量链"截成三段：从销售到市场、到研发，为一段，我们把它叫作"产品质量"段，换句话说，产品的质量是由这几个部门来决定的；而采购、制造则为第二段，决定了"交付质量"；第三段为物流和服务，这段决定了"支撑质量"。由此，我们就会发现，我们所谓的"质量"变成了这三种质量的加减之和。如果我们用一个公式来表示的话，那就是：产品的价值或者客户感知的价值 = 产品质量 + 服务质量 – 交付质量（如图9-1所示）。

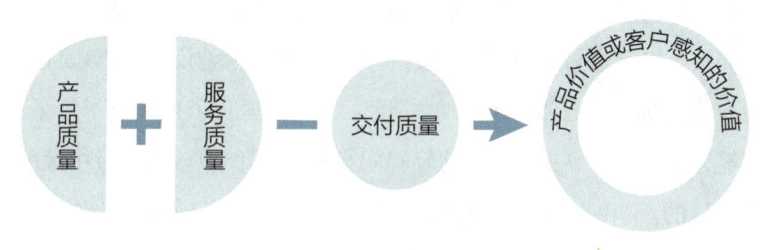

图 9-1　质量链

另外我们再考虑一个问题，就是在每一段之间都形成了一个偏差，而这种偏差反过来解读，这条"质量链"实际上就是一条"要求链"。很显然，在每一个部分之间对"要求"的理解与把握都出现了一个不小的波动或偏差，如果计算出这种波动或偏差的"偏差率"或者叫"要求不符合率"，那么，我们再把它们用 ABC 表示，并带入上述公式，我们就得出一个新的公式：**产品的价值或者客户感知的价值 = 产品质量 × 偏差率 A + 服务支撑质量 × 偏差率 C – 交付质量 × 偏差率 B**[①]。而结果呢？就没有达到预期，没有质量了，如果用什么衡量指数来表示这种"不符合要求的表现"，那就是大家熟知的"客户满意度"（CSI）和"不符合要求的代价"（PONC）或"质量成本"。

按照 Groocock 的产品价值公式，我们可以得到三个方面的启迪：**第一，产品**

---

① John M. Groocock，《质量链》一书的作者，他作为克劳士比先生的老部下，曾任 ITT 欧洲部质量副总裁、TRW 质量副总裁，伦敦大学博士。

质量是五个责任部门精诚团结、协同一致的结果；第二，三部分质量的划分以及"偏差率"的统计，是便于同竞争对手做量化对比，进而驱动改进的有效方法；第三，提升客户的感知价值，减少 PONC，自然成为提升质量竞争优势的两大抓手。

你公司的"人中"到底在哪里

有一次和一个老中医一起吃饭。因为聊到某些事情，大家向他请教问题，他却反问了我们大家一个问题："你们谁告诉我，我们人的中部在哪里？"大家都自然地低头看了看自己的肚子，然后指指肚脐眼笑着说："这里吧，应该没有错吧？"老中医摇摇头，微笑着说："你再想。"大家七嘴八舌地说："应该是这里，没错嘛。难道要很精确吗？还要拿尺子量一量，到底是腿长了还是身子短了？"老中医哈哈大笑，大家更是一头雾水。他轻轻问大家："你们应该听说过中医的一个词，叫作'人中'的。"我当时突然顿悟了，对啊，"人中"，不就是人的中部吗！

这件小事给了我一个很大的震动。当我们自然选择肚脐眼的时候，我们是在用物理的思维来思考问题的，我们找的是物理上的中部；而我们中医理论谈的是系统，这种系统是基于整个生命现象的，所谓"人中"实际上自然是人的两大脉络的交汇处，即"督脉"和"任脉"两大脉络的交汇点。如果再加上"冲脉"，就形成我们人的生命系统的三大脉络。

由此我们不难联想到企业。因为任何组织都有三个流程，第一是核心业务流程，相当于我们这里谈的一条"质量链"，是主血的"任脉"，是一个组织里的造血功能；第二是支撑流程，是主气的"督脉"，是一个组织里的服务与支撑功能，比如财务、人力资源、质量、IT 和行政等；第三是战略流程，相当于我们人的"冲脉"，是主性别的，也就是战略性的选择，因为战略就是一种取舍嘛。所以，非常有意思，一个组织就好比一个人一样，它的气血、性别和健康状态是取决于三大脉络系统的。

如果是这样的话，那我确实需要问这样一个问题——你们企业的人中在哪里？有趣的是，每当我和大家分享这个概念的时候，每当我问大家这个问题的时候，每个人都陷入了深思。而大家突然发现，他们实际上还是用一种传统的物理的思维在思考质量，因为大家基本上都会指着他们的"肚脐眼"，而这个"肚脐眼"，又恰恰就是他们所谓的"制造"或生产车间，这也许就是他们把大量人力放到工厂进行"把关"或"检验"的原因吧！表面来看这还是有一定道理的，不过当我们换一个角度去看，就一定会有如坐针毡之感的。

我们可以举一个汽车业的例证。当年美国、日本和德国的工程师和专家们，他们想知道这条"质量链"中哪些是对成本影响最大的节点，于是经过大量的实证与科学的验证之后，得到了一个"影响成本的模型"。如图9-2所示，表面来看我们把85%的成本、资源都投入了制造的环节，而在设计（5%）、设计工程（3%）、过程策划（5%）、试验（2%）等方面只投入了15%，但实际上，生产环节对成本的影响仅仅是5%，而上游的设计环节则高达95%，其中，设计（60%）、设计工程（20%）、过程策划（5%）、试验（10%）。这又是一个"看不见的"决定"看得见的"或阴阳不调的实例，的确让我们感到震撼。

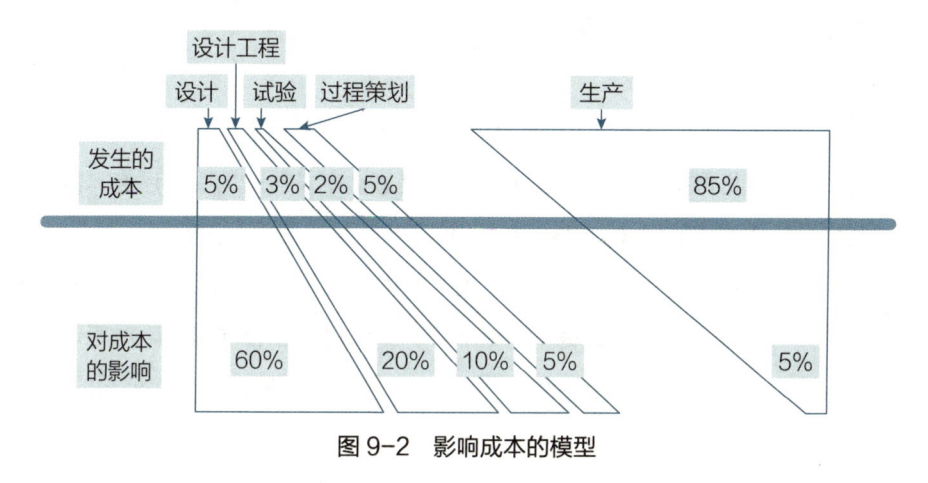

图 9-2　影响成本的模型

如果在这个模型前面再加上一个销售环节和市场环节，那它们对整个成本的影响那就更大了。虽然目前还没看到具体的数据，但有一点是可以得到验证的，那就是：在设计环节基本上已经把采购成本的70%都决定了。显然，我们中国人讲"凡事预则立，不预则废"，现在得到了物理上的验证。

我们再回到一开始的对话。许多人似乎自然而然地把公司的"人中"确定为生产或制造的环节，却忽视了它们在产品价值和客户价值公式中是被减去的部分啊。而另外一条大脉络"督脉"上的部门，对质量又是怎样定义的呢？比如，人力资源怎么定义？财务又怎么定义？行政部门的人怎么定义？信息技术呢？党群工会等部门又怎么定义质量？最后，我问到质量部门又是怎么定义的呢？显然，这时候大家越来越从一头雾水到明白我到底在说什么了。

如果到此为止，我们只是把一个组织横着切了一刀，那么，我们再竖着切它一刀，看看我们整个组织到底是如何定义质量的，从中再一次思考你们的"人中"在哪里吧！

我又问大家："你们的最高管理者是怎么定义质量的呢？你们的高管团队又是怎么定义质量的呢？"

有些人认为是一样的，我说："错了，不可能是一样的，别忘了屁股指挥脑袋的现象，在你们这里没有吗？"

大家笑了，说："有。"

"好，"我说，"你们有中层管理者吗？"

他们说："有。"

我说："显然他们是上行下效的，是跟着自己的主管领导走的。"

大家笑了。我再接着问："你们的主管，是怎么定义质量的呢？还有，每个员工，尤其是新员工，他们又会怎样定义质量呢？这是我尤为关注的啊！"

有的时候，我会进一步问："请问，你们的员工到底分为几等呢？"得到的答案是有的分为三等，有的分为更多——七等，有农民工、合同工、临时工、外包工……于是，我说："不管他是什么工，显然穿上你们的制服都是你们公司的员工，对吗？"

"对！"

"那么好，请问，他们是如何定义质量的呢？"

这时，大家基本上安静了下来，甚至有时陷入了沉默，气氛颇为沉重。

我接着发问："现在大家思考，什么是你们公司的质量观呢？什么是你们公司关于质量，尤其客户关于质量的感受呢？"

往往这个时候，许多人说："杨老师，我们被你彻底地搞晕了，原本以为我们非常清楚，现在看来我们的的确确忽视了最基本的问题。我们完全又开始腾云驾雾、云里雾里了。"

我说："你们不要着急，我很快就会把你们拉到现实中来！"

管理的"堰塞湖现象"

汶川大地震，让亿万人民知道了堰塞湖现象，了解到它潜在的巨大危害性，进而心悬唐家山堰塞湖的排险工作，并日夜关注着下游的百万同胞的生命安全。当然，最后的结果是成功疏导，避免了溃堤的灭顶之灾。

在我们企业管理中，也存在一种"堰塞湖现象"，就拿质量管理来说吧，大部分企业的现实是，更多的是依赖质量检验来进行把关，让他们扮演"警察"和"凶神恶煞"，以期通过严格的控制手段防止问题流到客户那里。这也的确体现出企业对待客户的责任心。然而，这透着一种颇为悲壮的情怀。正好比堰塞湖排险，让我们动容和动情那般。不过，一家企业的管理原本不应该如此悲壮，而应该是稳固和有序的。固然，外部经营环境变化不定，客户的需求也随之多变，但这不是归因的理由，而是管理的前提。企业就是要在这种不确定的环境中竞争，看谁能够向客户提供更好、更快和更经济的产品和服务。也许，就是这种竞争，使得各类企业一时间手忙脚乱，把自己逼到了不断"救火"与处理危机的管理情景中，他们当然知道"萝卜快了不洗泥"，无奈已经出现了各种"堰塞湖"，只好采取围追堵截的手段，强化"质量控制"，实施防堵工程，同时加固大坝，强化"质量保证"，从而造成检查、评审和考核者工作量大增，人手总是缺乏，可水位也在不断上涨，溃堤的风险时时提醒大家不能怠慢，结果使得大家，尤其是质量人员压力重重、身心疲惫。这就是我要说的质量管理中的"堰塞湖现象"。

这种现象源于两种情况，一是"无知"——换言之，是源于"自以为是"。我记得著名的保健医生洪昭光教授说过一句发人深省的话："不要让生命死于无知！"因为统计表明：人们死于疾病的比例远远小于死于无知。同理，企业死于质量，绝对是因为对质量的无知。正因为如此，有些人不了解"堰塞湖现象"，而采取一些"堂吉诃德式"的悲壮举动。

不过，与这些企业相比，另一类情况则有些不可救药了，那就是"执迷不悟"，一种自我麻醉或自我欺骗的心理，上演一出"叶公好龙式"的悲喜剧。他们往往把失误的缘由归因于外部或内部的某个部门，却对内部正在形成的"堰塞湖现象"视而不见。也许是自诩能力超强，便一味在下游围堵和固坝，而放任上游的水源形成潮流。当然，他们确实了得，起码表明是受控的——虽然为日后埋下了决堤的祸根。其实，他们也知道这样不是长久之计，喘过气来，也想做做"质量管理"，于是，请专家和顾问来上上课，指导指导。不过，一旦要让他们改变现有的管理方式，则马上现了原形——因为我们还行嘛！

由此，我又由"堰塞湖"想到了"高压锅现象"。高压锅是需要出气阀的，也许救火和增加人手，以及培训和质量会议能够暂时释放压力，可这无异于为堰塞湖加坝；正如中欧商学院许教授在谈到以价格管制应对经济中的变化时说，按住出气阀门，假装一切正常，实则埋下日后决堤和炸锅的祸根。对于那些"叶公"来说，他们无疑是在玩火自焚。想想日本的百年品牌"雪印"是怎样死的，再想想美国三大汽车公司是怎样把皇冠拱手让给丰田的——虽然还没有炸锅，因为有"召回制"缓解压力。

当然，我相信没有企业愿意"荣登"此名单。那就只有一个出路了——在上游堵截，在下游疏导；实施系统预防，监控出现的"堰塞湖现象"。

10 如何让每个人把握好自己的"方向盘"

　　导读：如果我们不理解质量的"三个层面说",就会成为梦游者;如果我们不懂得"开车理论",就必然难解质量的本质;而把握不住本质,就不可能突破"理性的铁笼"而"回到基本点",更不可能确定自己的角色以"安人"并担当责任。所以要把那些被系统管控着的"螺丝钉"解放出来,让他们成为能够管控系统的"司机",然后"开车"上路。

　　核心话题：一些企业在做事方面达到国际标准,为什么在做人方面却很容易"梦游"？质量的本质就是管理,是理念和领导力的问题,而非技术活动。

·质与量的战争· **THE WAR OF QUALITY AND QUANTITY**·

　　曾经有一段时间，我与中国航天系统的各个院所接触密切，从科技集团到科工集团，从北京到上海、到西安，谈论的主题只有一个——零缺陷。坦白讲，航天系统的质量是我们"中国品质"的一面旗帜，但与国内其他企业一样，也存在我们在前面所谈到的各种相同的问题。但由于其行业的特殊性，就使得它的故事变得更加具有意味了。

怎么成了"梦游的质量"

　　有一次，一位领导在参加完航天一院的质量管理总结交流大会之后，请我一起喝茶。他对我说，一院享有航天母院的美誉，它的质量是我们航天质量的最高水平了。但他参加完整个会议，听了那么多经验总结，始终觉得哪不对劲儿，他们缺少了什么。于是，他就问我："杨老师，您能不能帮我来诊断一下，看看他们到底缺少了什么。"

　　这实际上是个不小的难题。于是，他让助手回去把会议文件拿过来给我看，厚厚的，共三本，我当时就认真翻看起来，整体感觉，航天就是航天，不然为什么被圈外的说得那么"牛"呢；航天毕竟是有许多的才子，总结得很好，确实有很多的可圈可点的经验啊！然而，我对那位领导笑着说，如果让我给它下一个定论，用一句话来描绘，就叫作"梦游的质量"。看到他十分感兴趣的样子，我决定给他讲一个故事。

　　在软件行业有一个奖项叫作图灵奖[①]，其价值和意义就相当于电影界的奥斯卡

[①] 图灵奖（A. M. Turing Award），由美国计算机协会（ACM）于 1966 年设立，又叫"A.M. 图灵奖"，专门奖励那些对计算机事业作出重要贡献的人，有"计算机界的诺贝尔奖"之称。其名称取自计算机科学的先驱、英国科学家艾伦·麦席森·图灵（Alan M.Turing）

奖。有一年，IBM 的总体架构师，有"IBM360 系统之父"美誉的布鲁克斯博士（Frederick. Brooks）获得了这个奖，他在获奖感言中专门谈到，软件行业到今天还没有取得实质性突破，就是因为业内没有人去关注软件行业的四个根本属性，是在"梦游"啊！这也就是我所谓"梦游"的出处。那么，软件行业到底有哪四大属性呢？

第一，不可见性，无法可视化，要直到最后才知道；第二，复杂性，编码有时候要几千万行；第三，不一致性，需求总是在变，无力学规律可循；第四是易变性。那么在这个世界上，什么动物具备这"四性"[①]？答案就是——人。恰恰是因为人，才具备这"四性"。

现在我们回过头，再来谈航天的质量，我想大家已经看明白了，他们在做产品和做事的方面已经绞尽脑汁了，而且拿出来的东西应该不逊于所谓"国际惯例"的水准；但他们恰恰是在做质量的方面开始梦游了。因为他们总是在想当然地做着这样一种假设，那就是我们航天人在"四性"方面是一致的、不变的。换句话说，几代航天人的价值观念都是一致的和无偏差的，每个人的言行都是可以预见的，大家的思想和想法都是单纯的，我们依然生活在封闭的和真空化的环境里。答案显然都是一个"NO"字。毕竟，时代在变，"50 后"之前的人与"60 后"的思想不一致，"60 后"与"70 后"也不相同，与"80 后""90 后"更是代沟不小啊！所以，不正视人的"四性"的变化，将难于有效地管理好质量，更遑论航天质量了。

给头脑做做"5S"

你一定想知道航天的问题到底出在哪里，我想先跟大家分享一下经验。当我们谈质量的时候，实际上许多人做了很多年的质量，可谈的并不是一回事，换句话说，我们天天都在谈质量这个词，但毕竟我们汉语很多词汇都有上千年的积淀，巨大的信息量使得我们汉字的每个词语说出来，大家以为是一致的，但实际上是不一致的，质量这个词就很好地体现出这个特点。

我在许多场合会在白板上画一个大大 Q，然后问大家："当你们想到质量的时

[①] 弗雷德里克·布鲁克斯. 人月神话 [M]. 汪颖译. 北京：清华大学出版社，2007.

候会想到什么呢？"我会随便叫一个人，尤其是做质量的人来对话。我说："当你与同学聚会的时候，别人问你是做什么的？你说做质量的。你会不会有这样一种体验，别人马上想到ISO9000，你说不是；别人马上想到ISO14000、18000，你说不是；别人马上想到SPC，你说不是；别人又想到QCC，你说也不是；别人又想到可靠性，你仍然说不是；别人说是六西格玛吧，你还是说不是。别人说那么你是做什么的呢？这时你基本上也不知道自己是做什么的了。"往往这个时候，大家都会哄堂大笑起来。是啊，我们往往都是用"不是什么"来定义我们"是什么"，但是，当我们说我们"不是什么"的时候，我们确实也知道这实际上带来的是另外一种尴尬。

那么，质量到底是什么呢？

而反过来，我刚刚说的这么多术语或名词，实际上也就是我们许多人谈到质量时在脑子里所想到的。这么一说，你是不是会觉得非常的可怕，因为质量实际上在每个人的想象中和思维中所接触的、所感受到的信息都是不一样的。所以，我们要做的第一件事，就是要给我们头脑来做做"5S"。

说到"5S"相信大家并不陌生，就是日本企业的基本功，用5个S开头的项目：整理（SEIRI）、整顿（SEITON）、清扫（SEISO）、清洁（SETKETSU）和素养（SHITSUKE）。有趣的是，虽然许多组织作了"5S"，但最后问他们在做什么，他们会说就是天天打扫卫生。所以，我们也用用"5S"来给头脑打扫打扫卫生，整理一下我们的头脑，同时，用"5S"分层的思维来对质量进行一个分析吧。

许多人谈到质量时会谈到"人""机""料""法""环""测"，这个非常好。我再给大家三个框，你们如何往里面放呢？

质量的"三个层面说"

这第一个框，我会写上"物理"二字。显然，质量的第一个概念、第一层是物理层面，是围绕着产品来做的，是大量的技术活动。那么在这个框里应该放什么呢？大家会讲"料""测""机"。其他还能放吗？放不了啦！我们长期以来的的确确是围绕着产品的物理属性做了大量的文章，我们也确实需要一种工具对它们实施控制，而这种控制的手段就是Control，目的是Quality，所以我们常说的

QC，实际上就是控制，是和产品紧密相连的。这是第一个层面。

对于第二个层面，大家知道，原来仅仅就产品谈产品，就技术谈技术是不行的，我们许多的时候发现，出现了问题、出现了偏差，都是由于做事不规范和相互之间的流程及标准不清楚造成的。所以，这第二个框叫作"事理"，和做事相关。那么这里面什么东西可以放进来？有人说"法""环"。对了！与做事相关的所有的程序、流程、法规、SOP（标准作业程序）、制度等都可以放进去，而这些，我们都叫作保障体系，我们是用标准、用系统、用流程、用SOP来保障我们的质量，所以我们把它叫作QA。

到此，我们已经有两个层面了，即QC和QA。那么，到底在现实中它们的意义在哪里？我们还缺少什么呢？

以开车为例，我说所谓QC其实非常简单，就是我们汽车的仪表盘，是通过科学衡量随时让我们知道汽车的状况，速度、油量、转数和温度等，就好比我们要减肥想知道我们现在的状况一样，于是要买一个血压计量血压，买一个体温计来量体温，买一个秤来量我们的体重，等等，其实QC就是告诉我们一个数据，如此而已。

假如你开车去某个地方，你发动车时，它告诉你该加油了，你看到现在的油量还能跑上一些距离，等中间休息时再加吧。QC对你有用吗？当然没用。那么，假如你走在路上，它告诉你超速了，可是你不理会它，继续开。请问QC有用吗？当然也没用。那么，我说QC非常有用，但是如果不用，什么也没用。

现在，我们再看看QA是什么。这里的QA就是交通规则和汽车的用户手册。只要看看我们所在的城市的交通状况，我们就不禁要问："我们现在并不缺乏交通规则和监控设施，那么我们到底缺乏什么呢？"

无论任何规则、制度，我们都可以浓缩为一句话，那就是"红绿灯现象"，所谓"红灯停、绿灯行"。所以，当我们谈起质量的时候，也千万别忘了"红绿灯现象"。

在授课培训中，每每讲到这里，我都会在现场找一个人来提问："请问你走路也好、开车也好，如果你碰到红灯了，你会怎么想？你是停还是行？"往往这个时候大家是哄堂大笑。我做过许多的测试，最后大家的答案都是——"看情况"。

也许我们可以这么来解读，当我们谈到产品的时候，当我们看到上面写着"日本制造"，就会觉得这是好东西；而当我们看到产品上写着"德国制造"的时候，我们也会觉得是好东西，因为传说中的德国人是一根筋嘛，让他们干什么就干什么。而同样的，当我们看到"中国制造"的时候，不是说不好，而是我们觉得没底，因为我们是按照"看情况"来做的。所谓"看情况"就是看感觉、看情绪、看心情，赶上心情好了，这支笔就做得很漂亮、很结实，而如果心情差了，就可能会出现问题。

其实，真正的问题在于，我们现在缺什么？联想到我们前面所谓的航天的"梦游质量"，于是我们发现，原来我们缺少的就是第三个层面的东西，即"人理"啊！当然，在"三个层面说"之上还有一个更大的东西——天道。题目太大，暂且放放。到此，我希望大家思考，原来当我们谈到质量时，是有三个层面的，而不仅仅是QC和QA二个层面；而对于人理层面，我们需要的就是管理了，即所谓QM。

要"安人"而不是"管人"

当我们谈到管理时，突然吓了一跳，因为我们在前面谈到管理原初的含义，是"给马带上嚼子"，而我们中国人最初的管理就是"管制囚犯"。显然，对人我们是无法去"管"的，那我们该怎么办呢？如果说我们真要管理，那么应该是管物、理事，而人呢？只能是安人，人是要安的！而所谓"安人"，我们也不能简单地套用马斯洛（Abraham Maslow）的需求层次理论[①]，而必须用中国人自己的思考。因为马斯洛的需求理论是基于美国中产阶级的需求来谈的，这显然和我们中国人一贯的思维以及现实的需求有很大的区别。那么谈到"安"，显然我们中国人要做的第一件事就是"安身"，要先活着。第二呢，要活得更好、更开心，那叫"安居乐业"，这就是为什么我们许多人有了工作、赚了钱首先要置办家产的原因。人们从农村出来，到大城市打工，第一件事就是挣了钱回老家盖房子，盖了房子要成家，成家之后就要安居乐业。第三，我们要活得踏实，所谓"心安理得"，这是一个很高的层次。当然最高的一个层次，不仅要活得踏实，而且要活

---

① 马斯洛需求层次理论，由美国心理学家亚伯拉罕·马斯洛（Abraham Maslow）于1943年在《人类激励理论》论文中提出，为行为科学的经典理论之一，其将人类需求像阶梯一样从低到高按层次分为五种：生理需求、安全需求、社交需求、尊重需求和自我实现需求。

得愉悦，毕竟我们是"乐感文化"嘛！正如古人在《竹简·五行》所说："不形则不安，不安则不乐，不乐则无德。"所以第四个安，实际上是"安神乐志"。

这四种"安"，就是我们中国人对于人的一种心理上的、情感上的一种安与不安，是关乎身、心、灵的普世的大问题。也正好应对了哲学家冯友兰先生所说的中国人终身所追求的四种人生境界——自然的、功利的、道德的和天地的[①]。这些，也就使得我们在管理质量时，有了一种切实的管理的考量。

当年华为公司的人，一旦真正认识到质量的"三个层面说"的时候，也突然开始思考到一点：原来这就是所谓的质量啊！我说对了，质量实际上并没有什么"大质量""小质量"的区分，而本来就是个"完整的"质量，本来就是三个层面的。其实，这么多年，我们强调的就是 QC 和 QA，实际上强调的就是一种硬实力。在你们组织要具备硬实力的时候，它们是非常好的工具，但是，当你们已经不满足于现有的规模、现有的产品、现有的技术、现有的人，去走国际化道路的时候，当你们需要用文化、用品牌、用价值观等软实力去开拓国际市场的时候，那么人就是你们需要关注的了。

原来质量的本质就是管理，是理念和领导力的问题，而不是技术活动！

"红绿灯现象"的背后

一旦我们明白"质量的本质就是管理"的话，那么，就会给我们带来一种新的管理境界，使得我们抛开传统的与成本和进度相博弈的"质量智慧"。所谓质量、成本、进度，是个看似水火不容的"铁三角"，如果从完整的质量管理的"三个层面说"来看，这里的质量才是所谓的"小质量""局部质量"，实际上不应该再叫作质量了——因为质量经过近百年的演化，已经成长了，长大了，因此我更愿意把这种"小质量"叫作"技术"，它处在下面的二个层面，无非就是产品的技术指标和过程控制的流程指标而已，更多的是技术活动；而作为技术，一定和产

---

① 冯友兰. 中国哲学简史［M］. 北京：北京大学出版社，2013.

品的成本、进度产生矛盾，需要去化解和平衡。所以，用"技术"替代这种有缺陷的质量，有助于质量人员摆脱困境，更有助于整个组织对质量的概念达成共识，对质量文化的建设形成认知并产生行动。

在华为公司，我一次次问他们的高管这样一个问题："如果你们认可质量的本质是管理，请问质量的职责是谁的？"他们会异口同声地说："当然是管理者的啦！"

我说："对了。那么请问，我们管理者到底有什么职责？"

他们的回答是："我们有三个职责，第一是技术，第二是人，第三是流程。"说得不无道理，但是，仔细想想看，我们的管理者现在是怎么做的呢？是不是把人交给了人事部，把流程交给 QA，而每个人紧紧地抓住了技术，把本来三合一的问题一分为三了，然后变成彼此之间的博弈了呢？

比如说，当我缺资源需要人的时候，假如需要 10 个人，向人事部申请，最后只批给了 8 个人。这下我知道了，下次呢，我为了要 10 个人，报批的时候，我就得报 12 个。QA 方面呢？也一样的，一旦出了问题，往往都说是流程出了问题，而且甚至于认为搞流程的人有什么资格这么去做呢？我们前面也说过，往往是"三等公民"才能去做质量，因此他们会说，你们也不是专家，有什么资格这么去做呢？然后不断地去挑战流程，这就使得我们的效率非常低下，形成典型的无规则的"布朗运动"，每个人都在努力动，实际上此消彼长，原地不动。

"回到基本点"

可见，把管理肢解了，变成了一分为三，并分别放到三个不同的框里、不同的层面里，就不可能抓住管理的本质，而形成诸多管理的迷思和错误的结果。那么，接下来很简单的一点，实际上就是要让不正确或者错误地将质量责任分解并划分到别人头上的这种错误做法，重新回归到每一个业务主管的身上，这就是我们说的"回到基本点"的做法。换句话说，要避免血到气不到的少气无力的现状，就要把主血的功能还给主血的，把主气的还给主气的，只有这样气血才能充盈，脉络才能通畅，机体才能健康。

理论是这样，但实际上很多组织还是把质量作为技术活动，在那里折腾。我曾多次在一些场合提到过 1983 年"美国白宫经济会议报告"中的一段话：

> 对一个组织的质量衡量方面的管理与其他任何方面的管理并没有什么不同，它包括战略的形成、目标的制定、行动的完善、计划的不断执行，以及运用控制系统对信息反馈进行监控并采取的相应行动。如果质量仅仅被简单地看作一种控制系统，那么，它将永远也得不到实质上的改进，质量不仅仅是一种控制系统，质量还是一种管理职能。

每当我读这句话的时候，我都感到非常的不舒服，因为那可是在 1983 年啊！假如不看这个时间，会觉得说得还行，但是一旦把时间推到 1983 年，对照一下，我们会觉得非常汗颜。显然，对于质量管理概念的理解差异，也决定了我们各类组织在整个行为现状上的差异。

一汽大众在合资了 18 个不平凡的年头之时，历经风雨、高挂彩虹，但是他们能够居安思危，最终他们迎接挑战，开始大张旗鼓地推行企业文化和质量文化了。

在他们质量文化的讲坛上，我说道："在你们北方有一家企业，这家企业是美国约翰·迪尔公司和中国最棒的企业佳木斯联合收割机厂组成的合资企业。我在那里问过他们的一个问题，我说美国最漂亮的女孩嫁给了我们中国最优秀的小伙子，那么请问，生的孩子一定是最漂亮和最优秀的吗？当然，所有人都认为不一定。那么同样，我们知道德国人似乎骨子里对于质量就有一种追求，当然这一切也许是传说。因为当你在与他们认真沟通时，你们会惊奇地发现，德国人对于质量的理解实际上更多地都是基于 QC 和 QA 的层面，依然是把质量当作技术活动来做的；在整个的生产线上，质量更多体现在一种技术活动中，换句话说，体现一种所谓'红绿灯现象'。当然，这种红绿灯，更多的是要在整个流水线上安装红绿灯、要安装探头，这可是技术活动。而且，它背后的因素就是所谓合理化的运动。"

"合理化运动"还合理吗？

我们不得不探究到德国伟大的社会学家马克斯·韦伯[①]所提出的高效率的"官僚制度"了。在韦伯那里，最合理的制度就是每个人都知道自己的职责，做的每件事都会有一个基本的规范，那么这样的制度实际上就是最完美的制度，不就是国际标准化组织（ISO）所追求并体现在"质量管理体系"中的吗？显然，这是源于欧洲的一种对组织管理认知的传统。或者，是通过"官僚体制"（Bureaucracy）或"科层制"和ISO9000而传承着一种理性主义思维和一种工业革命以来的"合理化"实践。

这里的理性主义就是韦伯倡导的"形式理性"，即一些规则、规定以及更大的生活结构，决定着我们为达到特定目标而对最佳手段的寻求，也注定个人在寻求达到特定目标的最佳手段时是不会有自由的选择权利的，因此，所谓"合理化"或"合理性"，实际上就是合乎普遍的理性而非个人的理性，是合乎"非人的系统"的，而非人的情感和道理的；"合理化"是不讲所谓人的道理的。

但是，我们还必须要深刻理解，这种"合理化"能够带来四大好处：第一是效率；第二是可控性；第三是可预测性；第四则是可盈利性。而这些恰恰是我们在工业化进程中所追求的，而且是必须要具备的。不仅是因为它们已经通过工厂的流水线、麦当劳的"快餐工厂"、沃尔玛的购物"铁笼"、养鸡场的"科学"生长……渗透并影响着我们的生活，同时，也把我们生活和工作的时间给弄得支离破碎，更把空间给压缩得大气难喘；要命的是，这一切都是以平等、一致、便捷、省时、广泛选择等现代化概念来传播的，这就使我们自觉地跳进社会学家所谓的"理性的铁笼"[②]而不能自拔，从而以科学的合理性思维在"物理"和"事理"这两个层面大量实践，以求得上述的"四大好处"。

我们在前面已经说过，这些都是20世纪生产力时代在"量的扩张"方面必

[①] 马克斯·韦伯（Max Weber），19世纪末德国著名社会学家、政治学家、经济学家、哲学家，西方文明合理化是贯穿其一生的线索，对整个西方文明产生了极大影响。为西方古典管理理论的确立作出了杰出贡献，是公认的现代社会学和公共行政学最重要的创始人之一，被后世称为"组织理论之父"。

[②] 乔治·里茨尔. 社会的麦当劳化 [M]. 顾建光译, 上海：上海译文出版社，1999.11.

修的课程，但进入质量世纪之后，对客户价值的追求或客户化的思维，已经引发了在"质的突破"方面的聚焦、创新与衡量，也就必然导致通过"人理层面"的突破，重新整合或融合另外两个层面，从而产生出一个既合乎形式理性的（物理化和去人性化）又合乎实用理性的（人性的情理化或情感的合理化）克劳士比先生所谓的"完整性质量"。

这实际上就是我们前面所说的"还原"或"回归"，也就是要把那些被肢解的各种技艺因素或全面发展的手工艺传统在新的平台上重新还原给每一个人，换句话说，就是要把那些一个个被系统控制着的"螺丝钉"解放出来，让他们成为能够控制系统的"司机"，然后"开车"上路。

"开车理论"与责任到位

我们再一次拿开车来举例，一个司机，当他坐到驾驶员的位置上，手握方向盘的那一刻，就知道了自己肩上的责任。他马上要打起精神，按照要求操作，而且会告诉坐车的人系好安全带。因为他知道，他的岗位赋予他的职责是什么。

其实，质量也是一种责任，就像手握方向盘的司机一样。如果你不是司机而是乘客，你是没有责任的，也就不会有这样的责任意识。

很多人都有这样的体验，当我们去某个地方的时候，如果是坐车去的，那么下次再去就很难找到位置；如果是自己开车去的，就会很清楚地找到那个地方。

我曾经历过这样一个笑话：有一次去苏州开会，因为我是晚上到的，工作人员就把我直接送到了房间。第二天，我到楼下的餐厅吃完早餐后，就直接去开会。午餐后，我准备回房间休息一会，可是我发现，我居然找不到我的房间了，只能在走廊里来回折腾。最后，我实在没有办法，只好打了前台的电话，服务员上来了，她问了我很多问题，反复确证我的身份之后，才把我送回房间，并帮我打开了房门。虽然在这件事上，我确实是出了很大的洋相，但也给了我一个启发，那就是做任何事，如果责任不到位，那我们基本上就要费些气力去折腾。

由此可见，我们要做的非常重要的一点，其实就是要在质量管理中，让每一个人都找到自己的方向盘。这是一个基本的要求。有趣的是，在很多的组织里，人们说："杨老师，我们现在是反了，我们的方向盘握在质量部门的手上，是他们在开车，可他们不会开车啊！"另外一些人也会告诉我，他们单位是一个开车的，恨不得有九个坐车的，一个人开车有九个人告诉他向左向右，等等。显然，我们现在强调的是，要让每一个人找到自己的位置，要落实自己的责任，所以上路前必须要问清楚——方向盘应该握在谁手上？

还是以华为为例，每一个华为的管理者都有这样一种意识——管理质量的职责就是每一个人都承担责任。也许你们想说，如此还要质量部门干什么呢？

这么说吧，假如你是一个新手，或是一个性格急躁的人，在开车的时候，如果旁边坐着一个师傅或是教练，你心里是不是就会很踏实呢？而质量人员实际上扮演的角色就相当于这个教练，做的也就是教练的工作。当然，在有些组织里却把质量人员分成了两部分，一部分人是教练，另一部分却是警察。

于是，又延伸出另外一个问题，就是我们的质量人员准备好了吗？作为教练我们够资格吗？别忘记了，毕竟在许多组织里我们曾经是"三等公民"啊！这使得我们必须要用一种方法、一种模式，然后让我们很清楚地知道到底该如何扮演我们的角色。

所以，在华为，我们就根据他们的战略，为这支队伍设计了一个职业通道。因为不能让每一个人都挤到管理通道上，两眼盯着他们的"行政长官"；因为在许多组织里"官本位"的威力犹在，专业通道并不通畅，而质量部门的人员应该是专业人员，专业人员就应该有专业的技术通道，而无须都走行政的通道。怎么办？我们就帮助他们打造一支队伍，同时，帮他们确立了一种能力模型，让他们和目前整个的战略、整个系统的能力要求相匹配；同时，为他们培养一批内部教师，这些教师要把我们的教材进行内部转化，并由他们去指导其他业务部门的工作。

我们会根据"质量管理成熟度评估"的结果，帮助他们定位，确定角色模型，把他们这支辅导员队伍分为许多级别，最高的级别实际上可以是总裁级的，我们把他叫作"总裁级辅导员"，或叫"首席质量专家"。

管理者如何确定自己的角色？

那么用什么方法确定自己的角色呢？这是我在演讲、授课、培训和顾问时经常被问及的一个问题。这里面我们必须要谈到"质量管理的成熟度的模型"（Quality Management MaturityGrid，QMMG）。

克劳士比先生创立了QMMG评估模型并于1979年发表在其名著《质量免费》中，该模型实际上聚焦了我们前面所说的"3P"的影响和推动力，即人的影响力、整合的流程以及经营绩效。3P推动着"质量的成熟度"经历五个阶段的进化——不确定期、觉醒期、启蒙期、智慧期和确定期。或用医学的语言，这个模型可以为企业的健康状态进行诊断——昏迷状态期、重病护理期、加强护理期、治愈期和健康期。这个比喻真是非常形象、贴切！

在这个QMMG模型中，我们实际上会看到费根堡姆博士所说的从"质量管理"到"管理质量"的发展路径，在这么一个路线图里面，其实我们不同的部门和组织处在不同的行进阶段。因此，我们只有确定了自己处在什么阶段，才有可能一步步为自己制定下一步发展的方向，才有可能一步步朝着既定的目标坚定地走下去。

QMMG模型实际上对整个的企业管理有三个方面的影响。

第一方面的影响是，管理从此再也没有好管理与坏管理之分，而只有成熟的管理与不成熟的管理之分了。

第二方面是对软件行业的影响。1994年卡耐基·梅隆大学软件工程学院想找一种方法把软件行业的黑洞打开，然后就找到了克劳士比的QMMG模型，后来又与美国国防部和美国国防工业协会共同开发了一个现在叫作CMMI（Capability Maturity Model Integration）的模型，即"软件能力成熟度集成模型"，这是目前国际业界最通行的公司软件开发能力评级标准。

第三方面的影响，是对所谓"持续改进"的影响。我们坚决反对一种倾向，就是把"持续改进"当做一个垃圾筐，什么乱七八糟的"不治之症""疑难杂症"都往里装，然后再贴上一个似是而非的标题，比如"我们在持续改进中"。于是，你好我好大家好，大家都觉得很开心，实际上什么也不是，相当于什么也没有说。

其实，所谓的"持续改进"的真正含义，就是要不断地推动整个组织由不成熟向成熟一步步迈进。

简单地说吧，就像是初中生、高中生、本科生、硕士生和博士生。显然，高中生不能指着初中生说，你们真坏我们真好，也不能指着本科生说，你们真坏我们真好，因为没有好坏，只有成熟和不成熟。而QMMG模型就是帮助一个组织明白如何确立管理角色的基本方法论。

而我们管理者所扮演的角色，就是和你的组织所处阶段密切相关的。举例来说吧，当一个孩子处在初中阶段之前，他显然是要先上幼儿园、小学，那么在这之前的角色有几种呢？三个，第一是父母，第二是保姆，第三，则渐渐有了老师的角色；当你继续往下走，你会发现，保姆的角色渐渐没有了，老师角色渐渐增加了；上了初中，尤其上了高中，老师的角色越来越重，家长的角色渐渐变得次要。等上了大学，又该有辅导员或班主任了，而家长的角色基本处在一种"出纳"或者"银行家"的位置上，只要给孩子付钱就可以了。那么等上了研究生，最重要的角色就改成导师了。

当然，处在不同的阶段，组织所使用的流程、对问题的处理、改进的活动、质量损失的程度和盈利能力也是不一样的，尤其是有一个容易被人忽视却又十分重要的"晴雨表"，那就是质量部门及其负责人在组织管理中的地位，是隶属于制造部门、技术部门，还是独立的部门？是向一把手直接汇报，还是向某个副总裁汇报？是公司经营班子的成员，甚至可以列席董事会，还是在人力资源系统里天生就比别的部门低一级？对这些问题的解答，都可以简易地确定你公司所处的阶段，以及下一步发展的目标。

为什么你不能关机一个月去度假？

一旦我们明白了这些之后，我们就需要为自己做一个QMMG测评。许多组织，一开始都认为自己处于第四个阶段，当然也有说第一个阶段的，那么最后测评完之后发现，他们处在第二和第三之间，也就是由高中开始准备升为大学了。于是，这很明确地帮助他们界定出，他们现在就是应该完成从老师到辅导员的角色转换了。也许，许多人会问，目前我们国家各类的企业他们处在什么阶段呢？其实各类阶段的企业都有。

经过几十年的实践，外企在中国基本上都处在第三和第四之间，我们许多大型国企、优秀民企处在第二和第三之间，中小企业基本处在第一和第二之间。这就是为什么许多人会问我，我们国外企业的高管可以关掉手机去度假一个月，而我们为什么每天都要加班加点呢？

其实答案很简单，不要埋怨，因为别人已经到了导师阶段，而你们还在当保姆呢！你听说过保姆可以关上手机去度假吗？这虽然是句玩笑话，但是它确实告诉我们，我们做事的时候，就是要把我们的组织当作一个孩子一步一步培养，养大成人，因为这是我们管理者基本的职责啊！

面对 QMMG 模型，在这个过程中，管理者还要考虑两类"成长中"的问题，第一类问题是"正常的"问题，第二类问题是"异常的"问题。如果我们不清楚所处的阶段，就无法识别出哪些是"正常的"问题、哪些是"异常的"问题；很多的时候，我们把大量的人力和物力都用于解决那些"正常的"问题了，却发现它们莫名其妙地解决了，而我们没有去关注的问题，却一下子成了棘手的大问题。

举例来说，比如孩子不爱上学，对于这个问题我们要具体分析，假如这个孩子对上学怀有一种恐惧心理的话，等他到学校去后会发现，学校很好，老师很好，同学也很好，那么他自然就会喜欢上学了，我们都是这么过来的。但假如孩子不爱上学，是因为他迷上了网络游戏，那么你就必须要采取全面而有效的手段去解决问题了。所以，QMMG 模型实际上也给我们提供了一个解题的思路和正确的方法。

11 耶鲁大学引发的思考

导读： 通过对"管理者的产品"的逼问，明白了"铁营盘"的真正意义，而耶鲁大学的思考，让我们再次发现了长寿组织的必要条件。如今中国企业似乎面临一些问题缺健康，这就需要发挥承诺的力量，从"四个源头"抓起，期盼华丽蜕变。

核心话题： 管理者的职责是冲锋陷阵抓业务，还是把心思用在组织建设上？假如一把火把你们企业烧了，还会剩下什么？组织健康长寿为什么要从"四个源头"抓起？有些企业为什么会违背"头冷脚热七分饱"的千年古训？

"一把火"能否烧出"铁营盘"

我经常问企业高管们一个问题:"请问你们生产什么东西呢?"大家都能够快速地告诉我,然后我又问:"你们管理者的产品是什么呀?"这回,我看到的都是大眼瞪小眼,似乎大家还没有思考过这个问题。而这种茫然的背后,也体现出每个管理者对自己角色的认知、对组织层面的事情思考得非常少。换句话说,他们甚至于还没有思考过这个问题。

是啊,管理者的产品到底是什么呢?我们处在一个剧烈变动的环境之中,我们的一切都在变,我们的产品在变,我们的组织在变,我们的人员在变,我们的技术在变,我们材料在变,等等,一切都在变,我们唯一希望不变的应该是什么呢?哪些应该是不变的呢?

有一句俗话叫作"铁打的营盘流水的兵"。其实,我们要思考的正是这个我们的"铁营盘"到底是什么呢?这句话我也问过许多部队人员,他们对我说:"这句话我们也经常讲,但是没想到被您这么一点,仿佛非常熟悉的一句话的背后一下子了被揭示出了深刻的含义。"

其实,这个铁打的营盘就是你所服务的组织。我们前面谈到 QMMG 模型的时候,曾谈到组织管理实际上就是把组织当作一个孩子来养,一步步把孩子拉扯大,让他长大成人、成才,这的确是一个非常艰难而漫长的过程。这难道不就是赋予我们每一个管理者,尤其是高管的职责吗?显然,每一个管理者,让你坐在这个位置上绝不是为了让你拿一份高工资,也绝不是为了能使你不断地到属下那里去找良好的感觉,而是要把你的思路、把你的心力转向——如何让一个组织能够变得坚固,让一个组织的基础能够变得踏实。这时候,我又想到在华为公司的日日夜夜。

曾经有一个人,他的工号排得非常靠前,换句话说,他是一个华为的"元老级"的人物。有一次,当我们谈到这个问题的时候,他非常有感触,当即站起来说:"是啊,我以前一直认为我的职责就是冲锋陷阵,就是不断地抓业务,不断地拼技术,惭愧啊,惭愧!现在想想,我还从来没有想过如何为我们组织建设添砖加瓦,如何把我的心力用在组织建设上去,而不是总是去冲锋陷阵!"他说完这段话,竟然双眼含泪,当时所有的人都不由自主地为他热烈鼓掌。

那一幕,我印象非常深,至今难忘。后来,在许多类似的领导会议上,当我说起这个人的时候,许多人都感到非常吃惊,不由地发出惊叹:"是他?绝不可能啊!"

大家之所以这么说,就是因为他是华为公司有名的"老顽固",他能转变,那除非"零缺陷"真的是"平地一声春雷"!实际上,中国南车集团的王军在十年前就曾经说过这句话,他说自己找到了克劳士比,让他找到了真理,得到了科学的指导思想!

而事实上,我们可以这么来说,真理确实是需要寻找的,换句话说,真理本来就是存在的。只不过,它被很多刻板的印象、庸俗的成见、错误的假设、"传统的智慧"给遮蔽着。所以,它需要被发现,需要去揭示。问题在于我们用了很多的"创新的"词汇和虚假的概念,就使得我们忽略了它本来的含义。实际上,克劳士比用"零缺陷"起到的最大的作用,就在于澄清了概念,设立了判定的标准,建构了一个评判系统,所以使得大部分成功人士在日常生活与工作中,能够有了做人做事所遵循的基本信条,从而成为一种成功者的标准。

我在很多高层研讨中,常常会这样问大家:"假如用一把火把你们的企业烧了,请问还剩下什么呢?"很多人说:"人!"我开玩笑说:"那肯定是跑得快的人吧!"大家哄堂大笑。我说:"大家再想想,还有什么能够剩下的?"许多人会说产品,许多人会说文化,许多人会谈到能力,还有许多人会谈到技术,等等。我说,也许你们的答案非常多,但是,这个问题实际上是每一个组织里的高管团队每年甚至定期都要去回顾的一个大问题,它是关乎一个组织的生存和发展的大问题,同时又有助于揭示你们在行业里成功的关键要素和需要的核心能力。

IBM作为一个庞然大物,它之所以能够轻盈起舞,原因其实很简单,用联想创始人柳传志先生的话讲,就是能够在关键点上、在每一个拐弯的拐点上首先预知，然后顺利地转弯。

我们谁都知道，IBM是由硬件公司变成了软件公司，现在又变成了服务公司。这是非常了不起的。他们对于"一把火"的问题，有一个非常经典的答案，这是我在一次国际高层论坛上听IBM公司的全球副总裁亲口说的，也许这个答案值得我们参考：

"假如一把火把我们IBM烧了，我们还剩下'三件宝'，第一是我们全球一致的、有纪律的团队；第二是全球一致的、有纪律的流程；第三是全球一致的、有纪律的文化。"

事实证明，正是这"三件宝"支撑起了IBM近百年来独领风骚的基业，这让我感到非常的震撼！我们所谓的"铁营盘"难道不正是如此吗？这不正是我们一个组织最想要的吗？

你要想走在大街上让人们对着你竖起大拇指，那你绝对需要修炼你的人品，一定需要高尚的品质。显然，当我们谈品质的时候强调的是可信赖，强调的是可持续，强调的是永续的发展。这就是为什么克劳士比在他的自传《我与质量》的最后一句话说："在同MBA学院以及其他大学的学生谈话的过程中，他们总是希望我能够提供一些建议，告诉他们如何取得成功。我给他们的回答始终不变——成为一个有用的和可信赖的人（To Be Useful And Reliable）。"

是啊，我们许多组织在竞争过程中，一直强调"有用的"，但是，我们所追求的，实际上不是美若樱花般的绚烂一瞥，更不是如流星闪过般的惊鸿一现，而是持续的发展和永续的成功！"有用的"确实可以让我们立足，而让我们得以永续发展的，绝对是"可信赖的"！

耶鲁引发的思考：发现永续成功的秘密

就这个问题，克劳士比曾经应邀去耶鲁大学管理学院就"创建可信赖的组织"作演讲。后来院长陪同克劳士比先生参观完校园之后，在送他回去的路上，不好意思地对他说："菲尔，按照您这么说，似乎我们的管理还非常糟啊！"

这话让克劳士比感到有些不舒服，因为你说耶鲁大学管理不好吧，可是为什么它已经活了100多年了呢？然后，他顺着这个思路开始思考。在他看来，就像人一样，人要想活得长久，就必须要寻找长寿的因素。就好比我们往往把那些长寿的人群找出来，然后从他们身上找出可以借鉴的东西，作为可以延长我们寿命的必要条件。

我们可以这么来看，这个世界上活得最长的组织到底有多少。把这些组织里面最基本的要点抽离出来，然后再来看看，是不是一个组织如果具备了这些长寿的要点，那么它就具备了长寿的必要条件呢？请注意，不是充分条件，而是必要条件。

有一天，克劳士比坐在他位于奥兰多临湖面建的别墅院子里的大树下。这是一个美丽的富人区，到处都是百年以上的枝繁叶茂的大树，迎面是波光粼粼的湖面。克劳士比手抚大树，看着宁静美丽的湖水，他在思考。是啊，我们人类的组织中活得最长的应该是谁呢？显然是家庭，因为有了人就有家庭；那其次呢？是宗教，宗教组织源远流长；最后则是宗教组织创办的大学。所以，我们姑且用这三类组织，从中看一看到底能抽离出什么要点。按照这个思路，克劳士比一步一步走，最后写成了一部畅销书《永续成功的组织》，而副标题正是"企业健康的艺术"。

我在很多的场合，都是和大家一起来抽离这些关键的主题词的。我说，家庭可以抽离出什么？大家会谈到"血缘"，我说："不对，我们要找的是共同的原则，而不是个体化的东西。显然，'血缘'是不恰当的。"

有人说："哦，应该是'信任'。"

我说："好，姑且是'关心'和'信任'。那么宗教呢？"

有人说："应该是'信念'和'信仰'。"

我说："很好，那么大学呢？"

关于大学，大家谈得比较多，有的说是"成长"，有的说是"学习"，有的说是"师承"，等等。

我说："姑且我们用一个'成长'吧，另外还有一个词汇呢？大家一直没有想到，克劳士比当时想到的是'忠诚'。"

我有些切身感受，因为在那一年，北大百年校庆的时候，许多当时毕业之后就到了西部的校友，几十年后再一次回到校园重聚，尽管他们都已经白发苍苍了，但对于学校里的一草一木仍是那样的熟悉和兴奋。仅仅是四年的光阴,却为什么数十年,甚至一生都难以磨灭,都能够为此感到兴奋呢?请问这叫作什么呢?这难道不能称为"忠诚"吗?

好了,到目前为止,我们起码提炼出了六个词。我也希望大家能够好好地思考,为你们的组织打打分。因为我们的组织要想永续成功,我们要想变成"有用的"和"可信赖的",必须要具备这六个词。当然,这些只是组织健康长寿的必要条件,你做到了也未必能够健康长寿,因为还需要具备一些充分条件。

组织健康从源头抓起

龙和凤是我们民族的两大图腾,它们深深地影响我们的情绪,影响我们的思考模式,以及看世界的方式。所以,艺术化的人生,也使得我们做任何事都有了艺术化的追求。那么,反过来也让我们思考,也让我们可以很清晰地知道,龙头动一动,龙尾实际上要甩得很远。治理长江,我们显然要从源头抓起,治理黄河也要从源头抓起,如果源头抓不住,那显然会形成一种质量的"堰塞河现象",我们在前面也谈到了。

那么,如何才能够把握住源头呢?源头又在哪儿呢?这里我们不得不重思"克劳士比诘难":组织为什么存在呢?这似乎是一个大问题,但是每一个人必须去解决这个问题。

组织为什么存在? 克劳士比说,实际上所有组织存在的理由,都是提供了一个"需要的解决方案"(Solution to Needs),于是,我们把焦点聚集在需要上。请问:一个组织要满足哪几个方面的需要呢?首先是客户的需要,其次是我们的员工、股东,最后是我们的供应商。您也不妨去问一问你们所在的组织,这个问题我在许多场合都问过大家,大家往往忽视掉的其实就是供应商。换句话说,从对这个问题的回答来看,你会发现大家目前的思维处在什么样的位置。

换言之,大家基本上考虑更多的是两个:一是客户,我们的组织正在客户化;其次就是股东,要为股东创造价值,而为员工考虑得较少,因为他们还处在比较弱势的地位；当然，大家是基本上考虑不到供应商的。因为他们始终不会想到，一个组织还要满足供应商的需要。

其实，我们每一个组织都是别人的客户，同时也都是别人的供应商。正如克劳士比先生所说，在这个世界上，除非你是靠卖血为生的人，否则你必然既是使用者又是供应者。

现在我们把前边说过的那个"质量链"竖起来，想象一下，就变成了图11-1所示的逻辑图：

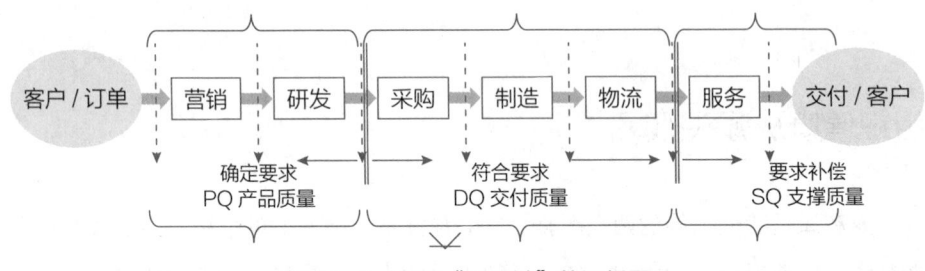

```
客户/订单 → 营销 → 研发 → 采购 → 制造 → 物流 → 服务 → 交付/客户
                确定要求          符合要求          要求补偿
                PQ 产品质量       DQ 交付质量       SQ 支撑质量
```

图 11-1 有关"质量链"的逻辑图

我们再给它们分别加上框，于是，你会发现，正如所有的人，不管你有多高、多胖、多瘦，不管你是黑种人、白种人、黄种人，往X光机面前一站，你都是一样的。同样，也不管你是什么样的组织，大公司、小公司、非政府组织，哪怕是一个个体的组织，往"X光机"——"质量链"前面一站也都是一样的！

一旦我们确定了某种组织，实际上我们要做的第一件事，就要看它的需要的源头了。我们找到源头之后，才有可能一步一步地去实施我们的管理。实际上我们管理整个组织是为了创造价值。当然，价值可以分为两种：一是用金钱衡量的价值；二是用一些额外的非金钱衡量的价值体现。

我们现在所做的很重要的一件事情，就是要努力通过实施"需求管理"去识别和发现价值；接下来从要求到业务，我们是通过"资源管理"来支撑我们创造价值；从业务和关系，我们更多的是传递价值，而"关系管理"可以给我们有效的支撑。所以，质量管理实际上就是一种价值的管理，而这种价值管理，实际上就是让我们如何去用需求管理去发现价值，用资源管理去创造价值，用关系管理去传递价值的这么一个过程。

假如这一个说法成立，那么对于我们来说，所要作的最重要的一件事，就是如何能够使整个质量管理的系统变为一种预防的系统。所谓预防系统，最重要的一点就是要把握住需求，从源头控制开始。于是，现在我们明白了，我们的源头有四个，我们要思考一下这四个源头是否受控。

"四个源头"是否受控？

在客户端，要设的第一个闸口应该是销售了。请问你们在销售环节有质量管理吗？有质量控制吗？有质量人员吗？有戴小红帽的吗？我问过很多的组织，大家都哄堂大笑。也有人对我说："我们有质量管理，怎么能没有呢？"我问："你们质量管理是什么？"他们回答说："第一，我们执行了'九千体系'；第二，我们使用了合同评审流程。"

我说："好，咱们一一来看吧。第一，你所谓的'九千体系'是什么？"

"我们说的是要满足客户的需要，这是我们的第一要务，是我们吃饭的家伙啊！"

"说得太好了"，我说，"不过你们不要说套话了。这样吧，跟我说说你们有没有KPI考核？"

他们说："有！"

我说："你们怎么考核的？"

"我们签一个合同是有奖金的，如果合同搞砸了，我们是要罚款的。"

"好，请你告诉我，签一个合同要奖多少？"

"恩，挺多的，8000元吧。"

"好，如果砸了呢？"

"哦，那也罚得挺厉害的，把我们的奖金都罚完了，罚3000元吧。"

我说："好了，你不用说了。其实啊，所谓满足客户的需要，大家应该知道是什么了吧？趋利避害，那就是——签合同。即使签坏了，我还赚了5000元嘛！"

"那么，第二，我们再来看看合同评审。表面上来看，我们是在评审合同，但是一般做评审的都是什么人呢？大部分都是优秀的、有经验的业务人员，他们在后方跷着腿评合同啊！"

我跟大家分享一个经验。当年在某集团销服系统的高层研讨会上，大家也在谈这个问题，但是他们负责销售的一把手对他们说，这是错误的，他说我们的合同到底是评出来还是怎么出来的？正是一种错误的传统的质量管理观念，使得我们认为质量是检验出来的，所以我们加大了检验，希望通过检验来获得质量。但是，**实践证明质量不是检出来，是制造出来的，是设计出来的，是预防出来的。那么同样，我们的合同也绝不是评出来的，合同是谈出来的。**

目前，该集团已在整个销售系统开始实施质量管理，也许这就透露出为什么他们能够成为中国的优秀企业，为什么管理可以有效地支撑他们的国际化进程的原因了。如果说合同是谈出来的，那么你们的企业现在都是用什么样的人去谈合同呢？什么样的人在后方跷着腿去评合同呢？

我们前边说了，正像舞龙一样，源头的任何一点的波动，带来的实际上是整个组织巨大的偏差和折腾。

在这里，我可以举两个正反的例子，先说一个反面的例子。

有一家软件公司，他们是为别人编软件的。在软件行业，大家似乎都有一个默认的前提，那就是我们的界面是友好的。这一句话也就写进了合同，说我们最后交付的软件，界面是友好的。大家也都觉得没有什么。可是当整个项目完成交付后，美国客户一看，说："不好。"

不好怕什么？哪儿不好帮你修嘛。我们做这种救火的事还可以，马上就派工程师去帮助他们修。

过了一个月，他们还说不好，于是就再派人去，后来又说不好，再派人去。一下子几个月过去了，总是无法让对方满意。在美国你不能得罪老人、得罪孩子，还有一点就是不能得罪律师，因为律师总是在找茬怂恿你去打官司，还怕你不得罪他呢！

这家公司有一个股东，他是律师出身的，他说这件事交给我吧，他就反手打了一个官司。你能猜出标的额有多大吗？我在许多企业都让他们大胆地想象，到底标的额有多大。许多人说5倍、10倍、20倍，咬咬牙说30倍。是呀，大家实在想不出，区区200多万美元的项目，他打官司能索赔多少呢？那实际上是30多亿美元啊！我们中国企业不干了，很简单，北方人说不争馒头争口气，说跟他们打，我们要请最好的律师。确实，他们请了美国最好的律师，但是一年都快过去了，律师费都花了近千万美元了，最后还是难分胜负。

我们再讲一个成功的例子。

这个例子发生在某著名的 IT 企业。有一年，他们要给日本提供一个大型的通信设备系统。日本人要求能够满足在 -60℃ 的情况下正常运行的条件，然后就问你们敢不敢签订合同，签了就给你们；不签，就给你们的竞争对手。要是按照那家公司的性格，一般是要答应的。但主持谈判的那位老兄非常冷静，他叫了暂停，说明天答复你们。然后他回去就利用他的资源和关系，查阅相关资料，找来了日本北海道 100 年来的水文气象资料。第二天他就拿着这些数据跟日本人谈，说我们实在不明白，为什么你们要在 -60℃ 的情况下运行呢，我们发现，近 100 年来你们这个地区的最低温度也就是 -35℃。日本人显得很尴尬，说那不是怕你们偏差太大嘛。

后来这个合同签下来，加了一个附加条件是这样的：我们按照 -35℃ 的极限条件去生产和交付，如果有一天北海道地区出现了低于 -35℃ 的情况，所有的损失由我们负担。最后正常签约。

大家可以设想，这对我们整个交付质量的稳定性和可靠性都是有巨大的影响的。这是一个非常成功的案例。显然我们可以这么说，把住了源头，后面的偏差和额外的浪费会大幅度减少。你们想想，你们的源头把住了吗？

其次是市场。市场是专门抓需求的，同时是为了引导需求和做客户需求解码的。如果我们在这个环节出了问题，那就可能全部错了。这样的案例也是非常多的。换句话说，无论是从效率还是从效能方面，那都是一种巨大的浪费。

如果研发的闸口开了将会怎样？

我们再来看第三个闸口，那就是研发了。研发的闸口带来的是什么方面的问题呢？我们现在的研发人员越来越年轻，越来越缺乏经验。显然，这种缺乏带来的也就是波动了。让我举两个例子。

在广东有一家做 ATM 机的企业，奥运会场馆的产品就是他们做的。有一次，他们交付产品的时候，被奥组委拒绝了，很多产品都积压在那里，而且要罚款。

正在解决这个问题的时候,我也正巧在场。他们特别告诉我,考虑到很多西方参赛人员的身高因素,所以特别定制了一些高大的自动取款机。另一方面,他们告诉我,为了保持整体的结构和美观,他们都用了不锈钢。大家可以想象,在灯光下,高于我们的视线处,会发现不锈钢的表面出现了许多的坑包,显然这是不能接受的。大家开始指责制造部门。制造部门非常生气,认为这根本不是他们的原因。设计人员也过去了,还是认为这是制造部门的问题。实际上,非常清楚的是:每一个坑包的形成都是因为它背面的焊点所致。换句话说,设计部门只想到了产品的功能如何实现,没有想到在制造环节所产生的问题。面对这一点,显然是需要他们思考的。

当然,最后的解决方法也非常简单,除了返工、返修,就是查找责任了。他们老总郁闷地对我说,这么小小的一点问题,使得我们的利润就快要打水漂了。

还有一个案例,也能够说明我们研发的重要性。有一个通信设备制造商,他们企业的许多产品都是在研发之后交由制造基地完成的。在他们的制造基地曾经发生过一件非常有趣的事,有一个产品线的产品总是能够很快地交付,而另一个产品线总得提前下订单且很晚才交付,甚至于要不断催促后才能交付,连他们自己也不知道是什么原因。

有一次他们去问基地的负责人,对方回答说:"为你们生产产品,需要两个条件:第一,我要用我们车间里手指最细的人;第二,我要用我们最强壮的彪形大汉,这样才能把你们的产品生产出来。"

这究竟是怎么回事呢?于是,基地负责人就把他们带到了生产线。这时,他们才大吃一惊。原因非常简单,因为他们的接插件都非常细,只有最细的手指才有可能完成。在固定接插件的过程中,他们都要找个子最小的女工才有可能伸得进去手,即使这样也把她们的手轧得鲜血直流,所以大家都不愿意去生产这个产品。同时另一方面,当这个产品要组装起来的时候,一定要在下面安装巨大的底座,而底座有两吨重,需要十个大小伙子上上下下左左右右行走十次,其行走的距离将近500米。所以,当基地的小伙子一听是这个产品时,大都不愿意干。当那些设计人员了解到这一点之后,才真正明白了什么叫作可制造性、什么叫作可实现性。当然,接下来他们也知道该如何提高他们的效率了。

说完了客户端，再来说员工。显然，如果不把住员工这个源头，那也是很要命的。我们常说，当一个组织失去了士气是不会有品质的，因为士气非常重要。许多组织认为他们很有士气，但实际上士气是不够的。这确实需要测评之后才知道。

可是士气是怎么评估的呢？士气的评估是 EAC 值[①]，E 是什么呢？实际上就是一个员工的公平感（Equality），A 是成就感（Achievement），C 是同事之间的情谊（Comrades）。这个值就决定了组织员工的士气。

我们再看另一个源头吧，这个源头就是领导。领导是一个闸口，在许多组织里往往破坏规则的、让组织走向混乱的其实就是领导。克劳士比先生曾说："当你穿上西装，你就是最后一个知道真相的人。"换句话说，对于一个组织的领导者来说，管理最大的乐趣就在于，突然有一天你发现自己就是问题的根源，或问题的答案。所以，对于我们领导，不在于你去领导和管理别人而变得伟大，而在于你能够伟大地管理和领导自己。当然，我们的圣人早就说过"见贤思齐，见不贤而自省"，这是一个必需的态度。

不能逼得供应商都去养猪了

我们再看看最后一个源头，那就是供应商。对待供应商，我前边说过，许多组织基本上没有把他们当作链条里面的一个重要环节，现在还存在很多店大欺客，或者客大欺店的情况，尤其是机械行业，有些人说所产生的缺陷、问题中有 60% 是和供应商相关的。于是，就把供应商当作一个孤立的事件，当作一个孤立的必须要解决的问题，还没有把它当作一个系统来思考。

广东有一个家电集团，随着品牌知名度的提升，他们的管理层认为，不能再打价格战了，一定要打价值战，使产品变得更加的高端。于是，他们决定要进行战略转型，并请我们担任顾问。

这是个巨大的工程，在整个转型过程中，其实触及很重要的一点，就是供应商。我顺便说一下，当年海尔在这个调整过程中是提前解决了供应商问题的。当

[①] 戴维·西洛塔等. 激情员工 [M]. 北京：中国人民大学出版社，2006.

时海尔在供应商转换过程中，他们感觉时机到了，然后就提出来：你必须成为世界 500 强企业的供应商并拿出证明，才有资格来做我们海尔的供应商。这个转变带来的震动是巨大的，以至于各级领导都给张瑞敏打电话，希望多照顾本省、本土的企业。不难想象，与海尔共同成长的都是大批中小企业。但是海尔张瑞敏说得好，海尔不是青岛的海尔，不是山东的海尔，也不是中国的海尔，而是世界的海尔。这种气魄就传达出一种强烈的信号，那就是海尔要走出去，要国际化。而要想成为主流企业，必须找到相匹配的供应商。

当然，广东这家集团需要进行的转变，和海尔不一样，不是整体转变，而且是由各个产品线、各个事业部自己去转变。对此，他们的供应商又是怎么看的呢？

那些老板们对我说："杨老师，我们本来就是洗脚上田的农民，和这家公司一起干活有钱赚，我们就去干，你让做管理，我们就去抓管理，你让做认证，我们就去认证。因为无论怎么做，我们都还是会赚钱的。现在好了，你每年都让我们降价 30%，我们已经是承受不了了。现在我们每给你供一件货，我们就要亏几件，我们不想这么做了。"

我问："你们打算怎么做？"

他们说："以前还行吧，无论怎么样，我都能够对付过去，你让我降价，可以，但是我不可能自己老亏钱，我得让你们公司跟着一起背吧。另外一点，我准备不干了，因为现在国家鼓励养猪，养一头猪还补贴 100 块钱呢。我们还可以种树，也可以卖很多的钱。所以，我回去很简单，把工厂改猪圈，要什么管理呀，留下几个精壮的汉子，就搞定了。"

我说："希望你是在说笑。"

当时他的话惹得大家哈哈大笑，事后一想却透露着一丝悲凉。如果都逼着我们的供应商去改猪圈、去养猪了，大家想想看，我们整个的价值链会是一种什么情况呢？

从汽车行业来看，丰田汽车所以能够取得骄人的业绩，很重要的一点就在于，不是它进步大，而是通用、福特退步的幅度大。在 2007—2008 年间，通用和福特都有几家关键的战略供应商集体"叛逃"到丰田了，因为他们难以忍受这种"客大欺店"的作风，因为他们每年都被强硬地要求降价 30%，否则就会被淘汰出局。

这确实是非常可怕的，也确实让他们忍无可忍，最后纷纷离开了。

那么丰田公司是如何对待供应商的呢？当然，他们在这种激烈的竞争中也不可能给供应商更多的利润，但是当他们选择供应商的时候，会派出一个工作小组把整个公司认真地查一遍，甚至把供应商的成本结构都了解得一清二楚。然后对他们说，我可以给你们五个点的利润，另外如果你们跟我们一起干，我们可以帮你提高管理，你们可以额外地再拿回来十个点，你们干不干？当然干！和丰田在一起，且不说你的名声会非常好，另一方面你能得到有效的管理提升，这岂不是所有企业都梦寐以求的事吗？这就是丰田的做法。

只有有效地从源头抓起，才能真正解决质量问题。**如此一来，你就会发现质量、成本、进度的矛盾实际就是客户、员工、供应商三个需求的一种利益平衡而已，这就会为你提供一个新的解题思路。**

中国优秀企业到底缺什么

时光荏苒，但我们没有停止对一个关键问题的思考：中国优秀企业到底缺什么？搁置尖端科技不论，他们并不缺钱、不缺人、不缺系统、不缺理念，更不缺可以用钱买到的先进硬件和软件，而独缺健康。

何也？简曰：累的。十余年来的狂奔与跃进，把家业做大了、人丁兴旺了，但人也虚脱了。现在看来，一些人眼前出现幻觉了：把健美冠军当作健康标杆了，服"兴奋剂"和打"激素"的负面作用，就是身体机能的紊乱、内分泌失调、免疫力下降。于是乎把企业视为赚钱的机器了，殊不知，它却是活的生命体，也会生老病死的，和人一样是需要健康做保障的。

那么，**何谓健康呢？千年古训有云：头冷、脚热、七分饱**。据此打量一下你的企业吧，会不会吓出一身冷汗——原来你们是相反的头热、脚冷、十分饱啊！所谓头热，即管理层头脑发热、焦虑不安；脚冷，则指基层缺乏活力和热情；十分饱，说的是中层失去了进取心和危机意识。但不幸的是，管理者居然没有停止过用冷水（负激励）给员工们泡脚！冰冻三尺非一日之寒啊，寒则凝，凝则不通，不通则痛。

所以,要健康,只有回到基本的认知上:它们得的是生活方式病,靠头痛医头、脚痛医脚是无济于事的,只有改变不良的生活习惯,抓生活品质,才有可能身心健康、延年益寿。

这正是克劳士比方法(Crosby Way)的朴素的道理和基本的出发点。所以,我们才强调零缺陷质量心态,强调创建"一次做对"的品质文化,强调打造"完整性"的运营系统,更强调未雨绸缪,而不愿看到这样的悲剧再次上演:健康投资总没钱,有也没有;等到病时花万千,没有也有;若谈质量与健康,有空也忙;阎王召见命归天,没空也去!

"承诺"的力量:文化变革的开始

让我一次次感动的是,一旦我们的管理者们了解到质量的本质,了解到质量管理的奥妙所在,他们便情不自禁地开始撰写他们的政策,真正彻底地反省现有的管理方式,然后正式地作出承诺。在华为公司,我常常被他们这种激动的情绪感染着,所有管理者一次次认真地重新审视他们的管理承诺和质量政策,然后所有人共同宣誓。往往是由最高的管理者先带头宣誓,毕竟这种承诺是最高管理者的特权,接下来整个管理团队一起承诺,最后全部参与者都站起来承诺,有的人甚至以手按心,以表承诺的真诚性。往往在这个时候,我都感到非常震撼。

在中远船务集团(COSCO)某下属企业,也是由老总带头领着所有人共同宣誓的,有些人伸出手像入党宣誓那样作出自己庄重的承诺。我就这么被一次次地震撼着、感动着。这种震撼就像中远船务集团的党委书记兼副总裁马智宏博士在"北大质量讲坛"上谈到的大海感受,他谈到温柔的大海、绚丽的大海、烂漫的大海,也谈到发怒的大海。

马总曾经是"老轨",也就是远洋船务的轮机长出身,他说:"在大海上遭遇狂风巨浪的时候,你就只能迎着风浪冲出去,绝不能停机,一旦你的机器停下来,那可是要翻船的,只有迎着浪才有可能冲出逆境!"虽然马总谈的是一个海员的真实经历和感受,而实际上这不就是生活的真谛吗?看看他们公司员工创意的实施零缺陷管理的"Q计划"标志,就不难理解他们的这种心迹了。所以,每当大家开始做出承诺的时候,我想这实际上也是一种向旧的生产方式告别,而去迎接一种新的生产方式的宣言,拉开了一种新的生产方式的序幕。

我们的企业需要华丽蜕变

企业要想突围,开创一个美好的未来,就要把自己的眼界放宽,跳出小我、反观自我,从"完整性品质"Q-F-R 基础架构着眼,构建 P-S-C-C(大政方针—系统保障—能力支撑—文化导向)。具体讲,就是从"1+3P"入手。

"1P"是"Policy",企业要做大,一定要落实国家层面的顶层设计,同时行业和企业都要有清楚的大政方针和战略方向。

"3P",第一个"P"是"People",关注人的影响力。第二个"P"是"Process",关注整个企业内部流程的整合。第三个"P"是"Performance",即绩效。企业成功与否是要用财务数据说话的,但一家受人尊重的企业,除了关心自身的财务指标外,还必须关注客户的忠诚度、员工的工作动力、企业的领导风格、社会责任等非财务指标。

实际上,Q-F-R 基础架构正是与"3P"相对应的:Q 对应流程,F 对应绩效,R 对应人。

用此模型来诊断,你会发现:有些国内企业的薄弱环节恰恰在 Q——品质上,跨国公司的薄弱环节在 R——关系上。如今,随着经济社会的快速发展,使得跨国公司开始实施新一轮的"本土化"战略,以摆脱水土不服的不利局面,然而,这给予了我们本土企业新的契机与突破点,那就是 Q——品质。

因为"本土化"战略,是在鼓励跨国公司放手让更多的本土员工按照"本土特色"的策略与本土企业血拼"成本优势",这就等于放弃了他们的经营基础,而向本土企业看齐。

事实上,他们吞进去的是涂了蜂蜜的毒药,而且没有解药。于是,家乐福萎缩了,KFC 苦了,奥的斯傻了……所以,我们的机会来了,抓住"P-S-C-C"企业 DNA 四要件,加上原有的 R 优势,即可扬长避短、开创未来。

- **Policy,大政方针**。政策就像大海航行的灯塔,没有使命与愿景的企业一定会在商海中迷失方向。

● System，系统保障。包含企业的体系、流程、标准与规章。企业需要站在完整性视角去衡量自身的健康与营养状况。

● Capability，能力支撑。需要围绕整个组织所处的行业竞争业态，以及企业本身的竞争优势做出客观评估，然后集中精力构建能力平台。

● Culture，文化导向。一个有品质的公司一定具有自己独特的企业文化，毋庸置疑，基于价值创新的客户化思维导向，以及正确对待错误的态度与行为的品质文化建设，这是企业文化的核心。

• THE WAR OF QUALITY AND QUANTITY •

·第五部分· 良方篇·

THE WAR OF QUALITY AND QUANTITY

如果不能学会在系统中有条理地、有目的地放弃，一个组织就会疲于应付各种突发事件。该组织内最宝贵的资源也会浪费在本不应该或不再应该投入的事情上。因此，未来的机会也就会牺牲在昨天的祭坛上；因为组织内的资源，尤其是生产率最高的人才都束缚在过去之中。

——彼得·德鲁克《21世纪的管理挑战》

提高产品质量是最大的节约。在一定意义上说，质量好就等于数量多。质量好了，才能打开出口渠道或者扩大出口。要想在国际市场上有竞争能力，必须在产品质量上下功夫。

——邓小平

12 华为：教室里的零缺陷风暴

导读：人们只惊羡于华为盛开的花园，却少有人关注其底下的土壤；没有一番流血流汗的耕耘、浇水、施肥的劳作，任何美丽珍贵的草木花卉都有可能枯萎。华为的高管们正是觉醒于此并着手品质文化土壤之改变的。当然，也有人是从 PONC 入手开启意识而成为明星的。这背后定有章法——一份"零缺陷实施方案"也许剧透了许多玄妙。

核心话题：如果企业的高管层一旦觉醒便急于行动，而不愿经历自我挣扎的痛苦过程，那么会有真正的收获吗？质量管理的主要作用是改变人的思维观念和行为习惯，是改变人的心智，进而提升企业的竞争力，并不仅仅是针对产品理化性能的控制。

"高培楼 101 号"：华为管理者的承诺

有趣的是，如果高管层一旦觉醒，他们会非常痛苦，而这种痛苦往往伴随着一种自我挣扎的过程。华为的快速发展，曾在全国引起热议。太多人去了解华为，从华为中也走出了许多的能人，他们似乎也把华为的做法传播到了中国的许多的地方。

为了推动华为项目的有效实施，我本人曾经用将近一年的时间与华为 100 多位总监以上的管理者们一起研讨，感受颇多。我至今记忆犹新的是，那些总裁和总监们的确不失为中国最优秀的一帮管理者，他们聪明、朴实、有激情、敢挑战，往往针对某一个问题展开激烈的交锋。每次在谈到质量的时候、谈到质量的责任的时候，似乎还有许多概念性的东西、务虚的东西，可是当他们每次面对"血淋淋"的 PONC 的时候，换句话说，当我每次把质量与他们具体的业务和他们由于第一次没有做对所产生的额外的浪费结合在一起的时候，往往会产生一种奇效，那就是大家一下子静下来，陷入沉默，继而暴发出激烈的争论，之后又会开始反过来思考——我们为什么会如此？每当这个时候，我都会问他们：这些现象、这些问题是否可以避免？答案是惊奇的一致——当然可以避免。那么我们为什么没有避免呢？答案是不知道。

是啊，为什么不能避免呢？往往高培楼 101 号教室的每次头脑风暴，对于推动华为整个组织的质量文化变革都起到了决定性作用。

杰克·旁派（Jack Pompeo）作为一位被华为重金聘请来的首席质量专家，他曾任得克萨斯州质量基金会的主席、加拿大北电集团质量 VP，在质量领域有 33 年的从业经验，不仅亲自参加了 ISO9000 国际质量管理标准以及 TL9000 需求及度量手册的编写，而且得到了戴明、朱兰和克劳士比等大师的指导。他参加了两次研讨会，我们彼此交流了一些看法，还聊到了共同认识的一些美国质量界的老朋友。后来，我们也成了好朋友。他对我说，他本人对克劳士比先生颇为推崇，以他这么多年的经验，他认为"零缺陷"太适合华为了，很愿意配合我一起做做这些高管的"头脑开颅"与"心脏搭桥"的工作。后来，高管们告诉我，杰克来了快一年了，越来越感到郁闷，因为一开始他光环闪耀，大家都抢着让他去指导工作，后来发现他"不过如此"，就开始踢皮球了。当然，这里抛开语言等沟通问题之外，还反映出一个华为高管们思想深处的要命的问题，那就是我所谓的"妙峰山现象"。

妙峰山位于北京西郊，其知名度源于明清时期的"妙峰山娘娘庙会"，号称"香火甲于天下"，成为老北京及北方省市影响最大的一项民间信仰及民俗风情活动，此地甚至有着"中国民俗学的发源地"的称号，因此很有代表性。你只要登上峰顶就会发现，整个娘娘庙其实并不大，但是除了没有欧美诸神，其他的应有尽有，比如地藏王、药王、观音、月老、财神、喜神、关帝和王三奶奶等，似乎无论你想祈求什么，到了这里都可以如愿。这种诸神"联合办公"的形式似乎全世界无出其右，不过也确实满足了我们广大老百姓实用主义和功利主义的心理或精神上的需要。

这正好对应了我们的企业，各位高管和部门领导在员工眼里不就是"诸神"吗？如果他们各说各话、各弹各调，将会出现怎样的情形呢？对于华为这样出色的企业，"诸神"和"诸仙"们的好学也是远近闻名的，不过问题就在这里。拿质量来说，如果大家不能达成共识，在一个共同的平台上形成一种共同的语言，那么将会产生怎样的思想变异和行动上的偏差啊！

杰克对此深有同感，他对我说："他们最需要的就是统一思想和上下信任，否则难以完成国际化转型的战略调整。"他还专门把他写的文章发给我，其中也提道："**当人们认为还有选择时，基本上一开始他们是不会听从或者采纳新思想的……显然，信任是建设质量文化的一个关键要素。**"只是杰克作为基督徒无法说清楚这种"多神"或"无神"的情形，只能说一些听起来像套话但其实很有针对性的东西，比如他说："管理的作用就是鼓励员工在一个愉快的环境下一起工作。如何管理人其实对团队绩效、质量文化至关重要。对员工的管理，取决于你是强调负面还是正面，强调负面会导致畏惧，强调正面会建立信任。让员工感到畏惧的方面集中表现在管理层只盯着做错了的地方并且轻视员工,让他们觉得自己的工作没有价值。"

经过长时间的沟通探讨,我最终使他们明白了一个基本的道理——质量的本质就是管理。抓质量就是抓管理,会产生"纲举目张"之效。这是管理者的基本要务。于是,他们开始把眼光聚焦到自己身上以及因自己没有执行"零缺陷"工作标准而产生的代价上。这一下子就产生了奇效。大家开始震惊了、流眼泪了、羞愧了。

曾经有一位女性高管拍案而起,眼含热泪地对大家说:"我们为什么总是在那儿瞎折腾?为什么本来我们就不赚钱,或者利润比较低,却总是让这么多的钱就随便打了水漂呢?这到底是为了什么?"

有几位负责北美和南美片区业务的"大佬级"人物,也都变得豁然开朗了,他们也开始剖析自己:"以往都是在指责研发系统能力不强,不能满足他们销售的要求,造成客户不满。现在看来,如果我们不在最初的源头把住关口的话,对公司的业绩影响实在是不可想象啊!"

同样作为源头的战略与市场部门的人也是感同身受,他们深有感触地自我反省道:"我们也经常反问,为什么总是在瞎折腾,我们做市场的人主要根据需求开发出项目任务书,然后再交给研发的兄弟们,按照它做出产品。换句话说,我们在前端,我们是源头。我们在把握需求,做项目设计方面的任何一点的随意、任何一点的偏差都会把研发的兄弟们折腾得死去活来。如果我们有一半的项目任务书实际是让劳动打了水漂了的话,想想看会怎样!一方面我们人力不足,大家总靠加班这种笨办法来提高生产率,另一方面,惭愧啊,我们总把大量的人力物力都浪费掉了!所以,每当我们走出办公室,看着灯火辉煌的研发大楼时,心里总是有一种负罪感啊!"这些质朴的话,每次都能博得人们的热烈掌声。他们真正为彼此达成理解而生发出一种内心的强烈共鸣。

当然,那些总是受到埋怨的研发人员也一样开始理解下游部门的人员了,同时,也更加积极地配合上游部门的工作了。因为大家已经明白和认可了"质量链"的意义,更清楚"非质量"带来的代价。

让我高兴的是,华为公司各大系统和全部产品线都作出了"管理者承诺",并利用各种形式向基层员工广为沟通和传达,以期形成质量的共同语言。他们甚至告诉我这样一件小事：有一次在各研发楼之间穿行的班车上，有两位年轻的员工在争论一个"质量问题"，这时，旁边有一位同事对他们说，你们肯定没有听过克劳士比讲的质量。

卢萨卡的中日形象

为了达成上下同欲的"质量共识"，我 2009 年曾远赴华为海外地区分支机构为他们开研讨会、做辅导。但有趣的是，远在非洲时你会发现，我们中国人的形象并非想象的那么好，这让我感到很吃惊。因为传统的中非友谊在我们这一代人心中的印象是深刻而久远的，比如，我一上飞机就想到了当年马季和唐杰忠说的援建"坦赞铁路"的相声《友谊颂》，耳边仿佛还能听到那句热情的"夸嗨利尼！夸嗨利尼"。下了飞机，我还真感受到了什么叫热情。接我的小伙子边开车边像"话唠"一样与我聊天，从天气谈到北京奥运，从汽车谈到美国和日本。他还告诉我，他不喜欢美国，喜欢日本。我问他，中国和日本中更喜欢谁？他告诉我，他喜欢日本，这个答案实在出乎我的意料。看到我不悦的样子，小伙子马上解释说，他们喜欢的是日本人，但不喜欢日本；喜欢中国，不喜欢中国人。我更加感到吃惊了，不是因为他的话，而是因为他说话的逻辑，尤其是逻辑背后的东西。

赞比亚首都卢萨卡看上去像个大大的村庄，绿化自然不用说，也没有什么高的建筑，但所到之处，你都能发现一些我们中国的影响。比如说，在我住的希尔顿酒店的旁边是他们的最高法院，整个建筑看上去就像我们国家 20 世纪 70 年代的建筑。你如果去问，他们会告诉你，那确实是当年我们中国人援建的。你走过去看，不仅建筑的方法、建筑的风格，而且就连他们用的空调也是格兰仕和美的的。再加上坦赞铁路，树立了中国人友好的形象。不过，那都是过去的形象。你只要到他们的超市和购物中心去看看，就会发现欧美的影响力是多么大；随便走到大街上去数一数，就不难感受到日本汽车征服世界的威力，只偶尔能够惊喜地看到个别的中国车。

后来，我就这个问题询问来自其他非洲国家的朋友，他们告诉我，不仅是在卢萨卡，其实在整个非洲都是如此。原因非常简单，虽然我们拥有传统的友谊，但是他们认为现在的中国人更像"暴发户"。日本人在非洲各地，都是先用文化去渗透、影响当地人，然后再跟他们做生意。反过来，我们中国公司目标非常明确，不远千里、背井离乡，不就是去赚钱的吗？所以基本上没有任何的文化铺垫，往往就是单纯的生意，并享受着讨价还价的乐趣。

这个时候，我们常挂在嘴上的"质量时代"强调的是一种质量文化，强调的是一种文化软实力的渗透和影响，一下子就变得特别有意义了，不再空洞发虚了，因为这一点恰恰是我们中国企业在全球化进程中所碰到的一个明显阻碍。这已经不是什么文化冲突那么简单的问题了，它是一个国家的软实力和是否"可信赖"的大问题，而这一切又有赖于我们每一个中国人的品行、产品的品质以及"有用的和可信赖的"形象。

值得庆幸的是，我们有许多机构都已经认识到了这些，并着手努力去消除那些负面影响，进而从欧美企业手中夺回市场份额。

当我在卢萨卡跟华为中非区的高管们进行研讨的时候，大家谈的更多的也是品质文化，谈到如何通过品质文化建设提升在各个国家的软实力，以及如何能够留住或者信任本地员工，避免发生那些本地的优秀员工因为没有感受到"中华文明"的正面影响白白流失掉的情形，更不能因此使他们跑到竞争对手那里。这实际上对于一个组织来说，都是一种巨大的 PONC 啊！

下面，和大家分享一段沃顿商学院珞德国际关系暨企业管理研究所的报告《华为：中国在非洲的开路人》[①]，便能理解我为什么要那么执着地推进华为"品质文化"建设的初衷和期许了。

华为的存在和战略在非洲比在其他任何地方都显眼。它首次进入这块大陆是1998年，在这里，华为成功地消除了"中国制造"的低价劣质形象。20世纪90年代开始，华为把自己的角色从制造商转变成完整解决方案的提

---

① 《华为：中国在非洲的开路人》一书的作者为沃顿商学院珞德国际关系暨企业管理研究所2010届学生 Christine Chang、Amy Cheng、Susan Kim、Johanna Kuhn–Osius、Jesús Reyes 和 Daniel Turgel，译者为沃顿商学院珞德国际关系暨企业管理研究所中文部主任任长慧教授。

供商。现在，华为创造了一些世界上最先进的电信设备。**据公司自己讲，华为"不求更低价，而求更优质"。以集体主义根基为特征的企业文化和一流的西方公司的操作模式相结合来武装自己，华为成功地实施了一套由合理的定价、优质的客户服务和良好的品牌意识所组成的战略，来渗透和占领极少有跨国公司获得过成功的非洲市场。**华为树立了作为受偏爱的低价位但高品质的移动网络建设者的声誉。到2006年，华为在非洲的销售额超过了20亿美元，业务遍及非洲40个国家。

华为还把它在非洲的生意当成训练场，以树立自己作为全球品牌的形象。这一过程通过三种不同的渠道实现——政策、地方投资和营销。华为利用它的资源和产品与全非洲的发展政策连接。2007年3月，在一个非洲开发银行集团2007年年会协办的论坛上，华为给非洲设计了一个前景，中心是"弥合数字化引起的分化，丰富非洲人的生活"。华为宣扬自己回馈非洲社会，其中的一个回馈方式是向学校捐赠教育通信设备。

华为已经开始在尼日利亚、肯尼亚、埃及、突尼斯、安哥拉和几内亚等非洲国家建立地区性培训中心。到2004年8月，华为已向尼日利亚的培训中心投入了超过1000万美元。最近华为在南非新开了一家培训机构，这是它在非洲大陆的第五家培训中心，第六家培训中心正在安哥拉建设，该公司现在每年为多达2000人提供培训。华为的这些地方投资创造了就业机会，使管理本土化，有助于刺激地方经济，同时提高了公司在地方消费者、商业界和潜在的合伙人眼中的形象。

成为"福布斯"的明星

有一次在长沙，为三一集团的高管们做培训，期间他们给我看了本《福布斯》中文版杂志，因为他们也名列"中国顶尖企业榜"。我翻看杂志时，发现了排在他们前面的另一家公司，马上眼睛一亮，因为这家公司的董事长曾是我的学生，给我留下过非常深刻的印象。

记得当年在他学习了 PONC 的概念之后，他非常兴奋，甚至提笔写道："应该让全世界分享这一伟大的理念！"而且他对我说："我回去就可以用这种方法，来赚回 500 万！"

我说："是吗？你说说看。"

他说："杨老师，你想，PONC 不是额外的浪费吗？我一年生产 1 万部车，每部车里面随便抖一抖，抖出 500 块钱那不就是跟玩似的吗？这不就赚了 500 万吗？"

"是啊，听上去是这个理。"我说，"不过，我想知道你怎么才能够把它抖出来呢？"

他马上哈哈大笑，说："这个东西容易啊。杨老师，您不说我也不知道，换句话说这不是白捡来的吗？既然是白捡来的，那我就给他弄个机制什么的，谁帮我抖出来 500 万，我就奖励他 100 万。"

我说："如果你有这样的机制，你这个事情没准还真能成功。"

一开始，我要到他那里去辅导的时候，他还不大想让我去，他说："我们那条件太差啦，我们是生产农用车的，生产厂区就在农村，连厕所都没有，出门荒天野地的，随地都可以大小便。"当然，我把这当作一种夸张的自谦，一笑了之。

大概八个月以后，我接到了他的电话，在电话里，他非常兴奋地对我说："杨老师，我跟您报告个好消息，我现在已经节省了近 1000 万元了。"我说："非常好，希望你继续努力，这是个非常好的开端。"

又过了一段时间，我们再次通了电话，我得知那时候他因为所取得的成绩已经获得了许多荣誉，包括他们市里的优秀企业家、省里的优秀企业家、省劳模以及全国劳动模范，而且当选为省党代表、人大代表。有一次，全国总工会的领导到他们那里考察，曾经谈到过我，他在会议间隙打电话给我，再一次表示感谢，说是克劳士比让他有了今天的成就。我回答："你说得太对了，质量实际上就是我们企业提升竞争力的最后机会，也是最后的挖掘利润的机会了。"所谓今天的成就，实际上就是把一家昔日名不见经传、经营举步维艰的乡镇小厂，用 10 年多的时间发展成为一家大型的企业集团，并前后三次荣登《福布斯》企业明星榜；在《福布斯》所确定的五项排名指标中，他们的总资产回报率三年加权平均值为

28%，雄居 100 家顶尖企业第一位。[①]

一份"推行零缺陷管理的建议"

下面是一份某钢铁集团质量部杨部长在学习了"零缺陷管理"后，写给集团高层的一封建议信。拳拳之心，溢于言表。虽自古有云：同病异治，异病同治。任何药方照抄照用都是有危害的，但是其所描述的现象背后的原理性东西、结构性东西还是可以借鉴学习、行之受益的。故特此摘录，与读者分享：

董事长、总经理：

我极力向公司建议在全公司推行"零缺陷管理"。

去年下半年以来，我一直对公司质量管理面临的许多无奈耿耿于怀：ISO9000 质量体系难以深入人心，各单位已经学会了熟练地应对（或者说是对付）内外部审核；产品质量方面的各种问题一直时隐时现；质量普遍被认为是产品性能方面的事；产品质量出了问题，就被认为是操作工人违章造成的；提高质量一直被认为是要花很高代价才能达到的目标，等等。

同时，公司也面临着似乎越来越多的问题：各种生产、设备、质量、安全等事故不断出现；焦煤资源出现紧缺，生产难以适应煤质的变化；很多设备备件到了现场才发现有问题无法使用而影响生产；现场操作中的无章、违章情况经常发生；各种会议、各种分析中缺乏使用数据的习惯；各层次人员中的推诿、拖延、遇事能躲就躲、不及时沟通情况信息等现象比比皆是；高难度、高资金占用的不锈钢还可能会出现一些问题等。

今年 5 月，我偶然接触到了"零缺陷管理"方面的资料，根据这个线索我于 7 月份参加了北京克劳士比学院关于过程改进内容的为期两天的培训，

[①]《福布斯》杂志是美国最早的大型商业杂志，也是全球最为著名的财经出版物之一。"2006 中国顶尖企业榜"调查针对的企业是 2005 年销售额超过 30 亿元，并且主营业务在中国大陆的非国有控股企业。

我完全被其全新的理念和简单实用性所吸引住了，学习后更是有拨云见日、茅塞顿开之感。

原来，质量管理的主要作用是改变人的思维观念和行为习惯，是改变人的心智，进而提升企业的竞争力（并不仅仅是针对产品理化性能的控制）！人的心智、理念的转变才是各项工作事半功倍的关键，如果没有正确的思想观念，再多再先进的像ISO9000体系、QC管理、5S管理、ERP、标准成本、标准化作业等管理工具和方法也难以发挥其作用！"零缺陷"是可以做到的，并非必然是"人非圣贤孰能无过"！提升质量不仅不需要花太多代价，而且是"免费"的，更是可以赚钱的！"一次做对"的成本是最低的，因为没有废品、差错、返工的损失！每个企业中都存在着高达销售额15%~25%的不符合要求的额外成本！最根本的是，我们各级员工的思想是散乱的甚至是错误的——这样说也许有些过分，但是他们的头脑没有被正确的思想理念所武装和支配！

零缺陷的主要特点是：

（1）从人的心智、理念入手，让员工树立正确的思维方式和做事习惯（而现行的各种管理方法、工具均是从具体的事务入手）。

（2）以"一次做对"为中心，把质量与资金、财务紧密结合起来（现行管理中质量几乎与资金、财务不搭界），而且是用资金来衡量质量工作的，因此，质量改进必然是以绩效改善、价值提升为结果的。

（3）有一套简单可行的"问题消除系统"——坚持预防导向，而不是事后修补的，能够及时消除各种隐患，防止差错和事故；这套系统的实施，还可以用量化的方式辨别各级管理人员责任心的高低、工作能力的强弱和贡献的大小，促进他们的进步（而现行管理中很多能够发现或已经发现的问题都被隐藏或淹没了，出现事故时才被人们揭出来）。

（4）可以与ISO9000等其他任何管理方法、管理工具相融合，其本身又很简单，几乎不需要编制额外的文件，便能将实务工作激活。总之我认为，实施零缺陷管理，将给企业的理念、文化、竞争力和盈利能力，以及整个企业管理系统带来革命性变化！实施零缺陷管理需要最高领导的参与和大力支持才能成功，所以特向董事长、总经理呈上自己的建议。

13 如何画一条"品质竞争力曲线"

导读：谈"品"论"质"，让我们可以一一地把品质与企业经营的"损益表"相联结；PIMS 则令"质量战略图式"以及日本汽车大战美国汽车的"质量制胜策略"风靡全球；而"品质竞争力曲线"实则让"品质战"变得栩栩如生并完整地演绎出品质如何成为客户价值的整合者及贡献者。

核心话题：品与质的结合，恰如把客户的价值与企业的成本结合在一起，是一种实实在在的战略思维吗？努力追求技术上一致性的质量与追求客户感知的品质真的是一种"质量制胜策略"吗？"品质战"就是价值战，是从品质—客户需求开始，持续地为客户创新价值构建一条"品质竞争力曲线"，从而塑造品牌新形象的吗？

与美国小伙谈"品"论"质"

在一次美国著名的汽车零部件公司的高层研讨会上,一个美国小伙子在中间休息时问我:"杨先生,这个汉字'品'实在是有意思,我听得不太明白,您能不能再给我讲清楚一点呢?"

我笑道:"好啊,你看,这'品'是三个口,口是什么,是嘴,其实这个很简单,显然有没有质量不是我们厨师说了算,不是我们服务员说了算,而是由谁说了算呢?"

他不假思索地说道:"当然是由客人说了算啊!"

我说:"对!'品'的含义是一种客户化思维,是要用客户的嘴来品的。"

"非常有意思,"小伙子看起来很感兴趣,他又指着'质'问我,"杨老师,那么这个字呢,该怎么解释呢?"

我说:"你看,这个字啊,上面是个斤,斤是什么呢,是衡量,是用秤来称一称,称什么呢?下面是贝,我们古人将贝壳作为钱币,把两个字连在一起,实际上是什么意思呢?它是用秤来称一称钱!"

听到我这样解释,这个小伙子的眼睛里流露出兴奋而激动的神采。

我继续说道:"实际上这'品'和'质'两个字,都是很有创意的,它分成两个部分,一个部分是客户最在意的价值,是'品',可提升客户满意度和忠诚度,进而获得更多的市场占有率,对应着'损益表'的上部;另外一部分是企业最关心的成本和效率,是'质',对应着'损益表'的下部。把客户的价值和企业的成本结合在一起,能够碰撞出什么样的火花呢,正好是'损益表'的底部,指向利润。"

说到这里,这位小伙子已经忍不住大呼"酷"了!

曾经有一位西班牙的大漫画家,他画了一幅画,画中是一对一对的情侣,非常同质化,其中有一对情侣就发出了一个声音——"如何使我们的爱情与众不同呢",如图 13-1 所示。是啊,与众不同实际上就是一种战略思维。所以,从"品"和"质"所开发出来的实际上就是一种战略的思维。

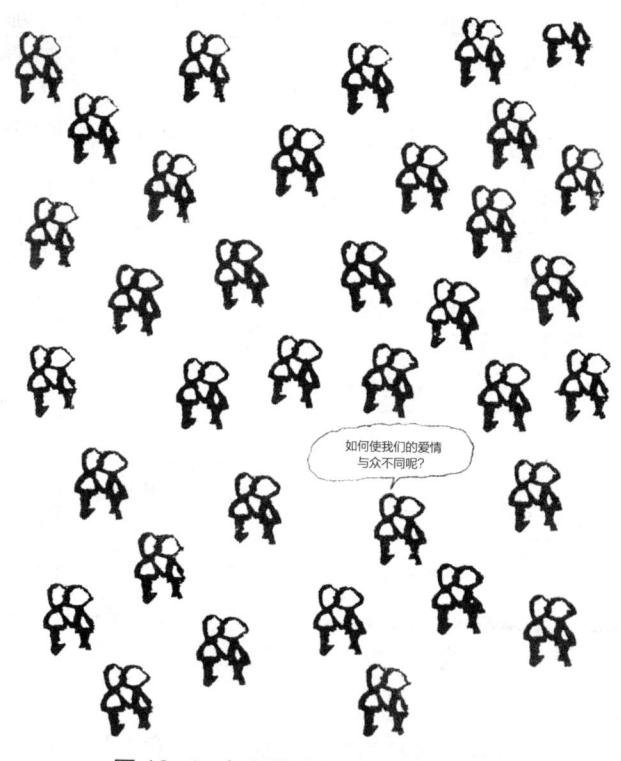

图 13-1 如何使我们的爱情与众不同

20 世纪 40 年代,哈佛大学有一个战略小组做了一项关于"营销战略对利润的影响"的研究,也叫 PIMS 小组。其中,P 是 Profits,I 是 Impact,M 是 Marketing,S 是 Strategy。这个小组得出了这么一个框架——客户在意的"品",实际上就是"认知的质量",带来的是你和你的竞争对手的一种质量的差异化感受,而内部的"质"呢?实际上是"一致的质量",带来的是你的成本的领先地位;按照这个思路往下走,当你满足了内部的一致质量,实际上是能够符合我们既定的规格、符合我们现有的规范的,它可以减少质量的成本、减少波动,使得我们的成本相对较低,可以有效地支撑我们的盈利和增长;而当你满足了客户的认知的质量,它可以通过质量溢价使得我们的相对价值提升,我们的市场份额提升;最后,也导致我们的盈利能力增长。这就是著名的 PIMS 质量战略图式[①]，如图 13-2 所示。

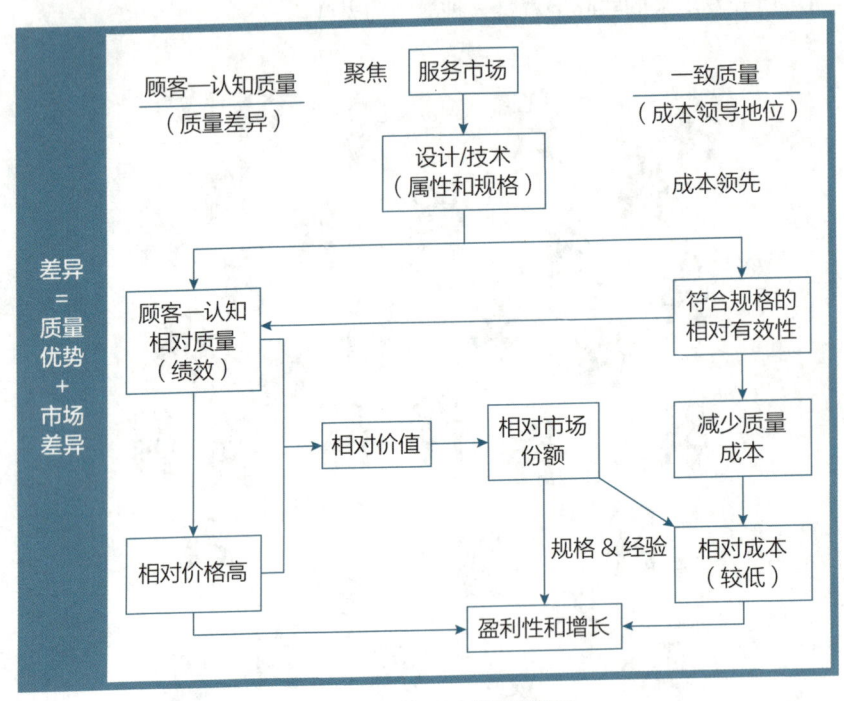

图 13-2　PIMS 质量战略图

PIMS 由此得出结论说，这种相对的质量，请注意，是相对的质量，只有站在消费者的角度才有可能对两个组织的质量进行对比，才有所谓的相对的质量，这是客户化的视角；研究表明，有没有质量——

对利润的影响：平均值为 25.18%，最大可达到 85%，最小是 -25%；

对投资回报率的影响：平均值是 27%；

对投资回报率销售回报率的影响：平均值是 25%；

对业务增长的影响是 8%；

对市场份额的影响是 30%；

对设备更新率的影响是 10%；

---

① 罗伯特·迈泽尔等. 战略与绩效——PIMS 原则 [M]. 北京：华夏出版社，1999.

对新产品的影响:平均值是9%;

对市场份额变动的影响:对市场的丧失者,它的影响显然是 –0.6,对现有份额的持有者是 0.6,而对获得者是 1.8;

对投资回报的影响:市场领导者处于第一名位置的是 38%,对市场追随者第二名和第三名的是 25%,市场追随者第四名的是 18%。

显然,PIMS 给了我们一种整体的概念,这个概念就使得我们要更深刻地思考另一问题,那就是战略。

当年哈佛商学院的迈克·波特(Michael Porter)教授[1]提出了三个战略——一个是差异化,另一个是成本领先,还有一个是聚焦的战略。在波特教授看来,任何企业必选择其一而不能通用,更不能互换。而 PIMS 带给我们另一种启发。**当我们去抓质量的时候,我们惊奇地发现它不仅可以使我们差异化,同时可以让我们成本领先,另外,也可以让我们聚焦于一点。仿佛通过了质量的放大镜使得我们对原有的市场、原有的策略产生了一种新的变化,换了一种全新的角度。**毕竟,客户化的思维实际上是把我们原有的技术导向思维给颠倒了。

为什么突然变得有效了?因为这个世界已经被"颠倒"了。用汤姆·彼得斯先生的话说,这个世界是"一个激荡的年代","我们身陷一场没有规则的争论之中",所以,需要的是"重新想象",因为"'未知'一方面给我们带来威胁和迷惑,同时又为我们提供了无限的机会……这个时代呼吁那些敢于打破常规,敢于想象未来的人。前进吧"。[2]

在西北的贺兰山脚下,有一家机械工程行业的老国企,他们的老总姓李,是一个非常优秀和务实的人,给我留下的印象非常深刻。李总曾经专门给我打电话,邀请我去他们那里,对他们进行指导。他告诉我,多年来,他一直在思考这样一个问题:

煤机行业每隔三五年就会有一次周期性波动,随着现在逐渐爬出低谷,为了迎接未来的大发展,现在所需要做的最重要的一点,就是从质量抓起。质量既然是价值,那么,怎么才能通过价值驱动去抓质量管理呢?当然不能再像以前那样

---

[1] 迈克·波特(Michael Porter),美国哈佛大学上学研究员,著名教授,是当今世界竞争战略和竞争力方面公认的第一权威,被誉为竞争战略之父。代表作有《竞争战略》《竞争优势》《国家竞争力》。
[2] 汤姆·彼得斯.重新想象:激荡年代里的卓越商业[M].向妮等译,北京:华夏出版社,2004.

抓一些皮毛的东西，或是搞一些耍把式般的技术活动，而是要认真梳理问题，以确定一套以价值驱动提升质量竞争力的解决方案。

在接下来的一年多里，我们从"质量管理成熟度测评"与质量战略规划，关键绩效因素的改进，以及"质量教育系统"的建设三个方面入手，并通过与竞争对手及美国同行的对标，找出与其财务标杆的"差距"，再结合他们所面临的主要问题，制定出切实可行的项目目标。

经过我们大家的共同努力，他们企业的各项业绩指标均好过预期，其中，营业利润率提高了 3.5 倍，获利能力提高了 2.52 倍，所有者权益盈利率提高了 3.46 倍，尤其是营运资金周期内部融资复合年增长率从 4.12% 提高到了 21.10%，每一元钱销售收入占用的现金，从 0.460 元下降为 0.411 元，每一元钱销售收入产生的现金，从 0.02 元上升为 0.07 元。这充分论证了克劳士比先生的那句名言——"质量不仅是免费的，而且是一棵货真价实的摇钱树"。

汽车大战中的"珍珠港事件"

"珍珠港事件"是第二次世界大战时期日本在军事上对美国实施的一次成功的偷袭，然而日本战败之后，他们居然又一次完成了"珍珠港事件"的重演，不过这次的"偷袭"是从经济上，尤其是在美国人心中最引以为傲的一块地方——汽车工业上展开的。

日本之所以能够一步步地蚕食美国的汽车市场，是因为他们找到了一种比"旋风敢死队"更加让敌人心寒的撒手锏——"质量制胜策略"，也叫 WIN 的竞争策略。实际上它是一种低调切入的策略，先进入美国的低端市场，然后一步一步地悄然无声地拓展中端和高端的市场，最后赢得整个世界。这种步步为营的质量渗透策略，显然跟美国的技术上改进与控制的质量策略是不一样的。

用我们前面的话来讲，当底特律还在努力地设法追求技术的一致性质量时，日本人已经娴熟地挥舞着客户感知的质量旗帜；从技术方面抓质量往往会有一种技术情结，从而使得他们忽视了日本人，他们甚至于认为日本人在技术方面除了仿制和跟风之外，没有什么大不了的。

实际上，日本人具体的做法中很重要的一点，就是先根据美国消费者对汽车的需求划分出几大维度，然后进行具体研究，并通过"目标成本管理"法和QCC落实到位。他们把消费者决定购买汽车的主要因素分为：产品属性和服务属性。在产品属性里，又分为发动机和变速器、操纵和制动、舒适性、便利性四大类；在服务属性里面，则分为便利的服务和有效性两大因素。然后设定不同的权重，并与美国的相应的车型进行对标，这就画出了一条质量竞争力的曲线，而这条曲线也就确定了日本的一种竞争策略，非常像我们常说的"你无我有、你有我优、你优我特"的兵法策略，具体见表13-1。

表13-1 对小型汽车的综合绩效评定：美国与日本

主要购买决策因素	产品属性	权重*（%）	美国	评定**	日本
发动机和变速器	10	节能	5.0	<	
	5	发动机驱动	8.4	<	
	5	变速	6.1	<	9.0
	5	加速	5.9	<	7.1
操纵和制动	5	避免事故	5.9		7.5
	5	操纵精确度	5.0	<	8.5
	5	制动	5.3	<	8.5
舒适性	4	乘坐	5.0		5.0
	4	噪声	5.3		5.0
	4	驾驶位置	6.7		8.0
	4	前座	5.9	<	8.0
	4	后座	3.3		4.0
	4	空调	9.0	>	8.0
便利性	3	控制装置	3.6	<	8.0
	3	显示	6.4	<	9.0
	3	服务便利	6.7		6.5
	7	预期维修	2.7	<	8.5

续表

主要购买决策因素	产品属性	权重*（%）	美国	评定**	日本
服务属性	有效性	10	9.0	>	6.0
	便利服务	10	9.0	>	6.5

我们也曾经指导过国内的一家汽车企业。以往，他们经常是从市场的反馈中盯着对方，对方改什么，他们就改什么；对方做什么，他们就做什么，然后不断地与对方打价格战。而这种价格战，实际上是由一种零碎的市场价格的信息左右的盲目价格战，而不是系统的对标。我们就让所有的管理人员和技术人员、市场人员坐下来，大家一起聚焦在消费者决定购买的主要因素上，然后一条一条地分析数据，最后画出了一条质量竞争的曲线。让大家大吃一惊的是，有一些暗合了他们现在的需求，有一些则与他们的做法正好相反。换句话说，有一些属性是竞争对手的强项，他们应该回避这个方向，却反而在上面投入重兵，结果呢，效果并不好，倒使得他们的成本又增加了许多。

在这种没有硝烟的汽车大战中，日本特别关注看得见的能被感知的一面，也就是给客户的直接感受。就像我们前面举过的一个例子：当年美国人买汽车的时候，销售人员都会给客户一张多少公里内保证免费维修的表格。而在日本汽车进入市场后，客户还习惯性地要这张表格，但他们说，没有什么表格，在多少公里之内如果出了问题，直接换新车。当时取消这张表格的反差是非常巨大的，一下子就让大家有了一种新的思维，开始用一种新的眼光来看待日本汽车。这就在无形中增加了他们的竞争优势。

这种从客户感知的品质出发的方式，可以说非常成功地贯彻执行了波特教授的"差异化"竞争战略。因为所谓"差异化"不是你关在屋子里由内向外看的区分，而是站在客户的立场由外向内地与竞争者进行显著的区隔。BCG波士顿咨询集团曾经发现一个规律，那就是在任何充分竞争的市场里都存在着一个"三四规则"，即存在着三个领先者、三个生存者和一些局部细分市场的填补者；而且领先者所占的市场份额高达15%以上，其中第一名是第三名市场份额的四倍。

不过，一旦开始从客户的购买决策因素出发，各家企业就会重新分配市场，通过客户消费的感知品质而显著地区别开来了。比如，当年的美国重型载货汽车市场，一直是内维斯达、帕卡尔、沃尔沃和麦克四家公司拼得你死我活，但随后便从同质化的价格战转为差异化的价值战，在耐用性（麦克）、节能性（内维斯达）、富有活力（帕卡尔）和乘坐舒适（沃尔沃）四大关键因素方面显著地区分开来了。这种实践也促使营销策略不断地从4P（产品、价格、渠道和促销）到4C（客户、成本、便利和沟通）再到4R（客户关联、市场反应、关系营销和回报）。

有些人已经发现了，其实这条"品质竞争力曲线"也就是所谓的"克劳士比曲线"，它和前一段时间风靡全国的、由欧洲工商管理学院的金（W. Chan Kim）教授和勒妮·莫博涅（Renée Mauborgne）教授合写的一本《蓝海战略》颇为相似，只不过这两位教授是研究产业经济学的，如果他们能够对质量有所了解的话，我相信他们会把它叫作《质量战略》的。

"蚊蝇策略"：品质决定价值

弗兰克·普度公司（Frank Perdue）位于美国东海岸马里兰州的索尔兹伯，在这家公司的下面有一家鸡肉加工厂。当时在美国东部各种分割鸡肉企业竞争得非常激烈，最后大家的价格战打得精疲力尽，已经是无法再战了。于是，老弗兰克退休，让位给他的儿子小弗兰克。

小弗兰克上台之后，并没有通过垄断显像管的方式掀起一场价格战，而是打了一场价值战。那么请问，价值战怎么打？那就是首先从质量开始；而从质量开始，实际上就是从客户开始，就是从客户的需求开始，就是从客户的价值开始。这也许能够帮助我们思考什么叫打"品质战"。

于是，小弗兰克就开始自己公司职能部门或者公正的第三方，对客户的实际需求进行了一番细致的调研。经过调研，他们惊奇地发现，原来客户在三个方面对他们的品牌和产品是有所诉求的。

第一是黄鸟鸡。客户普遍反映他们买鸡肉的时候特别喜欢买黄鸟鸡，因为它的肉质非常鲜嫩。如果说大家已经知道了它的特点是鲜嫩的话，那接下来该如何进行质量改进呢？

我在这里力求把客户的需求和企业内部的改进以及营销传播整合在一起，但这并非所谓流行的"整合营销传播"思路[①]，更非詹姆斯·基尔茨先生[②]所提倡的"提升整体品牌价值"的方法。因为在任何组织里都是通过品质塑造品牌，而不是孤立地去创一个所谓的品牌，应该走一条从品质到品牌的道路，而不是抽象的、干巴巴地画出一种或者靠媒体"忽悠出"一种所谓的"名牌"来。希望普度鸡的案例能够给我们带来这种启示。

我们再回到上面的问题，如何改进呢？显然，我们可以去选育种鸡，用新技术培养更鲜嫩的鸡肉，或其他的改进措施。我本人对于这个环节里员工们所体现出的聪明才智是充满信心的。那接下来一定要做广告，广告怎么做呢？他们做了一个非常有效的广告，叫作"硬汉做嫩鸡"！通过形象上的强烈对比，鲜明地传达出黄鸟鸡那种肉质鲜嫩的感觉。

消费者对普度鸡的第二个诉求——肉多，骨头小肉多，这是消费者的一种认知。那么，接下来大家应该清楚如何去改进了。也许从配方上入手，也许从饲料上入手等，但做过很多改进之后，又该怎么去宣传呢？他们的市场营销部门又完成了一个非常有创意的广告："买我们的鸡肉吧，在我们的鸡肉上面咬一口等于咬别人的三口！"非常有趣，也非常有震撼的效果。消费者的第三种需求，是普度鸡上面没有幼毛，买回去就可以加工，不用再花时间拔毛了，很方便。显然，针对这一条，他们开始组织改进。技术部门建议，如果我们在某一个工序上增加一个鼓风机，就可以把幼毛彻底地去除干净了。

假如在你们公司里落实这一建议，你们该如何去做呢？会不会先交给采购部门去进行比价采购：一种可能是乡镇企业产的，要十几万元；另一种可能是合资企业产的，要50多万元；还有一种国内知名企业产的，要近30万元。最后，你

[①] 整合营销传播（IMC），指企业在经营过程中，以由外而内的战略观点为基础，为了与利害关系者进行有效的沟通，以营销传播管理者为主体所展开的传播战略。

[②] 詹姆斯·基尔茨（James M.Kilts），被誉为"世界上最神奇的CEO"之一，他历任卡夫、纳贝斯克、吉列三家公司的CEO，均临危受命、化险为夷。如今他在芝加哥大学商学院创建了"基尔茨营销中心"。

们可能买了30万元的，也许买了十几万元的，功能上都能实现，财务上也比较经济。我想这是企业的常规做法，而不是优胜者打破常规的选择。

普度会怎么做呢，它会使用更高明的战略吗？答案是肯定的。小弗兰克非常清楚，品牌不是我们自己忽悠出来的，而是媒体公关出来的。

显然，小弗兰克进行的选择不是基于价格的，也不是基于功能的，他从苍蝇蚊子中得到启发，推行了一套独特有趣的策略——"蚊蝇策略"。在他看来，一只小小的蚊子竟然可以把人折腾得彻夜难眠；而一只小小的苍蝇，一旦爬到了一头大象的头上，便自豪地对全世界宣布：看啊，我是多么伟大啊！此时的普度弱小得就如同一只小小的蚊子或苍蝇，虽然弱小，但绝对具有不可估量的潜质，现在最需要做的，就是寻找一头"大象"，然后骑到它的头上去。于是，小弗兰克开始在华尔街的蓝筹股里面寻找，因为作为"绩优股"企业，经常会有《华尔街日报》《财富》等财经报刊的记者到他们那里蹲点，向他们索要新闻。找来找去，小弗兰克找到了劳斯莱斯（RollsRoyce）——一头专门做飞机发动机的"超级大象"。

有一天，一个财经杂志的记者到了劳斯莱斯公司，问他们的公关人员："今天有什么动态新闻吗？"他们说："今天没有什么，平安无事。"正在聊天中，突然这位发言人说："不对，好像有一件怪事。"记者的好奇心一下子就被吊了起来。发言人说："我今天得到一个消息，有一家养鸡场竟然花巨款向我们订购了一台鼓风机。我们都觉得非常奇怪，不知道他们想干什么。"记者的想象力被激发出来了："养鸡场买鼓风机干什么啊？"于是就带着强烈的好奇心开始秘密地跟踪普度鸡了。消费者也被他们的系列"揭秘"式报道弄得充满好奇，都在关心普度公司，并希望看到最后的真相。

最后真相终于大白——原来普度这家小小的鸡肉加工厂，没有去贪图便宜随便买一部小厂的鼓风机，而是花巨款向劳斯莱斯公司买鼓风机，目的就在于能够使消费者在吃鸡肉的时候更加方便，不需要花精力去拔毛啦！

你们告诉我这个结论值多少钱？所以，这种大揭秘式的公关力量就一下子使得普度鸡的品牌形象得到了巨大的提升。

我们这时候来看一看数据对比。我们把普度公司分为老弗兰克时期和小弗兰克时期。不难发现，在老弗兰克时期，几项关键的购买因素和竞争对手相比，基本上都是同质化的，大家处在同一个起跑线上：黄鸟鸡 7 分、肉骨比 6 分、无幼毛 5 分和新鲜的程度 7 分，以及服务的有效性 8 分和品牌形象 6 分。但是，进入小弗兰克时期，仅半年之后，我们会发现，上述各项已经有了明显的区分了，如图 13-3 所示，黄鸟鸡 8.1 分（竞争者 7.2 分）、肉骨比 9.0 分（竞争者 7.3 分）、无幼毛 9.2 分（竞争者 6.5 分）以及品牌形象 9.3 分（竞争者 6.5 分），其他几项与竞争者旗鼓相当：新鲜程度 8 分、服务的有效性 8 分。

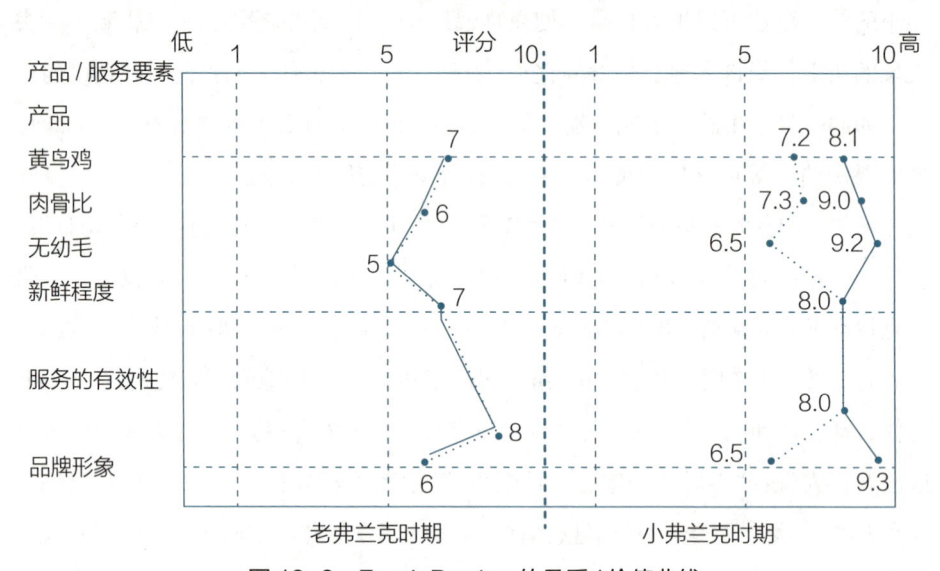

图 13-3　Frank Perdue 的品质/价值曲线

换句话说，半年以后，整个东部的市场全被普度鸡所垄断了，它的利润基本上是同行的 7~8 倍，所占市场份额也超过了主要市场的 50%，还不包括纽约这样的一些有竞争力的城市和地区。

这是一个巨大的转变，也就是说打价格战时，质量和价格的权重基本上是：价格占 90%，质量占 10%；当你打质量战、打价值战时，质量和价格的权重基本上变成了：质量占 70%，价格占 30%。

小弗兰克最后解释说："如果你相信质量的无限力量，并在你的工厂中全面贯彻质量标准，那么，剩下的事（市场份额、成长和利润）就好办了。"

谁才是你的客户

现在所到之处都在谈论客户，但你会惊奇地发现，实际上大家在谈论客户或者说在谈论"客户第一"时还是相当模糊不清的，甚至更多是《沙家浜》中那句著名台词，那就是"来的都是客，全凭嘴一张"。毕竟，我们所有的组织实际上都是资源有限的，假如这个假设成立的话，我们都是在有限的资源范围内，去服务有限的客户，这就注定我们每个人、每个组织都是为某一小撮人服务的。然而现实中，我们并不是如此，恨不得为全部消费者来服务呢！

在西部的某省会城市有一家公司，担负着整个城市的供气和供热等城市服务职能。以前他们专门做蜂窝煤，后来，老百姓大多改用煤气罐了，再后来又改用天然气了，几乎没有人再用蜂窝煤了。这是不是意味着这家公司就倒闭了呢？

当然不是，表面看来，这家公司仿佛一下子没事干了，实际上，他们原来那些煤场的地皮非常值钱，可开发的价值非常高。于是，很多房地产商在城市的开发过程中就看准了他们的地皮，纷纷高价收购。公司一下子有了钱，可是这些钱用来做什么呢？于是，管理层开始思考公司未来的发展方向。以前，他们每个煤场都有拉煤和送煤的业务。为此，他们开发了一些餐饮服务设施，甚至还有招待所。而他们的餐饮服务一直以来做得都不错，菜品有特色，甚至开了一家连锁经营餐厅。而招待所则越来越失去它的魅力。现在公司有钱了，大家都要求把它们改建成星级酒店，建立一个酒店集团。于是，有人说我们要建四星级的，有人说我们建三星级的，有人说我们建五星级的。后来又想，不行啊，就我们那个底子，估计也就是在二三星之间吧！因为不同的星级就意味着不同的投入，最后管理层做了一个妥协，每家招待所给5000万元，如果不够，就自己去想办法吧！

于是，大家开始摩拳擦掌，准备拟定投资计划，大干一番了。这期间，他们请了我们做指导。于是，我们就问了他们一些非常简单的问题："你们为什么要做酒店？"他们说："赚钱呗。""赚谁的钱？""赚谁的钱？谁来住就赚谁的钱。""那谁会来住呢？"你会发现，当时他们完全是一头雾水，没有明确的客户定位。

在这个时候，你对他们讲什么叫作"质量第一"、什么叫作"从客户的需求开始"，那么，他们也就知道该如何去做了。经过我们定性和定量分析，最后发现，作为省会，这里的旅游资源非常丰富，旅游业自然发达，而他们实际上的客户也就是一家一户的散客。这么说来，我们大家全都可能是潜在的客户。

于是，我这样问他们："当你带着全家人去一个城市旅游的时候，对于住宿的条件，你都在意什么？"

大家回答说："我们在意的，第一，地点是否便利；第二，是否干净、卫生；第三，价格是否便宜；第四，是否安静；第五，还在意它是否……"

于是我问："那么你是否在意他们有豪华的大堂？"

大家说："不在意啊！"

"你们是否在意他们有高档的酒吧？高档的餐厅、游泳池、桑拿房？"

他们说："不在意。"

我说："很好，你们大概应该知道，按照星级评定的标准，你必须要有相应的投入才有可能评级成功，否则你是无法达到星级标准的。那么现在我们来看看，当我们按照星级评定的标准来投入的时候，我们一定要关注诸如建筑的美感、豪华的大堂、餐饮设施和配套服务设施等因素，把钱花在它们上面，而这些恰恰是客户所不在意的东西。同时，对于客户在意的那些因素，我们竟然掉以轻心，不以为然！那会如何？"

道理其实很简单，如果你把这些因素分别画出两条价值曲线，你一定会有一种强烈的感觉，那就是围绕着消费者所产生的质量价值的曲线和按照技术标准来做的，完全不是一回事儿；技术化的思维和客户化的思维，它们的差距如此巨大，从而也导致我们所投入的钱也有如此巨大的差异。这也许可以解释，为什么高档酒店总是能够盈利，总是能够有它的客户群，而低档的呢，也总是不乏客源，最糟糕的就是不高不低的、十三不靠的那类。这条价值曲线实际上也就是，现在便利酒店、连锁酒店能够畅销的原因了。不过，当大家都来打入这个市场的时候，它带来的必须是另外一种新的价值定位，否则你又将面临新一轮的价格战。

所以，品质竞争力的曲线实际上可以非常清楚地帮我们阐明，什么叫作"质量第一"、什么叫作"质量是生命"了。

14 当质量意识遇到质量成本

导读：成本和代价，一个是预算内该花的，花不完年底还要突击花的；另一个则是已赚到口袋里，一不小心又给浪费掉的。企业一旦认识到这点，就会用行动证明品质是"第三代利润"的来源。当然，这需要高管们把握质量成本的本质，让它成为激活质量意识、促成质量改进的驱动力量。

核心话题：PONC 作为一种管理的共同语言，果真是有效达成共识、开启意识驱动改进的工具吗？为什么说质量是"第三代利润"的来源——"一棵货真价实的摇钱树"？但为什么"质量成本"项目很难成功？如果成本与意识是手心手背的关系，那么品质文化建设工作是不是又多了一个有力的抓手？

毕竟"P"即利润

成本与代价的思考

成本与代价是两个不同的主题，而且它们的概念也是完全不一样的。如果借用我们在前面有关"看不见的"和"看得见的"说法，那么可以这么说，"成本"是看得见的，是预算之内的，是我们可以花，甚至应该花完的；而"代价"呢？则是看不见的，是额外的花费，是我们本来应该已经赚回来，但是一不小心又花出去的，也就是浪费。

有了这种分野，我们再来看看所谓的"质量成本"和"质量代价"的区别以及对我们实际工作的影响。我找出了以前写过的一篇文章，似乎能够说清楚这些问题，而且很有趣，网上的点击率也不低，不妨一起分享。

有一位公司的经理对我说过这样一件事，他们的员工餐厅本来是用餐票的，现在改为用IC卡了。在用卡以前，员工们一般到月底都有余额，尤其是女员工，可节省10元左右呢！管理部的人认为，餐票既不卫生，又不便保管，而改用刷卡，这样既有效率，又有时代感。员工们也认为刷卡方便，似乎皆大欢喜。可真正用起卡来，大家却有了一种无法言表的烦恼。因为自从用卡以后，常常是刚到月中，他们在买饭时就被很尴尬地告知"没钱了"。

"这不可能，"他们总是搔着头说，"我以前从来用不完。"

问题出在哪儿呢？是员工的钱不够吗？是餐厅的读卡设备有差错吗？都不是。让我们先来看看自己的例子吧！我们都有用信用卡消费的体验。在富丽堂皇的商场里，你揣着卡可以任意选购商品，还会很潇洒地对售货小姐说："请给我包起来。"因为你知道，卡里即使钱不够，也是可以透支的。但如果我们改用现金，让你拿着一摞现金去购物，当你一张一张地数着付钱时，你还能那么洒脱吗？你难道不会心跳加速吗？

其实，卡就好比成本，是允许我们花的。而伴随着你数钞票的心跳感觉，你是否体会到了成本的"三味"呢？

克劳士比说过，质量是免费的。只要我们按已达成的要求去做，第一次就把事情做对，才是成本的真谛。而常规的成本中包含并认可了返工、报废、保修、库存和变更等不增值的活动，反而掩盖了真正的成本。第一次没做对，势必要修修补补，做第二次、第三次。这些都是额外的浪费，是"不符合要求的代价"（PONC）。统计表明，在制造业，这种代价高达销售额的20%~25%，而服务业则高达30%~40%！我们处在利润干涸的年代，原料价格在上涨，而市场价格在下降，两头挤压，企业基本上只有很小的生存空间了。加上许多行业的进入门槛又低，竞争趋于恶化，更让我们对存在的巨额浪费瞠目结舌！醒来吧！不要再哭着说"成本下不来"了，取消"信用卡"，使用现金吧！那样就会让心跳的感觉变成我们工作中的质量意识。

如果你在服装生产线上，把工人扔掉的布头的统计数字或指数用"溯源法"折返回去，用实物醒目地贴在墙上：1块布头＋1块布头＝1件内衣，1块布头＋1件内衣＝1件衬衣……这不是在教员工们数钱吗？

如果你在电子产品生产线上，把墙上的缺陷率、废品率换成一目了然的实物或钱，比如，1个零件＋1个配件＝1个微型收录音机，1个配件＋1个微型收录音机＝1个随身听……这不是在教员工们了解代价的含义吗？

一旦我们认识到PONC，就会把注意力集中到识别和确认要求、了解和改进过程上，从而设定有效的目标以符合已达成的要求。因为要求和过程越清楚，越有可能把事情做"对"；要求和过程越明确，才越有可能"第一次"就做对。否则，做得越多，代价越大；做得越累，成本越高。这正是"缺陷预防"的态度，也正是"零缺陷"管理的心态。因此，管理者的职责就是要用代价（PONC）这种管理的语言、质量管理的语言教育每一个人，上下达成共识。如是，方可使质量成为获利的"最后的机会"，成为"一棵货真价实的摇钱树"！众里寻他千百度，蓦然回首，那人却在，灯火阑珊处。

如果你只想到要派几名成本会计去外面学习几天，回来后就想用别人的模式和资料建立自己的"质量成本"制度，然后品着咖啡，静待下面的"成本"自动地削减殆尽。那么，你等到的只能是基层人员试探性电话、"润色"过的数字以及狡黠的笑容。

这时，我们只有请电影里的黑帮"老大"来敲打他了："你要为此付出代价！"

毕竟，"P"即利润，削减代价（Price）就是利润（Profit）。

老国企：倒过来读书

ITT 的 CEO 哈罗德·吉宁曾经在他的自传体著作《管理》中谈到，"就好比我们看书是从前往后翻一样，经营管理一定是倒过来读的"。[①] 这句话和这种基本的思维方式，影响了许多许多的西方企业家，我们随时可以在那些世界 500 强企业身上找到这种影子。这位六七十年代的"美国第一 CEO"也是这么做的，使得 ITT 从默默无闻一度高居"财富 500 强"的第九位。

我们前面说过，成功的企业是相似的。吉宁的这种"读书法"同样适用于中国企业。

四方机车车辆厂曾是原铁道部下属的老工厂，是由德国人在 1900 年创建的。有一年，他们的管理层集中了三天时间跟我坐在一起进行"零缺陷管理"研讨。我记得很清楚，其中有一位分厂的负责人，总是紧锁眉头。

他后来对我说，"第一次就做对"令他感到很震撼，因为他从来不敢这么想。但第一次没有做对必然会产生"不符合要求的代价"，这个道理浅显得同样让他吃惊。

他告诉我，他们分厂是做铸造件的，翻砂是必不可少的流程，而翻砂就必然会有气孔砂眼，有了气孔砂眼就需要补焊。这家分厂本来有两个焊工，而且是八小时之内正常上下班，而随着铁路建设这几年不断提速，各车辆厂业务量越来越多，他们的业务量也随之逐年增加，原本的人手显然不够用了，他就向老总请求

---

① Harold Geneen. Management : The Legendary Super-Manager Shows You the Inside Secrets that Guaruntee Corporate Success.Avon books，NY，1985.

更多的资源，招募更多的焊工，否则根本无法完成任务。后来，焊工的数量达到了 12 个，而且要三班倒，没有固定的上下班时间。在最近的一次，他又向老板要人、要预算，但老板认为，总是这么下去，似乎也不妥，就果断地说："不给你了，你们自己想办法吧。"当这位厂长觉得不能按照老模式走下去的时候，他就开始思考到底该怎么办了。

所以，当他接触到"第一次就把事情做对"的时候，似乎一下子顿悟了。但他也拿不准，于是他就向我询问："杨老师，第一次把事情做对，是不是就意味着第一次翻砂就成功了呢？如果第一次翻砂就成功了，是不是就意味着不需要补焊了呢？如果不需要补焊，那是不是意味着那些焊工和焊条都是 PONC 呢？"

我笑着对他说："你这不是想得很明白吗？"

回去后，他先去问那些翻砂工："你们给我说说看，你们有没有第一次就翻砂成功的，不需要补焊的情况呢？"

那几个翻砂工笑着回答："头儿，如果没这两下子还叫翻砂工吗？"

他就说了："你们这帮小子，那为什么总是需要别人补焊呢？"

他们笑了："哎呀，这不是忙嘛。你看，这么多活儿，出错也是在所难免嘛。况且，我们要不出点错，你让那么多的焊工干什么啊？也总得让他们忙点吧。"

这个厂长此时才恍然大悟，看来，他之前一直在走一条错误的路，接下来，他更坚定了自己的信心，于是，便与管理层一起修订了政策。

这老企业一年产值 3000 万元，但它的利润是多少呢？大家恐怕就猜不出来了。我问过许多人，有的人会猜得很大，说 500 万元，还有说 800 万元，甚至 1000 万元的。这时候，我就会说："如果这样的话，你们都改行吧！"我伸出五个手指。他们说："50 万元？"我说："错，5 万元！"往往这时，人们会哄堂大笑，以为我在讲笑话。

其实，我真的不是在开玩笑，这是事实啊！虽然只有区区的 5 万元，可在当时那是先进企业！因为同行业的厂家都是负数，而唯有他们还赚钱。再反过来，走遍全国看看，大家似乎全是这么做的，全都是靠补焊、修补来完成生产任务的。在这种情况下，当管理层在一起真正开始思考这个问题，真正要从源头、从政策上引导大家第一次做对的时候，是要痛下决心的。

一旦有了政策，接下来我们一定要帮他们安装一个预防的系统，同时也要培养他们的能力，培育他们的文化，为他们培养"星星之火"，帮助员工去理解和落实。简单说吧，就是以考核拉动，由厂长亲自宣布："从今开始，我们要第一次就把事情做对。我要求你们在半年之内，把12个焊工减回到2个，而且要恢复八小时工作制；同时，我希望在八个月之内，让那堆积如山的焊条在我眼前消失掉。"这就是管理层的政策和机制，其实并不复杂。半年以后，他们惊奇地发现，账面上居然有250万元。

这也算是个经典的案例了。当时他们公司做出这个案例让我点评的时候，我专门让大家思考，这250万元是从哪里来的？这确实值得大家好好思考一番了。

大学者王国维先生曾在《人间词话》里谈到诗词的三种境界，其实也是管理的三种境界。"昨夜西风凋碧树。独上高楼，望尽天涯路。"此第一境也。"衣带渐宽终不悔，为伊消得人憔悴。"此第二境也。"众里寻他千百度，蓦然回首，那人却在，灯火阑珊处。"此第三境也。我在《零缺陷咖啡屋》一书中①借用陶渊明的诗句又增加了一境，"采菊东篱下，悠然见南山。山气日夕佳，飞鸟相与还"。至此便有了零缺陷管理的"四境界"。四方厂就是一个很有代表性的例子。

显然，你会发现，当我们"倒过来读书"的时候，实际上已经开始关注"第三代利润"，跨入了"灯火阑珊处"的境地。如果说原材料和产品制造是第一代利润的来源的话，那么服务经济则产生第二代利润，而质量则是我们说的第三代利润的来源。

大家可能会觉得迷惑，仅仅靠了解到成本和代价的关系，就能额外地创造利润吗？其实这里面还有一个玄机，那就是代价。第一次就把事情做对，它实际上不仅是利润的来源，同时也是一个企业竞争力的体现，而这两方面恰恰是手心和手背的关系。

为深入说明这一点，我们继续以刚才说的四方机车厂的分厂为例。他们有一个产品，就是火车上的小挂钩。当时在指导他们实施零缺陷管理的时候，我特别要求他们"第一次就把事情做对"。要求他们从三个方面思考——第一，是他们

---

① 参见头条号"零缺陷管理时代"中的相关内容。

自身的能力；第二，一定要去了解客户的需求；第三，要看看他们的竞争对手在干什么。于是，他们确定了一个机制，即由技术人员和市场人员共同到客户——铁路局那里去，了解客户对他们到底有什么需要。

客户说得非常清楚而简单："我们其实没有别的要求，你就赶快把小挂钩给我做出来，然后安在火车上，我马上就可以跑了，多拉快跑，这是我们的基本需求，就这么简单！"

我们再看一看他们的竞争对手在干什么。他们惊奇地发现，竞争对手采取传统的管理方式和生产方式，在家里面做好了挂钩，然后运到客户那里进行安装。当然，他们安装的时候常常发现，不是这里大了，就是那里小了，根本安不上去。然后他们就调来了许多工程技术人员和服务人员，就地开始修补、打磨，一拖就是一个星期，甚至半个月、一个月。所以，客户和他们都非常着急。

当四方厂了解到这些情况后，就非常简单了，因为"第一次就做对"要求他们深刻地理解客户的需求，然后按照客户的实际需求进行产品的开发、研制和生产，那么最后呢，当你到了客户那里安装的时候，第一次就把它安上了。你们可以想象一下：一个是第一次就装上了，不用修补；另一个呢，则是在现场修修补补，要拖后一个星期，甚至一个月。这是巨大的反差啊！

于是，口碑就有了。一提买挂钩，客户们就会说："就买他们四方的挂钩吧！"

由于这种口碑效应，这家工厂的产品一下子成了热销产品，以至于到了后来，要想买他们的挂钩产品，居然要找铁路局的领导打招呼才可以。本来这家分厂按照公司改制的战略需要，是要把他们剥离出去的，换句话说，需要把他们从核心产业中划出去，但是他们却因为抓质量使得竞争力大大提升，居然成了业内的畅销品牌。

为什么高管会"叶公好龙"

对待质量成本的态度

人们是如何对待质量的，也将会如何对待质量成本；而反过来呢，人们是如何对待成本的，却未必能够折射出他们是如何对待质量的。显然，在大部分人的心中，质量和成本属于两个不同的范畴，是两种不同的概念，当然就会造成人们对它形式两种不同的态度。所以，当质量遭遇成本，会碰撞出什么样的火花来呢？这是个非常有趣的问题。

我们先看看现实中的情况吧！许多质量人员，当他们学习到或了解到质量成本的概念之后，他们往往非常兴奋，甚至张开双臂来拥抱这套方法。因为他们认为，从此能够找到一个质量管理的好的工作思路了。所以，他们回到公司后就马上推行或实施这套制度。这显然是按照现行质量成本的管理制度移植过来的。

那么，其他部门对待质量成本的态度是怎样的呢？先说财务部门。财务部门认为："质量成本应该不是我们负责的，我们本来人手就不够，工作强度又大，而质量成本属于内部统计，比较虚，麻烦得很。既然是质量成本，还是应该让质量部门来负责吧！"企业的高管甚至老总也认为："整个质量成本制度，应该是我们质量体系的一部分，是 ISO9000 的一部分，所以它应该由质量部门负责。"

而质量部门则认为："不对，它是成本管理，属于财务部门的职责范围。"再看看其他的部门，他们倒怀有另外一种心态，他们认为："不管是谁负责，其实，质量成本说穿了不就是你们管理层采取的另一种考核的花样吗？不就是为了来考核我们的吗？"

好了，当质量成本面临着种种不同的态度和认知情况时，你可以想象，它会带来一种什么样的情景呢？在实施过程中，又会出现什么样的问题呢？有一家国内非常知名的重型机械制造公司，他们的质量总监在学习了质量成本的概念之后非常兴奋，先后两次请我们的咨询顾问到他们公司开展高层研讨，并对管理团队实施指导。大家还是比较兴奋的，无论是高层管理者、财务部门的负责人，还是其他各业务部门的负责人，都认为它能够从另外一个角度来衡量人们工作的效率和绩效，能够把看不见的、虚无缥缈的"质"量化了，让它看得见了，而且用金钱把它变得沉甸甸的，这是一个非常好的工具和质量工作思路。

然而，在后续推动的过程中，大家又产生了一种推诿的情况："哎呀，我们现在够忙了，我们现在的效益非常好，市场这么大，我们现在头疼的问题不是节省什么成本，而是交付速度不够快啊。因为到处都在大兴土木，急需我们生产的各种大型工程设备，我们只要能够生产出来、交付出去，利润就会滚滚而来，有必要花那么多功夫去抠那点儿可怜的质量成本吗？"

事后，那位质量总监颇为沮丧，他对我说："杨老师，我实在不明白，为什么他们表面上都认为质量成本可以提升我们的利润，可以增强我们的竞争优势，而真正要去做时就开始一个个往后退缩了呢？"

我笑道："其实也很正常啊！大家不是常说吗，世界上没有无缘无故的爱，也没有无缘无故的恨。你只有找到了人们这么做的原因，才有可能让人们真心实意地去做该做的事情。"

后来，这位总监告诉我，他原以为成本比质量要单纯，没有想到也是那么复杂，原来最单纯的是他！因为人们真正开始落实到实际工作中以后，才发现是需要人们改变许多东西，比如流程、工作习惯和方式等，而大部分人是不喜欢变的，往往觉得多一事不如少一事，这是第一；第二呢，它需要许多额外的工作，这不是无形中又给现在的工作带来额外负担和麻烦吗？尤其是第三，它会触及一些个人或小团体的利益。

另外还有一家著名的生产精密仪器的德资企业，他们新上任的老总是搞财务出身的，当时他非常希望能够从质量成本切入，建立一套改进的基线，以便非常有效地衡量自身工作的质量。他真诚地请我们的咨询顾问前往调研，帮他们设计一套行之有效的制度，同时还决定从几个事业部开始切入。

一开始，各个事业部的部长皆是兴奋异常，都愿意参与进来，因为这是在帮助他们提升质量，提升利润或者盈利能力嘛！然而渐渐地，随着工作的不断推进，他们突然发现不能这么做了，因为当你持续推进下去，实际上是对他们以往的工作的一种衡量，而这种衡量一旦用钱、用代价来表达，不就是意味着对他们过去工作的一种否定吗？这种衡量用他们自己的话说，实际上就是自己打自己的脸呀！可是谁不愿意在自己的脸上贴金呢？

看来，我们有必要说说质量成本的来龙去脉了。当年，朱兰博士在西方电器公司质量部工作的时候，他在工厂的实践中本能地发现，"质量里面是有黄金的"，而这种黄金实际上就存在于报废、返工、返修等工序中。

到了1951年，费根堡姆博士就在他的著作中，把这种"黄金"细分成三大类：一类是"故障成本"，另外一类就是"预防成本"，还有一类是"鉴别成本"。于是就提出了"质量成本"的概念和框架。①

20世纪六七十年代，美国质量控制协会借助专家和学者的努力，把"质量成本"的科目具体确定为四大类，即大家熟知的"内部损失、外部损失、预防成本和鉴别成本"。

我们在前面谈到，詹姆斯·哈灵顿博士当年在IBM公司，发现了一个问题——这个"质量成本"策略，实际上在IBM公司没办法实施，如果仅仅是硬件和工厂，还是可以的，而IBM公司除了硬件还有软件，当你向价值链的两头延伸的时候，这四类成本是没有办法计算的。哈灵顿博士认为，应该把现有的成本分为两类，一类叫作"优质成本"，另一类叫作"劣质成本"。优质成本我们先不用管它了，我们要把眼光关注在劣质成本上。所以，IBM公司就用Q-101号文件来推行"劣质质量成本"②。

克劳士比先生在ITT公司时一直也在思考一个问题。我们前面说过，ITT公司的CEO吉宁是注册会计师出身，他倡导的管理理念就是"结果导向、业绩为王"，因此，他在管理公司的时候，非常依赖于财务报表。

克劳士比也说过，吉宁是一个信息狂，在那个还没有实现电脑办公的年代，吉宁每次召开管理会议的时候都是带着几个大皮箱，里面全是各公司的财务报表。而且在开会的时候，他会紧盯着每一个管理者的眼睛，让你回答他提出的一些问题。所有与会者在面对他时，都像是罪犯面对法官的审判一样，个个胆战心惊、直冒冷汗。

在这种环境下，克劳士比先生一直在思考这样的问题——我如何用财务报表来管理质量呢？质量如何才能成为利润的贡献者呢？所以，他就创造了一种PONC模式，成功地解答了上述两个疑问。当年克劳士比先生任全球副总裁的时候，他有一个专机，满世界奔波。而这时，其他的副总裁就犯了红眼病了，他们对老板说："他一个做质量的，为什么不待在办公室里，老跑什么跑？如果是这样的话，我们也下去跑，能不能也给我们一架飞机啊？"

克劳士比先生听到这件事之后，总是自豪而充满信心地拍着胸脯说："请你们

---

① 费根堡姆.全面质量管理的应用[M].克劳士比学院"现代质量工作应知应会经典译丛"，国际质量人出版中心，2003.

② Janes Harington. Poor-Quality Cost，ASQC Quality Press，1987.

到财务部门去查查吧，我们每年为整个集团所节省的成本或者额外增加的利润，平均高达 5.6 亿美元，这还不包括我们到下属机构帮他们解决的许多重大问题，那些不算。"

这是硬指标！所以，每当其他副总裁再提到这个问题的时候，吉宁也会非常得意且带着讽刺意味地对他说："很好啊，你也给我弄两个亿去，两个亿就可以了，我也弄架飞机给你。"

你想啊，他们到哪里去搞这两个亿啊？所以这种用金钱衡量质量管理的方式，实际上不仅让克劳士比的腰板挺得非常直，而且在吉宁手下一干就是 14 年。他的 PONC 模式也就在欧美广为普及。后来到了日本，他们用 PONC 融合了自己的 Muda（浪费）的概念，从而用消除"一切不增值的活动"取代了"质量成本"。

国际标准化组织（ISO）在 20 世纪 80 年代以后，一直努力建立一套全球的"质量成本管理标准"，也出了草案和讨论稿，但始终未能正式发布。我们国家曾经转化发布了国家标准《GB/T13339-91 质量成本管理导则》（1991 年 12 月 29 日发布），不久也就作废了。从中也能透露出一些信息——人们对这种貌似简单的东西的认知，其实并不那么简单，一是源于对"质量"本身概念上的迷思，二是往往在实践中很容易陷入困境。

"质量成本"项目为什么很难成功

从直觉上来讲，当我们面对利润干涸的时代，许多人基本上都在考虑如何才能更多地开源和节流，尤其是节流。

曾经领导着卡夫公司和纳贝斯克公司走向辉煌，并挽救了著名的吉列公司的詹姆斯·基尔茨（James Kilts）当年到吉列公司走马上任，担任 CEO 的时候，吉列公司已经连续 15 个季度没有盈利了，净销售额、净利润和净收益都陷于零增长，市场份额急剧下滑，股价在两年内下跌了 62%，市值缩水近 400 亿美元。为此，基尔茨提出了一种要"抓住关键"的做法，因为他认为"要想取得商业上的成功，有些事你必须做到，而有些事你却应该忽略"。面对深陷于厄运循环的吉列，他实施了一种"一般管理费用零增长"(Zero Overhead Growth)策略,力图使削减不必要的开支成为吉列公司的一种生活方式、一种战略实施的需要,而不仅仅是短期的急救措施,或企业在危机时的最后一搏。

关于成功地挽救吉列公司的秘诀,基尔茨在《达成重大成果》一书中一言以蔽之——"抓住关键",但"做正确的事非常关键"。基尔茨上任后,吉列公司的财政收入连续13个季度实现增长,销售额的复合年增长率达到9%,市场份额创历史新高,股价几乎翻了一番,创造了260亿美元的股东价值,并促成了与宝洁公司的合并。

反观我们有些企业,虽然古人常告诫我们要"居安思危",然而他们还是属于"居安思安",还是抱着一种"明日复明日,明日何其多"的心态。我们大部分的时候,更多的只是盯着看得见的,而忽视了那些看不见的。

质量成本的"漏斗原则"

我们可以用一个关于质量成本的"漏斗原则"来说明这个问题:我们可以画两个轴,一个轴表示成本,另外一个轴表示时间,然后在两个轴之间画出一条平滑的曲线。从表面来看,随着时间的推移,我们的成本是逐年下降的,这一点财务报表可以给出证明。然而我们在曲线上任选某一点,你会发现在那一点上,我们有一个成本是不降的,而且是微升的,同时我们有足够的理由来支撑它的上升,如图14-1所示。

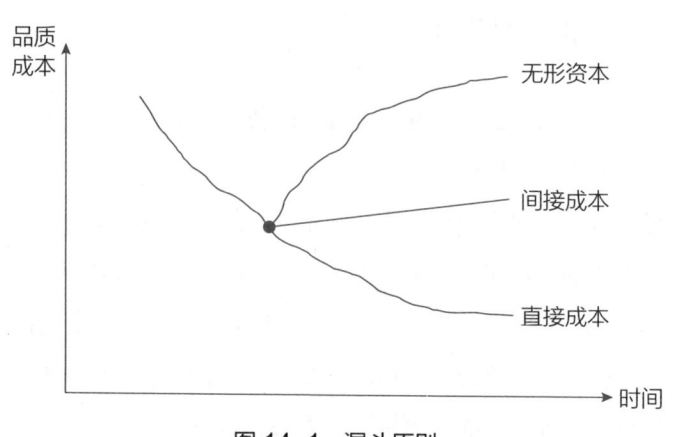

图 14-1 漏斗原则

14·当质量意识遇到质量成本

在另一点上,我们看不见的地方,就会惊奇地发现,有一个成本是不降反升的。如果我们把它们都在图 14-1 中标出来,那么大家会发现,这个"质量成本漏斗"就清楚地显出原形了。

我们再把它们标示出来。你会发现,下降的部分实际上是直接成本,用质量成本的语言叫作"无失误运作成本"(Error Free Cost,EFC),也就是财务讲的直接费用;另外,不降反而微升的呢,我们叫作"符合要求的代价"(Price of Conformance,POC),也叫作间接成本,或期间费用;那条升高的线,我们把它叫作 PONC,即"不符合要求的代价",如图 14-2 所示。

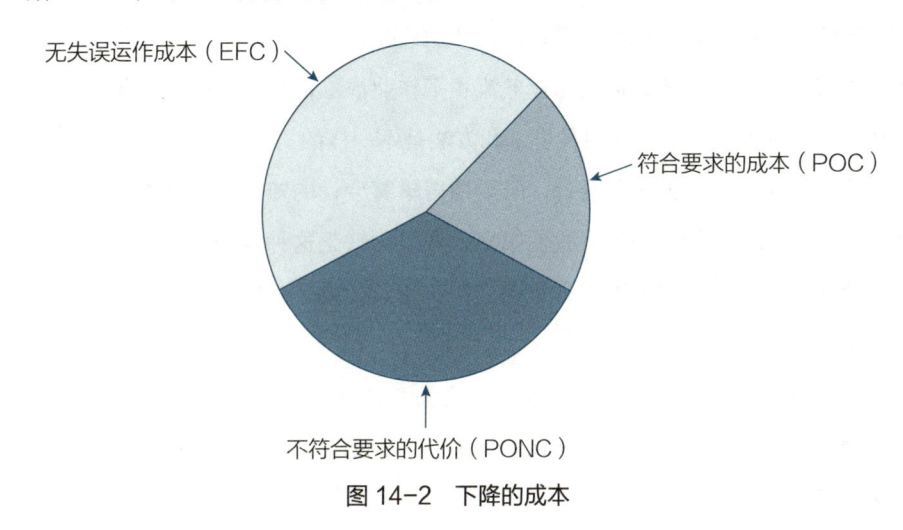

图 14-2 下降的成本

如果把 PONC 再分解就会出现我们常说的"冰山现象",我们看见的只是冰山一角,比如返工、报废和"三包费用"等,绝大部分都是隐藏在冰山下面的,属于无形的资产损失,比如商誉的丧失、客户的流失、销售机会的错过、程序的颠倒、过剩的能力、过多的库存,等等。如果我们把"质量成本漏斗"的上半部分涂黑,你会发现它是隐性的、看不见的,在财务报表里面基本上是被隐藏和忽略的,这就是所谓的"隐形工厂"现象。

原来"质量成本"实际上是看不见的,或者说,用常规的眼光和思路去看,就会出现"盲区"。大家回想一下前面讲的那家铸造厂的故事,所谓焊工、焊条实际上都是属于预算内的成本,而我们说的 PONC 实际上是看不见的,是额外的支出，是隐藏在你的"传统的质量智慧"里了，换言之，它因为你"数量化"的质量观而已经被隐含在所谓的成本预算中了，成了一种"被预期要产生的"成本。这实际上就给我们提出了巨大的挑战，而在这种挑战里面，它需要的就是我们质量人员和财务人员的共同努力。

可以这么说，质量成本不属于核算会计的范畴，它实际上属于管理会计的范畴，而目前我们许多企业恰恰缺乏的就是管理会计的技能。如果财务部门的人，他们仅仅要求从核算会计的科目里面去分配现有的科目和所归集的数据的话，确实难度非常之大。因为核算会计实际上是在会计期间以"收付实现制"为核算基础，把所归集到的数据分配，甚至于平均分配到每个产品成本中去，而管理会计，则是需要把现有的财务数据按照业务流程把作业成本依其成本动因，分解到每个具体的活动和产品中去，这两种思维和方法是不一样的。

换句话讲，要成为管理会计，既要懂得核算会计的知识，同时更要了解企业业务的运作流程。而目前呢，我们很多企业里面缺乏这种复合型人才。这就是我们在质量总监高级研修班的课程里面教每位总监，要让他们"顶天立地、左右逢源"的原因。

所谓"顶天立地"，就是一定要成为老板的助手，帮助管理层作出质量承诺，同时还要脚踏实地，深入业务一线；所谓"左右逢源"，实际上是要大家左手拉着人力资源的手，右手拉着财务的手。因为质量管理实际上是跟这些部门紧密相连的，这是一个"完整性"的质量思维。

现实中却是另一种情况。在每一次研讨会上，财务人员的反应基本上都是比较被动的："很简单啊，质量部门给我数据，我就可以帮你算出来。"而质量部门往往会说："我没法给你数据啊，你们财务部门不给我框架，我没法做出数据。"这就是企业的"质量成本"没办法进行下去的原因。

另一种情况也是值得我们思考的。有一家很有名的软件公司，前几年也一直在抓质量，但后来质量工作基本上就变成了一种"裹脚布"了，变成了一种考核、一种惩罚或者麻烦了。这就使得他们认为，不要再提质量而应该提快速发展，这样，他们无形中已经把质量当成他们现在发展的一种束缚了。

表面来看，他们似乎已经达到了管理的最高境界，所谓"手中无剑、心中有剑"，如今，他们已经没有质量部门了，因为他们的质量部门早已经改名换姓，而且削减得就剩下几个人了。但令人敬佩的是，就这么几个"火种"，仍旧非常尽职尽责，确实想找到一种有效的方法，真正在组织里提升质量，并重新树立质量部门的新地位。在他们了解了 PONC 的概念之后，就认为正好可以用它让高管们，尤其是老板觉醒，于是，就在我们的指导下启动了一个"PONC 项目"。

这个 PONC 项目的输出结果出来后，在和他们的管理层，尤其是最高管理者沟通的时候，你可以看出给他们带来的震惊是非常大的。他们万万没有想到，去掉了"质量"一个词，也就相当于丢掉了一栋研发大楼！

当时，他们的最高管理者就表示要在全公司推行 PONC 项目。但为什么没有更快速地往下进行呢？后来我们发现，原来那些实际去执行的管理者，他们认为我们现在不要去做这件事情了，因为做这件事就是对自己以前工作的否定。而且，我们现在身处危机之中，冬天已来了，我们要度过冬天，就应该慎重前行，还是等一等再说吧！最后这件事也就再一次把那些将要燎原的质量火种们变成"星星之火"了。

为什么质量工作总是变成"两张皮"？

曾经有一位领导对我说，他在思考这一个问题：人人都说质量重要，可为什么大家还是如此回避质量工作呢？也许因为有些人不了解质量，可很多了解质量的人居然也不敢谈质量、回避质量，这是为什么呢？都说"质量成本"是一个很有用的质量管理工具，可是为什么还是不敢用呢？他甚至找来几位航天企业管理骨干和我们的专家一起来研讨，是不是需要做一个"质量宪法"呢？显然这是一个必须思考的大问题。

不过，我也接触了不少这样的人，他们曾经在自己的原单位大张旗鼓地推动质量工作，后来被提拔到集团去负责质量管理工作的时候，却不敢谈质量了，因为害怕一谈质量就把许多事情变成了质量部门的事情——变成自己的事情了，这样就会为自己增加额外的负担和麻烦。

在一家石油企业，他们具体负责质量的总监跟我说过，他也不敢谈质量了，不过还好，现在有一种大家都在推行的"质量奖"模式，所以干脆就谈质量奖吧！

同时他大谈"卓越绩效",他说这样可以化解大家对于质量的误解。这实际上都是一种无可奈何之举。换句话讲,这又是一种传统的思维习惯在作怪。

我们在质量问题上需要做的,就是应该非常清楚地认识到月亮和太阳这两种视角、两种思维和两种目的的区别,以求同存异。我们接下来要做的一件非常重要的事,就是如何把"看不见"的部分,比如PONC,还原成"看得见"的,如此一来,我们就可以采取行动了!

"质量意识"的背后是什么

抓质量与"搞运动"

当我们对质量用了各种负面的形式去评估和考核的时候,当我们用一些口号、运动和报告去抓质量的时候,显然你会发现,质量已经变得虚无缥缈了,或者说,我们已经把质量变成"意识化"的了。

中国航天企业有一个非常好的机制,叫作质量工作"双归零"制度[①],即"技术归零"和"管理归零"。然而在实际运行中,"技术归零"来的是一清二白,来不得半点虚假,而"管理归零"往往是归到最后,大家只能笼统地说"质量意识"差等,也就不了了之了。

那么,"质量意识"又是什么呢?在许多组织里也是这样谈质量的,谈着谈着,谈到最后就说:"唉,我们员工'质量意识'太差了。"我说:"'质量意识'差你怎么办呢?"他说:"很简单啊,交给培训中心去培训嘛!"

有一家中国造船工业的"领头羊"企业,在与他们的高管沟通的时候,当我问到最令他们头疼的三个问题的时候,得到的答案中有两个问题是和人相关的——第一个就是员工素质较差;第二个就是员工的"质量意识"差。当时,参加讨论的人

---

① 1995年8月,原航天工业部总公司总结之前的发射经验和教训,下发了《质量归零管理方法》,第一次明确提出质量问题归零的概念;之后,随着《关于进一步做好质量问题归零监督检查工作的通知》《质量问题归零五条标准宣传手册》《航天产品质量问题归零实施要求》等文件的陆续发布,中国航天质量问题"双归零"方法逐步得到完善和实施。

力资源部经理非常委屈，也很生气。她说："如果在十年前这么说，我们确实没有什么好辩解的，因为我们员工的素质的确不高，质量意识也差。但是十年过去了，我们整个组织创造了很多行业奇迹，依然还这么说，实际上就是一种推辞。换句话讲，这是用了一种似是而非的语言，而且是任何时候都对的语言来谈这件事，这是不可容忍的。这就等于把这一切都归罪于我们培训部门。培训部门本来就资源有限、权力有限，而且就我们几个人。让我们几个人来为整个组织的'质量意识'负责，这恐怕也是错误的吧！"她说得太好了，当时看来的确如此。

那么，质量意识到底是什么呢？有一位著名的经济学家，由于对某次经济危机的准确预测，被誉为"危机预测先知"，他就是保罗·克鲁格曼（Paul Krugman）[①]。这个人一直都被认为是个"乌鸦嘴"，但是他成功地预测了经济危机，而又在2008年个人独自获得了诺贝尔奖。所以，他就变得炙手可热了，以至于把他叫作"经济学界的帕瓦罗蒂"。

克鲁格曼曾经说过这样的话："我要做的其实很简单，就是要用简单的语言让纽约的出租车司机都能讨论那种严肃的经济问题。"他在《萧条经济的回归》这本书的序言中说："其实说到底，正规经济学中的方程式和图表往往不过是用来帮助修建一座大厦的脚手架而已。"

如果真如克鲁格曼所说，我们现在的质量部门、管理部门所使用的各种质量工具、各种质量图表是一些修建大厦的脚手架，而当你将脚手架撤离之后，你还剩下什么？假如你的质量大厦还没有建立起来，拆了脚手架之后你还剩下什么呢？什么也没有！所以，有些企业只能用喊口号、贴标语和搞运动的方式去搞质量。这也许就是为什么只有到了"质量月"大家才会忙碌起来的原因了！而这种心态，实际上恰恰是"跑偏了"！质量意识，表面来看它是"意识"二字，似乎属于意识形态，但实际上，我们在前面反复地强调，它是脚踏实地的、实实在在的，它是用金钱来表示的。

我记得有一次，西门子某个事业部设在中国的机构更换了负责人，董事长名

[①] 保罗·克鲁格曼（Paul R. Krugman），美国经济学家，自由经济学派的新生代，研究领域是贸易模式和区域经济活动，2008年获诺贝尔经济学奖。代表作《流行国际主义》《萧条经济学的回归》。

叫爱华，留着非常漂亮的胡子，带着一群高管来中国上任，并在北京休整。利用这段时间，我们一起开了个沟通会，看看克劳士比的方法如何能够帮助他们提升管理质量。当时我们谈到克劳士比的四项基本原则，谈到第一项基本原则"质量是符合要求"的时候，他们认为，本来就是这样，没有什么；谈到第二项基本原则"预防系统产生质量"时，他们认为，必须要去做预防，这也没什么；谈到第三项基本原则"工作准则就是零缺陷"，要一丝不苟、说到做到时，他们说："这是应该的啊！不过，听说有些同事总是马马虎虎啊，看来还是挑战很大的！"起码在谈到前三个基本原则的时候，这些德国朋友们都是不以为然的。

是啊，和德国人谈这些问题，谈这些被认为理所应当的或者应知应会的事情，似乎很难有什么共鸣。但是，当我们谈到质量不是虚的而是实实在在的，可以用钱来衡量的时候，而且谈到，当一个组织不能第一次把事情做对而产生的额外浪费，尤其是在制造业，这种浪费甚至高达销售额的 20%~25%，在服务业更是高达运营成本的 30%~40% 的时候，他们的那位原本喝着咖啡、脚翘在桌子上、身子向后仰着的年轻财务总监马上就坐直了，然后把头伸到前面，探着头，对着投影，而且把眼镜向上推，似乎要聚焦一样，认真地盯了一会儿，然后自言自语地说："是这样吗？真的是这样吗？"也许就是这个夸张的动作，给我留下了非常深的印象。让我一下子就想到了克劳士比先生说过的话——"没有什么能像金钱那样引起管理者的注意"。

当然，令我非常高兴的是，他们随后就开始了试点，并将下属的一家在整个集团排名落后、赤字连连的企业扭亏为盈，一举变成了以超过市场两倍的速度增长的明星企业，完成了一项"不可能完成的任务"。

宝马螺丝钉的故事

质量意识如何养成？

我们已经知道，质量意识绝不是一个简单的虚无缥缈的东西，那么它是什么呢？我曾经为全国"质量月"活动画过一本《零缺陷》漫画，里面有这样的故事：有一次我到宝马公司在中国的一家工厂做辅导，当时他们还没有高调进入中国。他们的刘总陪着我在生产线上转，走到生产线某一个车间的角落时，刘总说："拐弯吧，咱们别往那边走了！"

我问："为什么？"

他说："哎呀，不好意思！杨老师您看，我们工人的质量意识太差啦，咱们往那边走吧！"

我说，"为什么差，我怎么没看出来啊？"

他说："您看吧，他们把那些螺丝钉满地乱扔啊！"

我说："螺丝钉满地乱扔，怎么啦？"

他说："杨老师，我告诉您吧，那些螺丝钉可是宝马原装的，每个都价值十欧元啊！"

"是因为它贵啊！"我笑了。

"可不是吗？"

我又问："以前这些螺丝钉是什么价格啊？"

"哦，那是论斤来称的，很便宜。"

"这样吧，"我说，"那我给你出个主意，既然贵，你为什么不告诉员工，说它很贵，让他们小心点。"

他说："我怕如果告诉他们，他们偷偷往家里拿，那可怎么办啊？"我哈哈大笑，说道："你放心吧，他们还不至于拿回去的。如果不信，你就试试看，按我说的做。第一，你告诉大家螺丝钉的价格；第二，你要设立一个机制，谁对这些零件能够做到轻拿轻放，你就奖励他。你试试看吧！"

果然，当这些员工知道每一个螺丝钉要 100 多块钱时，他们突然变得小心翼翼，轻拿轻放了。本来这件事他们就可以做到，而且很容易就做到了，还有奖励，还能够加分，大家何乐而不为呢？所以，没有单纯的质量意识。质量意识一定要被变成实实在在的东西，才有可能产生。

有这么一位老总，每次他出差的时候，总是把许多财物和现金交给他的秘书；无论是坐火车还是坐飞机，他自己坐下来后都可以倒头就睡，但是，他的秘书可真是被他"折磨"得神经兮兮了。是啊，带着这么多钱，拿着也不是，放下也不是，他哪还敢睡觉啊！

质与量的战争 · THE WAR OF QUALITY AND QUANTITY

我在许多场合做过一个测试。我拿了一个塑料袋，里面放了一张报纸，我在现场找了一个人，对他说："来，你帮我把它拿到北京去吧！"

他说："好的，没问题。"

然后我就问他："你会怎么做呢？"

他说："上火车以后，我就随便把它放在行李架上，住酒店呢，我就随便放在屋子里就行了。坐飞机呢，也放在行李架上吧！"

我说："好，现在我给你一个概念，你手里的可不是什么废报纸，报纸里面可是包着100万元啊！"

我问他："这个时候，你看你该怎么办？"

他说："我会紧紧地抱住它，我恐怕要失眠了，我恐怕要神经质了。我会担心别人在惦记着它呢！"

这个小对话总是能引得大家哄堂大笑。

然后我又问大家："请问，什么东西让他产生了两种不同的变化？是什么让他一开始没有意识，突然就变得有意识了呢？"

所有人都会说："钱！价值！"

我说："是啊，也许我们可以这么来定义，所谓意识，实际上就是对某些事情关注的水平和程度；那么质量意识呢，它应该是基于价值或基于成本、基于金钱让我们对某些事情引起关注。一旦我们关注了它，我们一定会采取行动，如果愿意的话，你可以把它叫作质量改进行动。而各位高管，就要创造一种制度、一种机制，创造一种氛围，让它持续地行动。这叫什么？这不就是质量管理吗？"

形成"人人会算 PONC 值"的氛围

我曾经在《零缺陷大道》[①] 一书里引用了汪玉春关于一汽大众推行 PONC 模式形成"人人心中有本账，人人会算 PONC 值"氛围的案例，也在许多机构和研讨

---

① 杨钢.零缺陷大道 [M].北京：北京大学出版社，2006.

会上为大家解析过这个案例。同时，我也把它与上海大众的案例对比着讲，往往会给大家较深的启迪。

有一次，我在一汽大众与上海大众共同的一家韩国供应商那里做"诊疗"，其间谈到一件小事。这家企业的质量部长说："一汽大众来审核，抓住一些轻微不符合项，我们就去吃饭，然后对我们强调一定要纠正，就过去了；大众汽车来审核，也抓住一些轻微不符合项，吃完饭后，对我们强调一定要纠正，也就过去了；上海大众来了，也抓住了一些轻微不符合项，吃完饭后，却并没有就此过去，而是不久之后再来重新审核重审。当我们问，一汽大众、大众汽车都过了，你们怎么不过呢？他们的回答是，我们是上海大众，不是一汽大众，也不是大众汽车！"

三家大众，处理问题的风格却是不尽相同的。显然，这与他们各自所处的环境，尤其是各自的质量文化理念密切相关。抛开大众汽车不谈，说说另外两家大众。一汽大众实际上是由三家赫赫有名的公司结合在一起的，一汽、大众和奥迪，三大巨头、三个强势品牌走在一起，必然会出现"婚姻的磨合期"和"文化的适应期"。

实际上就是这样，你只要进入一汽集团的厂区，一眼就能够发现二三十层高的大众公司的公寓和两三层高的苏联风格的一汽住宅的区别。当然，这只是表面现象。核心的问题还是如何对待客户、如何对待质量，尤其是如何对待错误的态度问题。

走进一汽大众，我们可以清楚地解读出三种不同的"文化特色"：一汽是中式的，大众是德式的，而奥迪则体现出了"国际化"。也就是这种不同文化的融合，支撑着他们从年产15万辆到突破30万辆，一举跃上了新的台阶。

到2007年，经过了16年的成长之后，奥迪又确立了年产100万辆的产销目标。遥想未来的动人图卷，一汽大众管理层决定统一价值观，进行质量文化建设。正如他们的安总在动员大会中所说的："面对百万辆产能，我们准备好了吗？"

我想带领大家回溯当年从15万辆到突破30万辆的打硬仗时期，这就一定要提到汪玉春了。他当年在一汽大众的轿车一厂担任厂长，此人非常好学，又勤于思考。我是在给清华大学的某个总裁班上课时认识他的，记得他当时对我说："对我们造车企业来说，产量的突破往往需要一种管理上的飞跃。我们现在是15万辆左右，从发展的大势来看，实现翻一番的目标应该没有什么问题。可我担心的是，原本我们的地基是盖 10 层大楼的，你非要盖 30 层，又要安全可靠，怎么办？我一直在寻找一种方法，以夯实我们的地基。"

听了他的这番话，一种敬仰之情从我的心底油然而生。我问他："那你们找到了吗？"他兴奋地说："找到了，那就是零缺陷管理啊！"后来，他就开始策划与实施 "PONC 项目"。

几年下来，他们取得了十分显著的成效，不仅使单车的 PONC 值大幅下降，而且整车品质也在逐年地提升，从 2003 年的 285 元降到了 2006 年的 97 元……截止到 2006 年的奥迪特评审，宝来从最高的 1.7 降到 1.2，奥迪 A6 从最高的 2.9 降到 1.2，捷达则从最高的 3.4 降到 1.7，用户满意度也大大提高。据业内权威调查机构 J.D.Power 亚太公司 2004 年中国汽车销售满意度指数（SSI）调研报告，奥迪在中国汽车销售满意度指数方面排名第一；2006 年的 SSI 调研报告 "品牌排名"中，奥迪排名第一，一汽大众名列第三；2008 年在中国市场新车销售及交车方面，奥迪再次赢得了最高的顾客满意度。

正如汪玉春在经验与分享中所说的：

"面对着各个厂家新产品、多个品牌的低价入市冲击我们的份额，不断降低制造成本是我们生产厂责无旁贷的义务。因此，我们需要有效地应用 PONC 值工具，使生产和业务运行过程中的浪费现象得到量化，形成可考核的经营指标，从而促使人们加强品质意识，形成全员行动，关注预防，第一次就把事情做对……PONC 值用价值的概念使浪费体现得更直观，更有震撼力，使员工注意到工作中每一处浪费，形成了'人人心里有本账，人人会算 PONC 值'的氛围。"

上海大众则面临着另一种问题，即对技术和设备的依赖较大，认为质量是靠技术和设备来保障的，只要剔除了"人"这个最大的变异因素，也就控制住了质量问题。显然，我们在前面反复说过，这是一种普遍存在的把"品质"（人文概念）误读成"质量"（物理概念）的现象。

记得刘源张院士专门谈到过一件小事：他的老师石川馨到中国时就不解地问过他："全世界的汉语翻译都把 Quality 叫作品质，你们为什么要翻译成质量呢，那可是一个物理学概念啊！你要向你们领导反映反映。"刘老师说自己人微言轻，最终也没有把它改过来。德鲁克反复地说"管理是一种人文艺术",可不知道为什么我们有些人总喜欢把它弄成技术活动。

我曾经面对上海大众各个层级的管理者,随手拿起一杯茶问道:"请问,上海人喝茶和浙江人一样吗?和福建人一样吗?和广东人一样吗?"大家听了都是大眼瞪小眼。

我又问:"你们的设备都是哪里产的?"

他们说:"德国的、日本的、意大利的,还有中国的。"

我说:"好。请问,德国人和意大利人一样吗?和我们中国人一样吗?"

他们笑了:"区别大了!"

我问:"区别在哪里?大家要思考技术和设备背后的东西,思考那些看不见的东西。别以为有了自动化的设备就有质量了,因为任何人在设计这些设备的时候都有一个先天的假设、默认的前提,比如红灯停、绿灯行,想想'红绿灯现象'吧,你们就会明白我的意思了。"

最终他们明白了我的意思,然后走出一条从"设备防错装置"到"缺陷防止体系"的零缺陷文化建设之路,而且效果显著。仅拿试点的"三轴车间"为例,不到一年的功夫,他们即收到合理化建议231条,落实其中156条,其中完成防错装置44项,零件工废率下降30%,设备故障率降低12%,生产能力提高5.2%,累计节约成本262.8万元。

让人人成为克劳士比

我有一位学生,曾在华为等公司担任质量主管、质量总监。他把自己的质量管理经历写成了文章发表出来,并赢得了广泛的共鸣,网上的点击率非常之高。他特意把文章发给了我,我鼓励他出书,并为其推荐出版社、写序。我读着那些文字,那些熟悉的业务场景、真切的冲突情形,以及形形色色的人物的观念碰撞,的确读来引人入胜,仿佛带我一遍遍重温老电影、老照片,但它们的色彩没有破损,依然鲜活,如同3D图画那般。幸运的是,作者没有用华丽的语言,而是用理工男那般朴素的文字，细致翔实地呈现了他十余年来渗透着汗水、血水和泪水的质量工作的心路历程，相信每一位企业的管理人员和工程技术人员，尤其是质量人员都会感同身受、受益良多的。

因为他们与作者一样，有着相同的问题、相同的痛苦、相同的磨难以及相同的出路，所以我也有同样的理由相信作者的真实意图，那就是"让质量和管理不再痛苦"。也正因为如此，当你读着作者的遭遇与故事时，就仿佛跟随作者进入了"管理的丛林"，那里花木与蚊虫共生、恐惧与希望并存；你一路跟跟跄跄走着，各种各样的问题纷至沓来——它们大都是围绕着管理者，尤其是作者所谓的那些为了"求真"而非"求利"、"求权"的质量人的日常问题。比如，为何一个能干的质量工程师无法彻底解决质量问题？一个管理良好的产品检验部为何还会被客户投诉？精益生产与零缺陷管理有何异同？如何用预防的思路来解决来料不良问题？如何用纠正和预防的方法彻底解决问题？如何将品质改进活动顺利推进？让人无法接受的低级质量事故为何会频繁发生？ISO9000质量管理体系如何落地？零缺陷管理的理念和推行方法是什么……值得高兴的是，作者没有停留在做质量人的苦与难的情绪宣泄上，而是时时铭记克劳士比的理念与原则，遇问题找大师，常翻克劳士比的著作，寻求理论的指导，以明现状、找根源、看未来。

更加难能可贵的是，作者面对种种问题已经惯性地发出著名的"克劳士比式诘问"：某某的本质是什么？正因为如此，我们可以看到，作者借着书中的主人公唐风的境遇与突破，与广大同道们分享了成长与成功的五个"零缺陷秘密"：从改变生产模式向改变心智模式转变；从忙着解决问题向系统地预防问题转变；从改变产品、设备等硬件向改变人、组织等软件转变；从非此即彼的分割思维向即此即彼的整体思维转变；从改进产品质量向变革质量文化转变。

唯有如此，你才可以驱动你的组织一步步进入前文所述之零缺陷管理所谓的"管理四境界"中——就零缺陷管理而言，这是一个由不确定走向确定的、历经"管理四境界"而达到成熟的过程。首先是经历身陷阴森丛林而难觅管理阳光的困惑；其次，开始解困——终日苦苦追求，却不知自己正在上演努力把一个错误的命题给出正确答案的"悲剧"；接着，突然醒悟，"蓦然回首"——发现一种正确的哲学；最后，梦想成真，一步步地达到"可信赖"的境界——业务成功和关系成功。

我非常高兴作者经过痛苦的探索和反复实践终于回归了零缺陷的本真，达到了我所谓的管理四境界，一如他在困惑的时候一次次翻阅的大师的书名那样——《质量无泪》。是的，零缺陷原本并不复杂，只是我们庸人自扰而已。所以，我很愿意与大家共享作者写在本书最后的感言："零缺陷管理，易懂难行，原因很简单，它是一场思想上的长征，最高管理者的思想转变是第一步，最终目标是全体员工对于零缺陷理念的认同，并落实到行动中去，必须由最高管理者牵头并亲自推进，从企业文化、管理机制、员工的工作方法三方面进行全方位的变革。"[1]

现在看来，十余年来，我能与成千上万个中国最优秀的质量人亦师亦友，已经不再是一件简单的幸运之事，而是昭示着一种使命了。我致力于传道授业解惑，四处奔波为企业排忧解难，其目的无非是"让中国品质赢得世人的尊重"的既定宏愿，为此，我一直在倡导"人人可以成为克劳士比"的理念——其核心就在于：在实践中勤思考，不断总结多分享，提升自我影响他人，共同推进质量事业，从而使千千万万的求真者，像本书作者这样一一地站出来，汇成洪流，以热切地为"中国品质"鼓与呼。因为我非常理解他们，对他们是满怀信心的，正如我曾专门为他们写过的那首"中国质量总监宣言"的诗中所说：

> 我们自信，因为我们热爱真理，
> 我们乐观，因为我们相信未来。
> 经验与阅历，让我们懂得创新的意义，
> 深入与全面，令组织的大图片时刻在脑海浮现；
> 没有人比我们更了解我们的性格，
> 忍辱负重是我们的表象，
> 幕后英雄才是我们的诤言。
> 我们的字典中没有"患得患失"的词句，
> 朴实、严谨、宽厚才是我们博大的胸膛里的标杆。

---

[1] 秦邦福.质量总监成长记［M］.北京：机械工业出版社，2015.

没有人比我们更能把握组织的弱点，

浸泡在一线，让我们知道水有多深，

穿梭于二线，令我们了解海有多大。

而高层的喜忧，则是我们看见那艘在风口浪尖上的战舰；

我们绷紧敏感的神经，捕捉远方闪烁不定的灯塔，

我们开放心胸，不放过任何管理创新的理念。

虽说我们习惯于审慎地看待商界，

但我们从来就不掩饰对新理念的痴迷；

审慎，为的是客户，

激情，燃烧的是自己。

没有什么能够捆绑我们的手脚，

即使没有职务与名分，

更没有什么能够桎梏我们的头脑，

哪怕到头来引火烧身。

这没什么，因为我们总是被当作"另类"——

创新的欲望，驱动着我们不断学习，

成功的梦想，牵引着我们上下沟通；

绝不会甘于平庸，却可以耐得住寂寞，

不怕变革的阻力，可担心高层的冷漠。

我们本是蜜蜂，把甘甜的思想在组织中传播，

我们更是思想的盗火者，让新理念在每一个人身上燃烧。

为了变革求胜，我们敢于去动别人的"奶酪"，

为了基业长青，我们情愿去做蜡炬和春蚕。

……

也谨以此诗，向所有的零缺陷管理的践行者表达深深的敬意。

• THE WAR OF QUALITY AND QUANTITY •

•第六部分• **未来篇** •

THE WAR OF QUALITY AND QUANTITY

未来的质量，将不只是最好能有而已，质量将是进入市场的基本条件……要使一家公司达到世界级质量，所需付出的心血和努力，就跟成为一名世界级运动员所需付出的一样。

——菲利普·克劳士比

当天堂的甘露如雨水般降下，有些人撑起雨伞，另一些人则找来了大汤匙。

——彼得·德鲁克

15 质量世纪将进入"中国时代"

导读：漫长的 20 世纪，在企业运营的角度讲是"管理的世纪"，在质量方面经历了美国领跑的 1.0 时期、日本的崛起与美国复兴的 2.0 时期，产生了一大批享誉世界的大师级人物与全球共享的质量管理财富，并深刻地影响着当今的企业管理。风水轮流转，我们该以怎样的态势迎接"中国时代"的到来才是重点。

核心话题：我们靠量的扩张震撼了全球，那么，我们能否赢得质量世纪的品质之战？我们可以充满期盼地断言"质量世纪是中国的世纪"，但我们真的准备好了吗？

·质与量的战争· THE WAR OF QUALITY AND QUANTITY·

"美国品质"的 1.0 时代

1910 年，美国生产了全世界一半的产品；20 年后，尤其第二次世界大战之后更是让全球充满了"美国制造"。究其原因，源于战前所产生的一种"管理的核武器"、生产力时代的秘密武器——"质量控制"技术。那时，美国政府"战时生产委员会"为解决前线存在的一些严重的产品质量问题而成立了一个质量控制部门，任命斯坦福大学的格兰特教授（E.L.Grant）和人口普查统计局的戴明博士为负责人，他们开发出八天的课程，并先从政府承包商开始培训。

其结果产生了深远的影响，出现了一个新的工作种类——质量工程师；并于 1946 年成立了日后影响很大的"美国质量控制协会"（ASQC）——致力提升美国企业的质量竞争力以及质量专业人员的资源开发和资格认证工作。自从 1968 年首届 ASQ 认证考试举办以来，截至 2008 年年底，共推出了 15 个专业资格认证项目，已经有 10 万人通过了注册考试，其中许多人获得多项认证资格。

同时，产生了一大批杰出的专家和质量大师，其中就包括："统计质量控制（SQC）之父"休哈特博士（W.A. Shewhart）、"现代质量管理之父"戴明博士、"美国质量之父"朱兰博士、"零缺陷之父"克劳士比教授、"全面质量控制（TQC）之父"费根堡姆博士和开创了用统计方法进行质量控制先河的格兰特教授。

"日美品质"的 2.0 时代

过去，日本由于自然资源匮乏，需要以出口贸易推进经济发展，但其产品虽价廉，品质却非常"糟糕"，被贬为"东洋货"，其他国家不愿购买。于是，日本的政府和企业的高层开始意识到，质量才是解决问题的核心，然后不失时机地把质量上升到赶超美国的"质量兴国"的战略高度。1946年"日本科学家和工程师联盟"（JUSE）成立，任务是战后帮助日本重建；很快，它们就明确了对日本经济复苏起决定作用的是质量问题，并将这一宗旨确定为"通过解决质量问题，提升日本企业赶超美国的竞争力"。

从1950年7月始，他们前后邀请美国专家戴明博士、朱兰博士和克劳士比到日本进行质量控制与质量管理方面的培训。此后，这几位质量领域领袖级人物不断地应邀赴日讲学、演讲及辅导。1952年，日本设立了世界上第一个国家级质量奖，这就是著名的以戴明的名字命名的"戴明奖"。

JUSE主办的企业中高层的培训，对于大大缩短日本与美国的差距，提升"日本制造"的声誉，起到了巨大的推动作用，戴明博士和朱兰博士先后荣获日本天皇颁发的对外国人的最高奖励——"神圣财富二等勋章"。

这次东西方的思想碰撞，不仅使日本涌现出一大批世界级质量专家——"日本质量之父"石川馨博士、"田口方法之父"田口玄一博士、"QFD之父"赤尾洋二[①]、"TPS之父"大野耐一、"Kaizen之父"今井明，而且在实践中总结出许多为全球共享的方法，比如，QCC（品管圈）、QFD（质量功能展开）、DOE（实验设计）、Kaizen（改善）、七个工具[②]、5S、TPM（全面设备管理）、TPS（丰田生产方式），等等。

就在日本人励精图治、改善品质的时候，战后一直处于制造业垄断地位且产品供不应求的美国企业，仍然痴迷于大量生产、市场营销和财务绩效。虽然面对德国和日本产品的竞争，媒体不断发出警示——狼来了，可人们似乎都觉得与自己无关。

直到1980年6月24日，CBS播出了一部以戴明博士和日本品质崛起为主题的电视片《如果日本能，我们为什么不能》，人们这才大梦初醒——美国已经在

---

① 石川馨博士提出了"广义的质量"及"因果图"，田口玄一提出了"质量损失函数概念"，赤尾洋二提出了"质量功能展开"等方法。
② 日本人在提出并推行旧的七个工具获得成功后，1979年又提出了新七个工具。旧的七工具偏重于统计分析，针对问题发生后的改善，分别为检查表、排列图、散布图、因果图、分层图、直方图、控制图。新的七工具则偏重于思考分析过程，主要是强调在问题发生前预防，分别为关联图、系统图、亲和图、矩阵图、PDPC法、箭条图、资料解析法。

汽车、钢铁、家电和电子等众多领域丧失了市场的领导地位。

美国媒体严厉地鞭笞商界,正如《商业周刊》的警示:"质量,还记得这个词吗?美国制造业已经远离了20世纪五六十年代辉煌的日子。那时,'美国制造'傲视群雄,代表着行业的最高水平……日本却在以惊人的速度提高着所有产品的水平,从电子消费品到汽车和机床,美国的许多管理者们却在自鸣得意,仍然无动于衷。如今,除了航天和农业这两个领域,美国在国际贸易中能够独占的领域几乎不复存在了。对于美国工业来说,事情很简单——不进则退!"[①]

戴明一下子成为质量标志,同时,也使得克劳士比的著作《质量免费》一书变得"洛阳纸贵",并进而成为源于美国并波及全球的"质量变革"的导火索,也使得他创建的"美国克劳士比质量学院"——Crosby Quality College 成为全球优秀企业的管理者的训练基地;超过半数的"财富500强"企业的管理者接受过它的教育与培训,高峰时期,在奥兰多校区多达万人;同时,也帮助 IBM、GM、摩托罗拉、施乐、迪斯尼、米利肯和泰能等公司创建了自己的"质量学院"。

美国政府也着手质量变革的推进工作:1983年召开了美国白宫生产力大会,提议实施一项国家质量奖战略。1984年,美国政府将每年的10月定为"美国质量月",1987年8月20日由里根总统正式签署国会批准设立"国家质量奖"的法案,并规定由总统亲自颁奖。此举极大地激发出企业对质量管理的热情。涌现出一大批"世界级"的质量标杆,比如,摩托罗拉、施乐、GE、IBM、AT&T、GM,等等。

进入20世纪90年代,克林顿政府强调在服务业推进质量管理,尤其是在医疗保健、政府和教育领域。1991年美国成立推进教育质量改革的"国家教育质量创新组织",截至2004年10月,据 ASQ 的《质量进步》杂志公布的数据显示,已经有超过百余家大学开设有质量学位、项目和课程,许多知名大学还设立了"质量管理研究中心",以协助国家,尤其是所在的州市设立的各种质量奖励项目。[②]

1993年,戈尔副总统亲自推进一项联邦政府质量管理的"行为评价国家法案"。2002年布什政府推行一项旨在提升教育品质、提高教师素质的教育改革法

---

① 参阅今日头条"零缺陷管理时代"之"品质洞察/质量人才培养:中国制造的软肋"。
② 参阅今日头条"零缺陷管理时代"之"品质洞察/质量人才培养:中国制造的软肋"。

案《有教无类法案》(No Child Left Behind Act)，为帮助其有效实施，美国质量协会因此成了"K-12教育委员会"（K-12教育是指到高中为止的教育体系），致力推广面向中小学生的质量教育，包括组织技能、沟通技能、解决问题的方法、创新方法、团队合作与协作方法等；近年来正在积极推行一项"K-16教育计划"，以便向大学生扩展。截至2008年年底共召开了16次全国教育大会。[①]

许多杰出的"质量人"开始出任政府高官，包括出任老布什政府中的教育部长的卡恩斯（David Kearns，曾任施乐公司CEO）、布什政府财政部长的欧尼尔（PaulO' Neill，曾任明尼苏达大学"质量领先中心"执委会主席）等。

除此之外，还涌现出一批企业家型的质量大师和质量领袖，比如，克劳士比学院主席克劳士比、麦肯锡公司顾问彼得斯博士、摩托罗拉CEO高尔文（David Garvin）、GE公司CEO韦尔奇（Jack Welch）、IBM的副总裁哈灵顿等，而且在实践中总结出许多为全球共享的方法，比如，零缺陷、TQM、六西格玛、标杆学习法、卓越绩效模式、质量文化变革管理等。

针对美国"2.0时代"一波三折的品质变革历程，克劳士比大师曾经专门撰文对美国质量变革运动的兴衰加以概述：[②]

> 20世纪50年代：那时的主要武器是基于现状的科学检测、可接受的质量水平（三西格玛）以及补救措施的质量控制。其结果是公司容忍有最少量的不符合要求的产品及服务。重点放在对不符合要求的产品及服务的评估，以保证把绝大多数产品推给客户。在制造业中，材料考察栏就是决策中心，如果情况足够好的话。
>
> 美国政府的文件"Mil-Q-5923"（不符合要求材料的控制）使这个做法显得合乎情理。挑肥拣瘦的做法竟形成了一种家庭手工业。补救措施就成为处理任何收到的不合格产品和服务的必需品及家常便饭。每个人都能卖掉他们做出的任何东西，顾客也习惯于对付产品和质量问题。因此，人们自然认

---

① 参阅今日头条"零缺陷管理时代"之"品质洞察/质量人才培养：中国制造的软肋"。
② 杨钢. 质量无惑[M]. 北京：中国城市出版社，2006.

为，质量即"好的质量"。

20世纪60年代：在这个时期质量保证（Quality Assurance）得到了发展，其主要原因是美国国防部的质量保证规格——Mil-Q-9858。质量保证是以文件的形式操作的，其结果是程序手册以及对检测和质量控制结果的评估。产品和服务符合要求方面虽未有改进，但企业能够更好地了解事情在哪里出错。主要的补救措施通常是重写程序。几乎没有任何形式的培训，也没有在教育上下功夫。新雇员对环境的了解不包括任何与质量及其需要有关的内容。

我的零缺陷概念（Zero Defects）——"第一次把事情做对"的观念在专业领域内被视为一种天真幼稚，乃至罗曼蒂克的想法。这时，质量还是"好的质量"。

20世纪70年代：质量管理（Quality Management）虽说被人们谈论，但从未在美国的制造业被描述过，因此，在与生产可靠产品的外国企业的竞争中很快失去了市场份额。

我曾做过十多次演讲并撰文强调——质量即符合要求以及树立预防哲学观念的需要。我谈了我们在ITT公司全球操作中所取得的成功经验。检测和程序帮不了任何人的忙，必须得靠管理哲学才行。就好像驾车一样，仪表、数据以及用户手册与驾车人的操纵哲学关系不大。质量依旧是"好的质量"。

20世纪80年代：《质量免费》一书成为管理层的畅销书。企业经理们意识到，他们能够为了使产品和服务的承诺兑现给顾客而做一些事情。我们的质量学院培育了数千名经理人员和数十万名知识及技能工人。他们现在对质量管理及其改进技巧有了一种共同语言。结果他们抛弃了AQL（"可接受的质量水平"）政策，并着手学习如何第一次就把事情做对。这就要求确立清楚明了的要求并开办培训班。

这种做法带来了思想上的大转变以及一种全球标准的例行操作。这时，质量即"符合要求"。

20世纪90年代：一旦质量成为管理人员要考虑的一个正常内容，人们开始寻找一种不做太多的教育和工作就能产生符合要求的质量的办法。其结果是，质量控制（Quality Control）以一种更为程序化的形式再次出现。虽仍有一种 AQL，但今天则是要求"六西格玛"来取代 50 年代的"三西格玛"。这种做法降低了企业的诚信要求。

质量保证（Quality Assurance）通过 ISO 程序组的推行而正式化。质量管理（Quality Management）已成为这些努力的总题目，而忘记了其哲学部分是产生质量改革运动的根源。质量即"好的质量"又回到了原来的位置。

"中国品质"的 3.0 时代

就质量百年的管理思维与演变历程而言，大家基本上都接受了朱兰博士的著名论断——20 世纪是生产力的世纪，21 世纪是质量的世纪！但无法接受他的另一个结论——质量的世纪必定是美国人的世纪。我的结论却是——质量的世纪是中国人的世纪。

有一次，我请曾仕强[①]夫妇吃饭，席间谈到中美日三国的经济发展与质量管理方式等问题，曾先生用了一个形象的比喻——打靶，给我留下了很深的印象。他说："20 世纪 80 年代以前是打固定靶的时代，美国人说我来，然后枪枪中靶；进入 80 年代以后，靶子开始移动了，美国人看不清了，日本人说，让我来，也是弹无虚发；2000 年以后，靶子飞起来了，没人能看得清了，这时只有我们中国人说，交给我吧！"

曾先生接着说："历史的潮流是不可逆转的。我们民族独有的文化传统和管理智慧，绝对可以支撑我们去打飞靶，因为别人都看着它在飞动，而我们却能以不变应万变，万变不离其宗，在我们的眼里它根本没动。你说妙不妙！机会不给你给谁呀！"

一直以来，我对质量的感受都是丰富多彩的——即使枯燥的沙漠，细细品来，也是变化莫测的；"横看成岭侧成峰"，高矮胖瘦皆不同，这应该是我们谈论的质

---

① 曾仕强教授，英国莱斯特大学管理哲学博士，台湾最有影响力的管理培训专家，享有"中国式管理之父"的美誉。

量，当然，"欲把西湖比西子，浓妆淡抹总相宜"，更是达到了一种境界。

是啊，质量原本就应该是生机勃勃、春意无限的，但不知何时，人们更多地只看到它无情和萧瑟的一面，展露出紧张和无奈的表情，却忽视了它真正的情怀和真实的面目。这不能不令人遗憾。

诗人云：牢骚太多易断肠，唯有面向春光，才会温暖惬意，才会神清气爽，才会展开想象的翅膀，也才会扑向未来的怀抱……也许，这正是我的使命和荣光。

16 "中国品质 3.0" 实践者的画像

导读：德鲁克先生提醒我们要关注那些"正在发生的未来"，所以我们从实际参与其中的众多成功的企业实践者身上提炼出一些趋势性特征，并努力呈现出一幅成功实践者的"画像"，其中包括外资企业、中外银行、新老国企及新型的企业集团。当然，意图只有一个：先"抛砖引玉"，希望下一个就是你。

核心话题：世界被颠倒了，如果我们不用"拿大顶"的方式去看世界，我们是否可以成为新的竞争者？是什么力量可以让企业猛然觉醒，开始去完成"不可能完成的任务"，进而从"家庭作坊"变成行业标杆呢？

新的竞争者的"画像"

在一个颠来倒去的充满混乱和不确定性的环境里,想找出并描绘出那些新型"成功者"的形象,的确不是一件轻松的事情。我和我的同事们花费了大量的时间与各类企事业单位一起工作和研讨,最后以质量竞争力的诸多维度锁定范围,聚焦在一批佼佼者身上。当大家重审这份名单时(从职业道德和技术层面着眼,这里隐去名单,不过相信各位读者都会有自己心目中的名单),不由得大吃一惊,在这份名单中的,基本上全是本土企业,大多是大型国企,只有部分是合资企业(基本上是与德、美、日合资)。

这绝对是一件值得举杯相庆的事情。不仅是为了经济危机撤去了外资所制造出的浓厚泡沫,让大家意外地看清了"中国制造"的坚实基础,而且更意味着改革开放几十年中国企业经历过狂风暴雨后的"涅槃重生",其意义是可以和当年创办"经济特区"相媲美的。

固然,如果要用理想的模式去套的话,他们中大部分都是"残缺不全"的,往往是在某些方面突出而已,但在一个彰显个性的时代,企业界也总是俯首而得某公司因独特性凸显大获成功的例子。换句话说,似乎应了人们常说的那句话——"没有最好,只有最合适"。

新的竞争者的"画像"[①]:
- 正确的质量管理哲学和强烈的服务意识;
- 善于通过差异化策略创造局部的竞争优势;

---

① 这个"画像"既源于作者对中国成百上千企业现状及其"期望"的特征把握,又借鉴了克劳士比与彼得斯对"质量管理及革命者"所描绘的画像。

- 善于捕捉商机、整合资源，尤其是着力提高转"危"为"机"的能力；
- 销售和服务人员成为拉动组织"客户化"的主角和生力军；
- 创建"第一次就做对"的质量文化，把提高质量作为降低成本的关键；
- 不间断地请客户来访、内部人员出访，以强化工艺流程和产品的创新；
- 加快公司总体的创新节奏以满足多变的市场需求；
- 把研发工作视为和客户、生产密不可分的不断实验的"现场"；
- 减少管理层级以提高组织的快速反应和适应能力；
- 管理团队热爱读书思考、勤于国际交流并勇于实践先进方法；
- 舍得花时间培训、倾听和表彰一线员工及团队；
- 自觉地消除"官僚主义"和不尊重人的环境；
- 注重打造内部信息化平台，鼓励信息分享、参与改进；
- 鼓励员工群策群力，挑战自我，参与管理，分享成功。

努力把"可以做的好事"（质量、灵活性和创新）变成"必须做的事情"，世界不仅已经"被颠倒了"，而且正以一种加速度向四面八方转动。所以，彼得斯博士告诫美国人："如今，热爱变化、喧闹，乃至混乱状况，是生存的先决条件，更不用说成功了。"①

这不正是说给我们听的吗？

"不可能完成的任务"②

STCL 是西门子输配电集团旗下的一家合资企业，主要从事变压器的设计、

---

① 汤姆·彼得斯.乱中取胜：美国管理革命通鉴［M］.北京：科学普及出版社，1998.
② 参阅《西门子之声》杂志 2005 年 5 月第 49 期"解析成功"栏目。

生产和销售。2002年4月，魏思博出任STCL总经理，公司的处境十分艰难，2001财年的亏损达2亿多元。此外，他还收到了一些员工们相互指责的来信。魏思博并没有急于动手解决这些问题，而是努力找出问题的根源所在。回忆起当时的情况，魏思博说："在亚洲国家，人们对关乎'面子'的问题非常敏感，他们都试图维护自己在他人眼中的形象。把他们职责范围内的问题公之于众，会让他们感到异常紧张，他们会尽力逃避责任，归咎于他人，因为他们害怕惩罚。"

作为一个曾在世界不同地方有着丰富工作经验的高级经理人，魏思博非常清楚文化差异将会对工作关系造成怎样的影响。"要想实现一个不断改进工作的良性循环，我们应该鼓励，而不是惩罚我们的员工。这对于我们能否在中国取得成功至关重要。"魏思博说，"因此，我们不应该过多讨论责任的问题，而是要鼓励我们的员工把精力集中在寻找导致问题的原因上。"

从惩罚到鼓励，企业文化的这一根本转变只有当各级经理和广大员工达成共识时才可能实现。为了促进这一转变，魏思博决定通过"克劳士比质量管理教育"来营造一种经理和员工共同为提高绩效和持续改进而努力工作的环境。克劳士比体系定义了质量的基本原则，并提供了多种评估工具，包括发现有待改进的地方，确定预期投资收益率，审查现有质量体系或措施等。此外，它还将帮助建立一种以预防质量问题为导向的企业文化，以提高效率、降低成本，取得更好的成果。

2002年11月，STCL的管理团队接受了一次综合质量培训。之后，七名高管被选中为公司所有员工讲授质量课程。他们还专门编写了一本双语教材，用以辅助培训，帮助员工更好地理解质量原则。

为了在日常工作中建立起质量文化，魏思博向员工们提出了一个要求：要想完成课程，拿到毕业证书，每一名员工都必须完成一个能够让公司至少节省1000元的改进方案。更具挑战性的是，员工必须在自己的工作范围内发现需要改进的问题，并提交改进方案。

起初，员工们都认为这一要求过于苛刻，但事实证明，这一为期七周的培训收到了令人意想不到的效果：截止到2004年年初，360名员工中有354名都顺利完成了自己的业务改进方案，每年预计可为公司节省500多万元。当时担任人力资源经理的林蔚女士说："质量教育大大提高了员工的积极性，他们为自己通过努力而取得的成果感到非常自豪。更重要的是,质量教育帮助人们在整个公司内建立了一种共同的语言——将解决问题的重点放在改善流程上,而不是一味地批评或责备他人。"

除了质量教育和个人业务改进项目之外,公司还采取了一些其他措施,对员工的贡献给予充分认可和奖励,从而赋予他们权力,调动他们的积极性,并充分发挥他们的创造力。坦诚公开的交流是关键所在。例如,公司召开一系列研讨会,向员工介绍公司的愿景、使命、战略和主要绩效指标,并在开放式交流的基础上对目标设定和绩效评估方法达成共识。公司每周五举行一次简短的员工会议,介绍公司最近的业务发展情况。此外,公司还向作出突出贡献的员工颁发季度或年度大奖,并邀请他们的家属出席年度颁奖仪式,共享殊荣。

此外,公司还通过组织员工及其家属参加各种文化活动,积极增强企业凝聚力。2004年,约40名STCL员工(大部分是蓝领工人)参加了一次"贴近我心"之旅——参观西门子中国设在北京的总部。这次活动极大增强了大家作为西门子一员的归属感和自豪感。公司还举办"家庭日"和"毕业生家长日",邀请员工家属参观公司的工作环境,并参加聚会。此外,公司还组织员工子女参加夏令营活动,以拓宽他们的视野。通过这些活动,员工对企业的归属感得到了极大增强,这也正是魏思博努力取得的结果——培养一种与公司同呼吸、共命运的情感。

"没有质量,就没有未来。"这种观念已经通过质量教育深入员工心中。他们深深意识到:通过优化流程不断提高质量,这不仅是公司成功的关键,也符合他们自己的利益。有了管理人员和员工之间的这种共识,以及克劳士比质量教育奠定的坚实基础,魏思博又进一步引入了六西格玛管理理念。

公司于2003年开始推出六西格玛绿带培训,首批学员是36名生产制造技术人员。培训结束时,学员们确定了四个旨在利用六西格玛方法优化流程的改进项目,并分别组建了项目小组实施各个项目。

其中一个改进项目集中于饼式线圈换位,这是整个生产过程中最重要的环节之一。项目伊始,团队就找出了最常见的质量缺陷,并提出了解决问题的具体措施。例如,项目团队发现最突出的质量缺陷存在于换位区域:如果导线和垫块之间的距离不足10毫米,绝缘材料就可能被损坏。为了解决这一问题,项目小组采取了多种改进方案，其中之一就是一种换位计算程序，有了这种程序，就可以自动计算换位区域，而不是像过去那样单纯依靠工人的经验。这一程序大大提高了精确性，减少了产品缺陷。在这些解决方案的基础上，公司制定了相应的标准，并对员工进行培训，帮助他们在日常工作中采用这些标准。这一改进项目取得了非常好的效果：在项目实施的前四个月，线圈换位制造的西格玛值上升了 0.6，这意味着每年可以节省 3705 个机时，生产周期缩短了 16%，返工率降低了 70%。

除了引入六西格玛方法论之外，西门子变压器有限公司还努力借鉴西门子其他变压器生产企业的成功经验。一些技术专家和一线员工被派往德国、巴西和克罗地亚的西门子工厂参观学习，以获取有关先进技术和流程的第一手知识。

通过对流程优化的不懈努力，西门子变压器有限公司在过去几年中取得了显著的成绩——2003 年年底，公司因在所有变压器生产单位中实现最短生产周期而荣获了西门子输配电集团颁发的"最短生产周期"奖。整个公司的平均西格玛值从 3.0 上升到 3.8，这个成绩相当不错，因为全球行业的平均值只有 3.5。在不增加人力和物力的情况下，公司年产量从 2900MVA 增至 9200MVA，增长了三倍多，几乎是公司设计产能（5000MVA）的两倍。这些成绩当然给公司净利润带来了积极的影响。2004 年，西门子变压器有限公司的经济增加值（EVA）首次出现正值。

对于在流程优化中取得的成果，魏思博强调这只是一个开始。他说："质量改进永远没有尽头，我们希望能够更好地发现改进目标，明确改进方案，将大项目分割成若干个更易于管理的小项目，从而取得更好的成绩。"他尤其震惊于克劳士比质量教育带给员工的活力以及对公司经营的影响力："一个普通员工——第一线员工——利用他接受的克劳士比教育发现了管理者永远不可能发现的错误，而且找到了管理者永远不可能找到的解决方法，正因为如此，他每年为公司节省了八万元。这些对管理者说明了什么？不要低估了你的员工，培训他们，教育他们，投资他们，只有他们才能做到这样的差异。"

四方机车厂：从"破落地主"到行业标杆[①]

四方机车厂是始建于 1900 年的国有企业，拥有一万多名员工，曾隶属于原铁道部，2002 年 9 月从原铁道部剥离出来，现直属于中国中车集团。四方具有辉煌的历史，不仅生产出我国第一台蒸汽机、第一台内燃机车、第一列投入商业运营的"子弹头"，而且中国三代领导人的专列也都是他们生产的。另外，该厂也是第一个吸收消化世界上最先进的交流传动技术、生产出国产化的交流传动样车的。

但由于该厂的质量不稳定，他们的发展过程中也经历过一些波折。比如，客车转向架发生裂纹，被铁道部责令停产；因质量问题被挤出干线机车市场。后来，他们与克劳士比中国学院合作，开始推行"零缺陷"质量管理，经过多年实践，成效显著。

面临的质量困惑

四方机车从 20 世纪 80 年代起开始推动全面质量管理，90 年代实行了 ISO9001 认证，但是直到推行零缺陷管理之前，产品质量仍然不见好转，质量问题仍层出不穷，甚至越发严重。

质量问题极大地增加了企业发展的压力，一是机客车市场萎缩，销售收入下降；二是竞争对手逐渐壮大，一时间竟然不以四方机车为对手；三是国际对手觊觎国内市场。原铁道部某领导称四方机车为"破落地主"，上级的投资转向其他兄弟企业。

导入零缺陷管理，发现存在质量问题的症结

- 错误的理念导致错误的行为。
- 错误的行为导致错误的结果。
- 错误的结果又导致——
  （1）层出不穷的质量问题；

[①] 本节素材及资料由原南车集团青岛四方机车车辆股份有限公司副总质量师、质保部部长王军提供。

（2）长期解决不了的惯性问题；

（3）周期性发生的重大问题。

比如，质量问题：机车震动问题长期不能解决；柴油机漏油成为司空见惯的现象；对客车的磕碰伤不以为然；铸件废品率居高不下……

比如，管理问题：出了质量问题就是质量部门的事；质量认证变成迎审技巧的比赛；总装分厂设有专门的交车工段，没有一台机车能够通过验收顺利交付客户，都需要经过交车工段动焊重新拆卸、修补；管理层漠视操作人员反映的问题；只重视问题的补救；能救火的人成为英雄……

质量改进的新思路：零缺陷管理

发现问题的症结只是解决问题的第一步，必须用新的理念来解决它。"零缺陷之父"克劳士比提供了一条崭新的质量改进思路——"质量管理的四项基本原则"，也就是促成质量改进的核心概念。要想质量成功并且持续下去，这"四项原则"就必须深入人心，而且要变成组织中的筋骨和血肉并循环保持。

四方机车推行零缺陷管理的成功故事

【故事一】有一次，四方机车在交车过程中，因为客户在推杆导筒处发现了金属屑，厂方的管理层当即就叫来专业技术人员把所有准备交付的车检查了一遍，结果发现共有四台车存在这个问题。从源头查找到原因，柴油机分厂厂长亲自带领职工把柴油机都拆下来，带回车间解体，并把没出厂的九台柴油机也全部进行解体检查，

经过认真的检查、分析，他们最终得出的结论是，导致问题的原因是由于铜套加工的光洁度过低。最后分厂厂长带着全体职工，把将近200多个铜套当众砸毁，并且严词声明，今后谁如果生产出了不合格产品，就坚决地全部报废，一个不留！

这件事对柴油机分厂的全体职工震动很大。经过大家的共同努力，他们生产的柴油机的质量有了明显提升。

【故事二】以前四方机车生产的柴油机存在很严重的漏油现象，几乎达到了60~100处，一位厂长在改进技术后，发现柴油机居然不漏油了，这是他自己都没想到的，因为他一直认为柴油机理所当然应该漏油。他们每年都要对客户例行走访，也很自然地觉得，见了客户肯定是要挨批的。结果，客户反而对他们大为称赞，说你们以前还是不想干，否则不会干不好。这让他感到非常兴奋，深感之前的努力没有白费，终于得到了应有的回报。

【故事三】公司在推行零缺陷理念后，领导层非常重视总结现场案例，有这样一个案例：在做试点的时候，一个工人把一根车轴磨废了，按理说，这应该是工人的责任，但是按零缺陷管理原则，经过严格的检查分析之后，最终认定是因为车床老旧，进给轮柄松了，不知道怎么碰了一下，造成车轴磨废。分析到这里，大家还是认为是工人的问题，为什么机床坏了不报告、不找人修呢？一周后质保人员亲自到现场查看情况，检查员随同查看，发现轮柄松了还没有修好。当问到从发现问题到现在已经一周了，为什么还没有解决时，竟然没有人知道原因。

无奈之下，质保人员找厂长，说："厂长你看，厂里出了质量事故，而且也查出原因了，可是都过了一周了居然还没有解决，工人还在用出问题的床子干活，如此一来，质量如何保证？再出现同样的问题该怎么办？"

且不说厂长是如何回应的，也不说问题是如何解决的，这里面，我们谈的还是责任问题。试想一下，假如这个工人没有磨废车轴，他发现了车床问题，就向领导汇报，车床出现了问题，可能会导致产品的质量问题，请尽快派专业人员来维修，领导能不能给他修呢？再进一步说，产品都已经出了质量问题，而且原因也找到了，厂方都没有及时去维修，那么，在产品还没有出现问题的时候，请求厂方给予维修，领导还会给修吗？这样说来，这个事故的责任人应该是谁也就很清楚了！

【故事四】许多工人总是不理解"零缺陷"理念中"质量不是用指数而是用金钱衡量"这一原则，后来发生了一件事，这才让他们有了深刻的认识。2000年，公司的机车二次试运次数，由1999年的每台1.5次下降到每台1.28次。若是只看指数，大多数人都不会有太大的感受，不过是总数降了零点几而已嘛。

但是，如果按绝对数减少29次，减少试运费用41万元；按平均等待天数算，一次试运到二次试运之间平均2.33天，29次正好是3个月的时间，就是说减少等待时间是3个月。而3个月的时间，厂里可以创造1.5亿元的产值。

看看，如此一算的话，是不是就不一样了呢？

【故事五】四方机车的领导层曾经利用质量成本算了这样一笔账，2000年，厂里因气孔沙眼补焊用了25吨焊条，单算焊条的价格还不算太贵，一共10万元左右，但补焊的工艺首先是打磨，之后是补焊，之后还要正火，之后还要加工，才能恢复到原来的状况。只是算了几个大项目，像电焊条的用量、耗电量、打磨的砂轮量等，数目就十分惊人，而砂轮本身就十分昂贵，如此算来，他们在这方面一年的花费就高达140万元，这就相当于一吨焊条5万多元。

他们的厂长说过去他们从来没有这样算过，只算废品损失，报废了多少等，根本没有想到返工数额有这么大。后来看到数额这么大，就决定立即开始抓这件事。结果，他们当年上半年减少了7.39吨，和过去相比减少了一半还多。

过去，他们有12人在补焊，而且要加班加点，还有一个专门的调度员安排补焊，并成立了三人小组，到处补焊。而现在只要6个人就足够了，一下就减掉一半的人，而且只要在正常工作时间内就能干完，不需要额外加班赶工了。

【故事六】有一年的年初，公司的质检部门发现柴油机出现振动现象，质量部主任坚决要求把这个柴油机拆下来进行彻底检查，以查明原因。实际上质检人员承担了很大的工作压力，因为正好到了生产进度的关键时候，生产部门就要交车了，而质量部主任就是不同意交车。当时，主管生产的副总不断对他施加压力，但这位主任坚决要拆，就算副总比他的官大，但原则还是要坚持的。后来，质量部主任还把事情反映到总经理那里，总经理作出决定——拆！

副总没有办法，拆就拆吧！但是，副总对那位主任说："既然总经理发话了，那就拆吧，但我可警告你，如果拆下来以后找不出毛病，我可是要找你算账的。"

于是，质量部主任带人把出了问题的柴油机拆了，结果发现，柴油机轴端联结装置图纸上规定有平衡值和动平衡试验，但这台柴油机从开始制造到出现问题，从来没有做过这个试验。根源终于找到了，于是设计人员重新改小了平衡值，补做了试验，柴油机再装上去就没事了。于是厂里规定，以后每台柴油机都要做动平衡试验。从此，类似的事情就再也没有发生过。

【故事七】再讲一个反映四方机车对于零缺陷态度的故事：有一次，质量人员发现，有一个车钩的间隙比图纸上的小，这是不符合要求的。他们找了半个月也没找对原因，后来他们厂长就亲自领大家从头到尾分析，一个零件一个零件地查。后来发现有一个尺寸图纸规定是正负二，按照这个尺寸来，组装后间隙就小了。他们就把这个尺寸修改成正负一，改成正负一后，这个间隙马上就合格了。

质量管理水平提高，大大提高了产品开发的能力。经济效益也有了明显提高。铸钢分厂开发一个新产品，只用一个多月的时间就成功了，而过去要一年多才行。2000年生产了6200多吨铸钢件，1999年生产了4200多吨，可2000年比1999年净减少废品损失40万元，还没算工序中的返工损失。利润当时定的指标是30万元，结果年底完成了120万多元。

他们后来的效益也很好，他们往美国出口的铸钢件，质量一直比较稳定。"9·11"事件后，别的行业订单开始下降，而美国人乘火车的人多了，他们的订单增加了。现在大家整个观念都改变了，过去做工作的时候都怕反映问题，反映问题就扣钱；现在分厂长知道了，就怕发现不了问题，一发现问题都高兴得要命。

零缺陷管理带来的速度和效益

- 车钩月产由120套提高到950套。
- 小间隙车钩开发比对手晚三个月，却占领了全国60%市场份额。
- 机车月产由9台提高到21台。
- 在北京八通线地铁招标中标，一炮打响，重新成为铁道部标杆企业。
- 铁路第五次大提速后，各类机车、客车连连中标，市场占有率第一名。
- 在广州地铁招标中，以比对手标价高出1亿元的价格中标。

一个银行家的觉醒

在奥兰多冬园克劳士比学院举办的一次午餐会上，我经过院长韦恩·考斯特先生的引荐，结识了克劳士比先生的老朋友——著名的银行家威廉姆先生。威廉姆很关切地向我打听中国同行的情况，我一一作了回答。之后，我问他："银行业为什么要实施零缺陷？有什么阻力？你们在中国的合资银行是否连质量都不愿意提呢？这是不是'质量管理成熟度'在不同阶段的体现？"面对我的问题，威廉姆哈哈大笑，给我讲了他的故事。

威廉姆告诉我，他们是一家提供多元化服务的大型银行，在美国这个不断发展的行业内极受尊敬。他们也不失时机地在中国设立了合资银行，很快就发展成为有数千名员工、分行遍布中国主要发达城市的知名银行。他们的利润可观，而客户也很忠诚，综合而言，他们是一个出色的组织。

威廉姆还给我讲了他在上海的一次有趣而难忘的经历。

有一次，威廉姆到上海考察，期间，他应邀去访问一家敬老院。在敬老院参观时，威廉姆遇到了一位老太太。当老太太问起他的工作时，威廉姆自豪地说："我是某某银行的主席。"

"噢，真凑巧。"她说，"我正打算从那家银行取走我的钱，因为你们都是不可信赖的。"

老太太的话使威廉姆感到震惊，于是威廉姆耐心地了解事情的始末。原来老太太已是该银行信托部 15 年的老客户了。她的亡夫生前设立了一个生活基金来管理他们的财产，以提供足够的生活费。老太太却对银行的服务颇感失望。

"从王芳两个月前离开了信托部后，我的烦恼便接踵而来。不过，我的代理人现在正为我们转换银行呢。"老太太不满地说道，言语中透着不快的情绪。

威廉姆请求老太太给自己一个调查机会，并且承诺给老太太一个满意的答复。老太太经过考虑后，答应给他两天时间，限期为本周末。

"我回到中国总部后，便立即前往信托部，他们见到我都吃了一惊。"威廉姆说道。

经过查证，威廉姆终于弄清楚了事情的始末。原来，最初为老太太提供服务的信托主任因职位调动离开了原部门，但在交接过程中遗忘了一些事情，如老太太孙女的大学住宿费和伙食费并没付妥。同时，他们以为高管们知道这位老客户在信托基金内存着一大笔钱。威廉姆批评员工对客户投入的关心太少，而员工们对此的解释是他们的客户太多了，难以逐一跟进，何况人总会犯错。

"最后，事情获得圆满解决，老太太也对此感到满意，我决定搁置一切事务，以便腾出时间在未来的一周内逐、探访银行内的各主要业务部门，最终我发现了我们合资银行的问题！"威廉姆说道。

"那究竟是什么问题呢？"我问道。

"比如，没有清楚的质量政策；没有让员工了解管理层的信念或给他们提供工作上的培训；对出纳员以上的职位完全没有明确的工作要求；管理层存有的失误被认为是商业活动不可避免的一部分。于是，我们立即找到克劳士比学院寻求帮助。"

威廉姆接着说道："克劳士比先生和韦恩先生都给了我们很多指导，我非常感谢他们。不过，我们也知道，学院只是推我们一把，我们本身必须有所行动。我仍然要每个月带领其他行政人员逐一到部门进行探访。我们的表现渐入佳境。这次有幸出席克劳士比先生举办的午餐会，来跟大家分享，对我也是一次很大的激励啊！"

这之后，我向韦恩提到威廉姆的故事，并专门探讨了银行企业在完成了量的扩张之后一定会回归质量的，我们应该如何才能促成更多的"威廉姆"觉醒，并有效地帮助他们。韦恩同样也给我讲了一个 TSB 银行如何通过聚焦质量来改进经营成果的故事[①]。

TSB 银行是由四家非营利性信托储蓄银行（Trustee Savings Banks）合并而成的金融集团。20 世纪 90 年代，TSB 银行发现，尽管自己的获利能力正在改善（两年内成本收入比从 76% 下降到了 59%），但银行吸引新客户的能力和良好服务声誉都在下降。1990 年，仅有 36% 的顾客认为 TSB 是"人们希望去的银行"，而在 1987 年，这个比例是 43%；同样，仅有 28% 的顾客感到 TSB 提供了高质量的服务，而三年前，这个比例是 37%。

一项独立市场调查表明，TSB 所失去的顾客中，有半数都是因为他们对所提

---

① 苏米特拉·杜塔等. 过程再造、组织变革与绩效改进[M]. 焦叔斌等译，北京：中国人民大学出版社，1999.

供的服务感到不满。

TSB 的新任 CEO 彼得·埃尔伍德（Peter Elwood）决定把质量作为 TSB 战略中的一个支柱，他说："对我们来说很明显，我们必须把服务质量作为头等大事——这不仅是为了满足顾客的要求，也不仅因为质量是提高获利能力的显著因素，而是因为我们将之看作在激烈竞争的市场中获得持续竞争优势的手段。在一个过度拥挤的领域中，竞争对手如此之多，产品很容易被模仿。优质服务是区别于其他银行的一种好办法，既能受到顾客的赞赏，又不会很快被复制。"

为此，TSB 邀请克劳士比学院作为他们的管理咨询顾问，以帮助他们制定质量战略规划并实施质量改进过程管理（QIPM）计划。该计划的目标是改善顾客服务，通过减少浪费来降低成本，并提高职员的士气。尽管以前也开展过针对这些目标的活动，但这是该银行第一次试图同时实现这三个目标。

质量改进活动开始后，TSB 银行在 18 个职能领域中成立了质量改进团队（QIT），其主要作用是领导和协调质量活动的培训和日常管理工作。每个团队由一位高级主管领导，包括大约 15 名不同级别的成员。团队每月召开例会，并有一位集团质量部门的成员参加。一些团队决定在自己的领域中选出质量骨干或质量改进师。他们还开展了一项称为"改正行动过程"的员工建议活动。当员工发现问题而自己又不能解决时，他们可以填写一张"麻烦报告表"，然后 QIT 会采取适当的行动。这一计划在三个月内即收到了 1000 多条改进建议，其中约 40% 得到了实施；半年内，每月处理的改进建议超过了 650 件。与此同时，人事部门组建了一个由 20 多人组成的 QIT，其主要任务是尽可能结合 TSB 的实际对员工进行质量方面的培训，培训的目标是使所有的 2.5 万名员工都会应用 QIPM 工具和方法。培训自上而下在整个 TSB 开展起来，两年后所有员工都得到了培训。TSB 在沟通方面也进行了大量的努力，通过定期会议、QIT 制作的简报或每周发往各支行的银行最新动态、视听材料等，让包括高级主管在内的所有员工都了解了其他部门通过实施 QIPM 所获得的收益。

他们首先实施了 15 个"短平快"项目，如加快保险申请的过程、减少办公用品的临时订购次数或者提高自动柜员机中现金供给的保证程度。一项简单的改革，如停止在支行中点数钞票札子，每年就可以节约超过 100 万英镑。进行购房贷款业务流程的再造，1993年以前，一位想申请抵押贷款的客户要经过四五次面谈，还必须填写包括167个问题的五种表格，批准一项贷款平均需要30天时间。在重新设计后的过程中，成本降低了25%以上，只需填一张申请表、一次面谈并且平均只要七天就可完成正式借贷合约。其长期目标是要把这个周期缩短为五分钟。到1994年5月，TSB的PONC节约达到了3430万英镑，其中包括成本节约860万英镑。

与质量有关的绩效指标反映了一幅完整的图画。TSB的顾客服务指数（Customer Service Index，CSI）有了大幅度提高，从1991年的65%上升到了1994年的70%；同时，其ATM机的现金保证程度从1991年的89.6%上升到了1994年的95%。1994年，据行业领域对顾客服务的调查，TSB被排在了最佳银行之列。

在开展质量改进活动时，他们还开发了衡量顾客满意的实用方法，并通过内部和外部的行业研究跟踪其竞争对手的绩效状况。在支行或交易处理中心这样的单位，服务方面绩效的考核，对于职员和主管而言都是确定报酬的重要因素。还有另外一个显著的变化，即质量部门的"角色"的转换。

正如他们的质量总监罗杰·克利夫（Roger Cliffe）所说，质量活动刚开始时，质量团队习惯于对整个组织的成本和服务改进进行记录。随着活动的深入开展，衡量的主导权转移到了直线部门，中央团队的角色也随之从"警察"变成了"教练"。"我们现在的职责是制定方针，提供指导和支持，协调诸如质量建议、表彰之类的整体性活动，但不是监督质量。"

对人们的认可与分享成功是开展QIPM的一个重要方面。但他们强调质量改进并不只是一些能获得巨大成本节约的了不起的大项目，也就意味着每个人在自己的本职工作中要尽职和主动，而不是为了获取额外的报酬。因此，表彰的方式包括简报和表彰大会。在质量方面取得优异成就的个人或团队可以由他们的同事或主管提名。他们将被授予Q形银别针或金别针并受邀出席本地和由CEO主持的全国表彰大会。

如何成为真正的质量人 ①

新梦达公司为应对变幻莫测的经营环境，准备实施多元化策略。这样做的初衷是，东方不亮西方亮，即使某个领域出现下滑趋势或发展趋缓，其他领域仍有可能上升或保持坚挺。因此，公司被分成了三个部分。

一部分是专为汽车和计算机行业供应电子元件的飞鱼公司，年收益额为12.5亿元，旗下拥有十几家制造厂。这些工厂当中有三家设在国外：一家在印尼，一家在泰国，还有一家在美国。公司拥有9600名员工，税后利润率为3%。汽车行业和计算机行业都被认为是利润率低的行业，因此，飞鱼公司没有在不提高收益额的情况下提高利润的计划。

另一部分是飞思软件公司，作为网络公司的承包商，他们许多员工都是以独立承包人的身份为公司工作的，这样就不会造成公司一般管理费用过高的情况。公司在印度班加罗尔和美国加利福尼亚设有办事处。公司年收益额为3.2亿元，税后利润率为8%。

还有一家飞梦公司，拥有和管理着20家中等规模的连锁酒店，另有20家快餐店。快餐店就设在酒店旁边。这样做困难很大，因为很难请到长期员工，而满足客户不断变化的需求同样不容易。收益额保持在2.6亿元是可以接受的，但是由于广告和市场推广的费用较高，利润相应地就低了。公司没能保持稳定的客户资源，因此，他们的回头业务不多。

马莉被飞鱼公司请来担任质量工程师，公司将她派到了位于上海安亭国际汽车城的部件工厂。工厂生产小型汽车的电子包，另外还生产豪华轿车方向盘上的控制包。

马莉很快了解到，该工厂有两个质量标准。对待小型车产品态度很随意，而对豪华车产品要求则很严格。不过，两种产品的结果是一样的，每个月都有大约13%的产品由于性能问题被客户退回。退回的产品在特别返工区经过

---

① 此文根据几家公司质量领导的实践改编，公司名及马莉的名字都是虚拟的。

返工，然后交还给客户。因此，回头客很少。

到工厂上班的第一周，马莉就去了特别返工区，了解主要问题究竟出在哪里。那里并没有正式的问题清单，但是负责返工任务的员工们告诉她，主要问题在于配件互相不匹配和缺失，或者零件损坏。电子部件是一块印制电路板，上面镶嵌着10个小电路包。有时会出现某几个电路包镶错方向，或者被损坏的现象。控制包上有时会出现零件缺失，而这种现象往往在组件正式操作的过程中才被发现。马莉还发现，这一信息并没有传达到生产部门，生产部门的人员似乎也对此完全不感兴趣。

马莉对各种问题进行了总结，并且拜访了制造部门的经理。她说："由于存在这种状况，公司每年在返工和客户服务方面要花费200万元。这个数字相当于整个公司利润额的2/3。此外，飞鱼在质量方面的声誉也在不断恶化。"

制造部经理问马莉这些信息是从哪里取得的，马莉回答说，她所提供的PONC数据是根据原材料成本以及相关人员的费用估算出来的。她建议最好再请审计人员重新计算一下，而且，如果原始的程序和培训不出差错的话，根本就不需要修理。关于对方提出的修理区域问题，她回答说，修理区域应当取消，而且应当允许原来的工人对任何有问题的部件进行修理。这样，他们就能够了解真实情况了。她还指出，工厂里存在"可接受的质量水平"（AQL）这样的绩效标准，允许每百万个零件中出现若干个差错，这个标准应该由"零缺陷"取而代之。听了马莉的建议，制造部经理点点头说，这是他第一次听到质量工程师终于说了些有用的东西。

经过财务审计人员的核实，结果发现他们的开销非常惊人。几周以后，得出的数字是，每年回收、返工、替代及客户服务方面所耗费的资金达265万元。此时大家的情绪都变得非常激动，并开始着手对制造过程进行清理，同时对工人进行培训，就符合要求的问题向供应商提出质疑，同时取消返工区。这些行动一落实，使得整个组织的士气受到了极大的鼓舞，所有人都对改进倍加关注。

另一家飞鱼工厂提出索要有关信息，并且派出质量工程师着手调查。他们得到的结果是，组织态度发生了变化，他们已经开始重视符合要求，而不再接受不符合要求的东西，不再迁就迎合。因此，在不花一分钱的情况下，整个分公司乃至公司的利润率都得到了大幅度提高。很快，所有12家工厂的返工区一时间全部消失，PONC成为财务报告的一部分，通过对比，我们可以看到一些重大差异。

马莉被提拔到了质量工程总监的位置，并且以飞鱼公司代表的身份出席了新梦达公司质量顾问委员会的会议，该委员会之前还从未真正召开过会议。他们只是在四位成员（每个分公司有一位、总部派来一位协调员）之间传递过相关的报告。

公司派出协调员同委员会的其他三位成员进行了沟通，并且给了他们一份讨论议程表。第一个议程是"建立企业质量标准"；第二个议程是"通过ISO9000：2000认证"；第三个议程是"申请全国质量奖"，并且围绕吸引管理层对质量问题的注意力可能遇到的困难，以及制定客户的质量标准等相关问题，展开讨论。

当被问及本部门有何问题的时候，软件部的成员指出，他所在的分公司计划进行大范围"调整"，因为要写出能够满足所有人要求的软件，难度是很大的。飞梦公司的代表提供的报告显示，客户投诉率比从前有所降低，但他们还是谈到了很难招到优秀工人的问题。

马莉向他们提交了一份由她所在公司的财务审计人员提供的报告，报告显示，去年整个公司的PONC削减了400万元。之所以能取得这样的成绩，原因就在于质量方面有所改进。此举产生的实际结果就是，公司的利润率翻了一番。管理层对此非常满意，与会人员此时陷入了沉默。最后，软件部人员问这样的成绩究竟是如何实现的。

马莉告诉他们，管理层尚未对此展开调查。她只不过观察了一下公司对哪些明显的浪费情况表示可以接受，然后让管理层明白，这些浪费究竟会造成多大的损失。她是从克劳士比中国学院的课程中学到PONC这个概念的，而且购买了相关的光盘和书籍，这对审计员很有帮助。关于现实的情况，所有委员会、所有部门、所有管理人员都不得而知。不过，等了解清楚之后，他们就制定了相应的质量政策，启动了教育项目，明确了要求，并且强调必须对组织进行改进。

其他参与者明显注意到，马莉所做的这一切都源于自己的本能感觉，源于一种以财务为导向的方法时，他们着实产生了浓厚的兴趣。他们希望自己成为质量文化执行官，他们希望马上就动手。他们撕掉了议程表，同时为整个公司制定了战略。他们可以直接动手这么做，随时汇报进展情况，而不用请求批准。

管理层对这些行动赞赏不已，因为他们实在不知道究竟应该如何解决质量问题。

于是，管理层准备了一份公司质量政策文书，并注明这是"公司质量文化"，发放到公司各级管理人员那里。

管理层还启动了一项专门针对公司质量人员的教育项目，将"质量管理的基本原则"作为该项目的基础。他们请克劳士比学院为他们的最高管理层举办一次专题研讨会，对所有运作管理人员进行质量管理方面的培训，并对具体操作情况进行现场指导。

管理层还决定将ISO9000：2000付诸实践，利用它来鼓励具体操作人员确定此项工作的具体要求。他们取得了克劳士比学院网课的播放权，并组织各公司的相关人员学习。

他们还邀请克劳士比中国学院的专家同公司财务审计人员共同组成项目小组，将PONC引进财会和报告系统，并帮助财务审计人员迅速将这一系统推向了正式实施阶段。自此，PONC的数字就被纳入所有部门的运作财务报告。PONC被广泛应用到了质量过程有效性的衡量工作中去。他们还帮助高级管理层坚持将质量放到跟成本和进度安排同样重要的位置上去。

从这一战略的底线可以看到清晰的结果：新梦达的利润率在一年内提高了200%；软件人员开始更加关注规则的制定，不符合要求的情况大幅度减少；酒店的管理者们就产权的维持和经营提出了明确的要求，并且在可靠性方面迅速建立了声誉。这种良好的声誉不仅吸引了优秀员工，而且吸引了更多的客户。

同时，公司现在设立了专门负责质量管理的副总裁，这位副总裁就是马莉。

上汽集团的零缺陷之路 ①

2002年，上汽集团（SAIC）提出到2007年实现"年产汽车100万辆、跻身世界500强、生产自主品牌汽车5万辆"的三大宏伟战略目标。为此，他们进一步提出，推行克劳士比零缺陷质量战略的总体架构——"以建设预防性质量文化为宗旨，以零缺陷为目标"，以期将零缺陷的思想融入企业的管理行为和生产运作之中，既体现出集团的价值观，同时开发出可遵循的共同的原则和手段。以预防作为零缺陷质量的原则，以防错技术作为零缺陷质量的手段，使所属企业在设计、制造、服务等核心业务方面逐步达到世界一流的零缺陷质量"。

为此，他们结合集团合资企业多、投资面广、生产基地散的特点，开发出"三个三"的工作模式，即历经三阶段、抓住三件事和突破三个点。

所谓"历经三阶段"，即SAIC经历了三个质量模式的发展阶段——质量检验阶段、质量保证体系建设阶段和零缺陷质量管理阶段。所谓"抓住三件事"，即认真做好集团质量战略规划、零缺陷实施模式的确定和项目实施推进策略。所谓"突破三个点"，即围绕零缺陷产品设计及开发、零缺陷制造和零缺陷服务寻求突破。

SAIC认为，零缺陷质量意味着公司的质量目标是"第一次就把事情做对"，为达此目标，就应该培育和增强员工的零缺陷质量意识，在质量管理所涉及的各个方面采用预防性原则，运用防错技术，不断提高首次质量（First Time Quality）的水平。

经过十余年的实践，他们形成了行业内有指导意义的零缺陷质量观：

- 最大限度地满足顾客需求。
- 提高首次质量，为所有受益方创造价值。
- 推行"三不原则"：不接收缺陷、不制造缺陷、不传递缺陷。
- 质量设计和预防性设计：将防错技术应用于产品形成过程和经营过程

---

① 胡茂元.上汽集团特色管理：零缺陷质量管理［M］.上海汽车工业（集团）总公司，2003.9.

中的每一个环节。
- 质量组织的持续改进和学习。

确定了零缺陷质量管理的策略：
- 以防错技术为载体，充分考虑产品和管理的系统集成。
- 在产品形成过程中落实零缺陷质量管理的职能。
- 以信息技术带动预防性技术的应用。
- 建立质量成本概念和防错改进的会计科目设置；建立预防质量成本的概念，逐步适当增加预防成本，提高零缺陷质量管理绩效。
- 增强员工的防错意识，培育零缺陷质量文化。

设计过程的零缺陷质量管理，即在设计过程中将防错技术作为载体，是市场调研、产品设计、生产线设计和设计管理过程所采用防错技术和质量管理方法的总和。

具体包含以下七个方面的内容：
- 细致的市场调研和准确的产品定位，预防质量设计缺陷。
- 形成产品质量策划的程序化方法，对设计控制要素进行评审。
- 面向全过程的设计（DFX）。
- 将FMEA作为重要的预防性质量管理方法和工具。
- 运用并行工程和项目管理，对产品设计进行质量管理。
- 提高产品设计与开发阶段的工程质量。
- 与供应商和顾客进行联合开发。

而在制造过程开展零缺陷质量管理，则是从人、机、料、法、环、测和管（管理方法和手段）七个方面入手，以最少的人为差错、最少的机器差错、最少的原材料差错、最少差错的工艺方法、最佳的生产环境、最合适的检测手段，开展有组织的群众性的缺陷预防活动，并形成优良的管理机制。

在服务过程中，围绕以标准化管理为基础手段所开展的一系列消除顾客抱怨、改善顾客服务、提高顾客满意度为目的的防错活动过程，称之为服务过程零缺陷质量管理。

为此，要做好以下六个方面的工作：
- 准确了解用户和市场需求。
- 对服务提供过程进行规范化和标准化。
- 建立服务质量承诺制度。
- 完善质量信息系统，建立及时、准确的消除顾客抱怨的快速反应机制。
- 通过改善顾客服务过程提高服务质量。
- 实施顾客关系管理。

上汽集团同时在各个公司有组织地进行探索和试点：
- 质量文化——主要在上海大众公司；零缺陷产品设计及开发：主要在上海通用、上汽齿轮总厂。
- 零缺陷制造——主要在大众发动机厂、延锋伟世通、汇众汽车公司。
- 零缺陷服务——主要在安吉物流、大众汽车销售公司。
- 质量成本——主要在易初通用机器公司。

经过七年多的不懈努力，上汽集团在2007年全面完成了三大战略目标：
- 提前三年实现跻身世界500强目标。继2004年首次进入世界500强之后，2007年，上汽集团以180.1亿美元销售收入第三次跻身《财富》杂志世界500强企业之列，位居第402名。
- 提前两年实现年产整车100万辆目标。继2005年整车销售达到105.6万辆，首次突破100万辆规模之后，上汽集团的整车产销量保持了逐年攀升的好势头。
- 圆满完成5万辆自主品牌汽车生产目标。

2008年，上汽集团整车销售超过182.6万辆，其中乘用车销售111.8万辆，商用车销售70.8万辆，在国内汽车集团排名中继续保持第一位。

2008年，上汽集团以226亿美元的合并销售收入，位列《财富》杂志世界500强企业第373名。

2009年，上汽集团以上一年度248.8亿美元的合并销售收入第五次入选《财富》杂志世界500强，排名第359位。

17 未来之战：上演历史最动人的一幕

导读：汽车大战及"宝座"之争，实质是以 AQL 代表的数量思维与以"零缺陷"为代表的品质哲学之战，其胜败结局是注定的，只是时间问题。但需要的是抉择的勇气和改变的决断。我们希望，"中国品质"像北京奥运那样拉开历史最动人的大幕——欢迎进入"中国品质 3.0 时代"！

核心话题：到底是为了数量（规模）而牺牲质量，还是"几近疯狂地削减供应和劳动力（大部分为临时工）成本，让产品质量受到了牵连"？如果说"中国制造"在引领着中国经济复苏乃至腾飞的步伐，那么"中国品质"必将成为中国企业在全球形成核心优势竞争力的一面大旗！

丰田的"质"与"量"之战

2010年，又传来了令人心痛的消息：因油门踏板存在安全隐患，丰田汽车公司决定从美国市场召回约590万辆汽车，所召回的车型包括在美国销售的普锐斯、凯美瑞、雷克萨斯等七种车型，同时，丰田公司也将召回在中国市场销售的丰田进口车4万辆和国产车7.5万辆。同时，也在考虑召回欧洲市场上近200万辆丰田汽车。而且，当全球十几亿人口欢庆春节之时，丰田汽车"召回门"事件，还在不断升级！据不完全统计，卷入"召回门"的丰田汽车数量将累计超过860万辆之巨，召回车型也达到了11种，这个数字甚至超过了丰田2009年在全球的汽车和卡车销量总和。这是有史以来最大规模的一次汽车产品缺陷召回事件。而且我坚信，此后召回的车辆的车型和数目还会继续攀升。

中国有句俗话说："屋漏偏逢连夜雨，船破又遭打头风。"这样大规模的召回，成本就是天文数字，此时也正值丰田攀上全球汽车产业产销第一的至尊地位却遭遇消化不良之时，对丰田的打击可谓雪上加霜。而且仅在美国，预计索赔金额就有可能超过36亿美元，这将创造全球汽车业赔偿的最高额度。不仅如此，随着以美国为首的一些国家的政府和传媒的穷追猛打，人们发现丰田一年前成功隐瞒消费者的"公关事件"，看上去仿佛"三鹿事件"的重现。于是，"召回门"已由质量危机演变成了一场信任危机，甚至是世界各地的消费者对"日本制造"的信任危机。丰田，这位昔日的汽车霸主俨然已被推到了风口浪尖之上，甚至面临着生死存亡！

同时，这也引发了人们对"丰田模式"的思考。能够帮助丰田获得全球市场的生产系统，居然允许汽车带着有缺陷的油门和刹车踏板出厂，到底是为了数量（规模）而牺牲了质量，还是"几近疯狂地削减供应和劳动力（大部分为临时工）成本，让产品质量受到了牵连"？是该系统暴露出本身的设计缺陷，还是在市场竞争的压迫下逐渐偏离了原有的轨道？①

其实，如果我们稍微回头看一下，就不难发现，公开数据显示，从2006年4月至今，丰田在中国的召回次数多达12次，涉及汽车119万辆；而在过去的三年中，丰田在中国市场售出的汽车约为134万辆。从"销售冠军"变成了"召回大王"，这不啻给那些喜爱丰田、追捧"丰田模式"或"精益制造"的人难以承受的心理打击。人们甚至产生了这样的疑问——曾经让人们绝对放心的日本品质怎么了？是否还依然值得信赖？

我也感到十分郁闷。因为回望七八年前，我即开始关注丰田公司在美国，尤其是在中国的扩张模式及其独特的质量文化现象，无论是从他们的现场考察得到的一手资料，还是从德国大众总裁、一汽大众以及通用汽车的高管们，尤其是中国的各类外资和内资整车厂与配套厂家口中的溢美之词，以及全球各类专家、学者用堆满书架的文献作出的权威性诠释，我都庆幸在巨无霸中找到了一个"零缺陷管理"的活样本。事实上也正是如此，近70年来，丰田都是以零缺陷的质量标准埋头苦干、辛勤耕耘。换句话说，与业界的做法不同，丰田不追求市场份额和利润等短期利益，而是事事从长远考虑，实施了一种以良好的质量和合理的价格而赢得口碑的策略，也因此赢得了利益相关方的信任与丰厚的回报。2007财年，不仅丰田的销售额、营业利润、纯利润均为历史最高水平，其中利润甚至达到了美国三大汽车公司，再加上德国奔驰宝马利润的总和，而且在年底取代通用成为2007年汽车总产量冠军，坐上了"全球第一大汽车制造商"的宝座。一时间，上下为之欢欣鼓舞，很多人脑海中浮现出"宝剑锋从磨砺出，梅花香自苦寒来"的情景。很多企业备受鼓舞，暗下决心，加速了全民学丰田的进程。

问题就出在这里。丰田坐上了老大的宝座之后，也就因此引火烧身了。通用是不会认输的，很快就翻身把丰田挤下了宝座，并全力开展"宝座运动"②。而此时的丰田呢，更是被点燃了必胜的信心，于是，便以"数量"为标准，把目标锁定在争第一、拼销量上，加速冲刺。很快，在2008年，丰田终于成为全球汽车

---

① 参见英国《金融时报》亚洲版主编戴维·皮林先生的文章。
② "冠军宝座"仿佛被施了魔法，谁坐上去谁就会翻船。就在作者修订本书之前，成功挤掉丰田而登上宝座的大众集团被曝出"排放丑闻"，同样面临危机。

市场的新霸主，但也迎来 71 年以来的首次亏损 50 亿美元。而此时的通用，因一心冲量，无暇去关注市场和消费者的需求变化而日渐深陷危机，最终导致这个百年汽车帝国在 2009 年 6 月 1 日正式申请破产保护。

中国人常说"成也萧何，败也萧何"。也许通用听不懂，但丰田是懂的，可他确实被胜利冲昏了头脑，不得不也在老大哥破产之后第 23 天"踩下刹车"。那一天，丰田汽车创始人丰田喜一郎的孙子丰田章男正式出任公司新总裁，并承认公司过去全力以赴成为世界最大汽车制造商的战略有误，丰田汽车将"回归原点"——把质量放在第一位，销量和利润次之。

就在 2009 年 10 月 20 日这一天，铺天盖地的消息足以让人们沉浸在巨大的幸福之中："第 1000 万辆汽车的下线，标志着我国已进入世界汽车生产大国行列，标志着我国汽车工业迈上了一个新的台阶，是我国汽车工业发展史上的重要里程碑。""中国汽车人多年梦想的一刻终于到来。""第 1000 万辆下线，标志着在全球金融危机冲击世界汽车工业一片萧条的情况下，中国汽车工业一枝独秀、蓬勃发展。""它不仅标志着我国已经成为不折不扣的世界汽车生产大国，更预示着我们将迈向世界汽车生产强国历史征程新纪元的开始。"

曾几何时，克劳士比大师曾经以日本人成功进入美国汽车市场为例警告过美国人。他说："（美国人）新买的汽车藏有 12 个左右的缺陷是正常的，顾客发现这些缺陷时，经销商就微笑着修理好这些车，然而，同一时期日本产的轿车却设计简洁、细心组装以减少成本。当 1974 年尼克松石油危机爆发时，人们开始发现外国轿车耗油量小，他们还发现这些车根本没缺陷。这给美国的汽车工业以另一打击（家电工业因为同样的原因几乎全军覆没）。美国的公司开始疯狂寻找变得可信赖的方法。他们强化了质量控制，质量部门的人占了公司员工总数的 10%，但是，直到他们改变了管理哲学（大多是通过克劳士比质量学院）并抛弃了 AQLS（数量思维），而采用零缺陷的质量标准，他们才真正发生改变。不过，他们再也没有能够收复那些已失去的市场份额。"[①]

---

① 参阅克劳士比先生所著《质量迷圈：20 世纪质量管理简史和未来的质量解决之道》（The Circle of Doing Something About Quality: Amini-history of managing Quality in the 20th Century and a Solution for the Future），《零缺陷质量文化高层论坛》，杨钢主编，2003，7。

因此，人们有理由质疑这种"质"与"量"之战的结局。因为大家都是真心希冀我们的汽车工业能够走得更远、更久，能够成为一块巨大的撑起"中国品质"大厦的基石。

• THE WAR OF QUALITY AND QUANTITY ·结 语·
欢迎进入"中国品质 3.0 时代"

"中国品质 3.0 时代",绝非一种概念的杜撰,或想当然的"民粹主义"式的幻想,而是实实在在、切切实实的现实。无论是从"航天品质""航空品质""奥运品质"身上,还是从"海尔品质""联想品质""南车品质""核电品质""中远品质"和"华为品质"等身上,都可以清楚地解读她的生存轨迹与生命的律动。

我刚刚从深圳返京,虽然京城大雾弥漫,处处残雪斑驳、寒气逼人,我的内心却温暖如春。倒不是因为鹏城如春的冬季,而是在指导中兴通讯公司时,他们在短暂的迟疑之后,果敢地举起了打造"中兴品质"的旗帜。我对他们说:"作为中国土生土长的一家国际优秀企业,你们必须,也有责任打起这面大旗。"

十余年前,我可以说是在一片未开垦的土地上打出塑造"中国品质"的大旗,并一步一步地在各行各业推动行业领先企业历练品质,创造竞争优势;如今,春暖花开,这片热土也已然呈现出大片新绿和点点芳红。假以时日,"待到山花烂漫时,她在丛中笑"。这不正是吾辈为之奋斗的动力之所在吗?

当然,我们也将因此激发起"当今之世,舍我其谁"的雄心壮志,以"功成不必在我,功成必定有我"的勇气去推动政府、企业和个人参与品质之战,从传统的美德与智慧中引领出"中国品质"的源泉活水,根除小农意识和民粹主义残余,树立起正确的"价值取向",确定正确的做人做事的方式,以品质的心智创建品质生活和品质人生。为此,必须学会通过"质"与"量"的周期性博弈,揭示其本质,从而坚守"质"之诚信与认真,诚实做人,踏实做事,聪明工作,快乐生活；遮蔽"量"之傲慢与骚动，摒弃投机取巧、急功近利和自私自利的处世之道，不被浮华的外在现象所蒙蔽，去寻找生命的本质和生活的栖息所在。

所谓"质与量的战争"，意在通过洗心革面式的方式，回归品质的原点，进而以中庸和谐之道和随需应变的中国思维，去融合和整合各类思想的精华，如，美国企业大气务实、创新求变的管理风范，日本企业小而求真、精益求精的制造方式，英法企业追求标准化与人文关怀并重的工作作风，德国企业固守原则与关注技术并行的运营风格。最终，方可谱写出气势磅礴、激动人心的"中国品质3.0"的时代交响曲！换言之，所谓"中国品质3.0"的时代，本质上即全球管理实践在中国融合与创新的成果。

我曾在《零缺陷大道》一书中这样写道："第二次世界大战之后，'日本制造'基本上是'假冒伪劣产品'的代名词，但是，接下来发生的故事让它们成为卓越品质的等同语：它们通过品质管理提升了国家竞争力和全民的生活品质。之后，'中国香港制造''中国台湾制造''韩国制造'又一次次上演了不同年代的'灰姑娘'的版本。虽然场景不一样、演员不一样，但是有一个关键的剧情是不变的——穿上水晶鞋就变成了美丽的公主；而那只水晶鞋，就是品质。"[①]

如今，"中国制造"已出落成大姑娘，但仍留着村姑般的质朴，如何蜕变成美丽的公主，迫切需要那双"水晶鞋"。这时，我想说，我们几十年来都在向全世界学品质管理，我期待有一天能上演历史最动人的一幕——我们教全世界学品质管理！

同样的话，我也在"2009年克劳士比中国峰会暨学院十周年庆典"上说过，下面许多人为之动容。也许不久我们就会看到许多"中国品质3.0"的故事和文献。

欢迎进入"中国品质3.0时代"！

---

① 杨钢.零缺陷大道［M］.北京：北京大学出版社，2006.